Pablo Jiménez Serrano

Ética Jurídica

Conceitos, Princípios e Regras

Comentário ao Estatuto da Advocacia e ao Novo Código de Ética e Disciplina, CEDOAB

Jurismestre

FICHA CATALOGRÁFICA
Bibliotecária: Alice Tacão Wagner - CRB 7/RJ 4316

S487e
Serrano, Pablo Jiménez.
Ética jurídica: conceitos, princípios e regras. [livro eletrônico] / Pablo Jiménez Serrano. – Rio de Janeiro: Jurismestre, 2018.

200 p. : Il.

ISBN 978-85-69257-38-7

1. Ética jurídica. 2. Direito. I. Título.

CDD – 340.112

***Editoração e Acabamento*:**
Editora Jurismestre – Rua H, n. 173
Fone: (24) 99905-8200 – 27251-223 – Volta Redonda, RJ.
www.loja.jurismestre.com.br
contato@jurismestre.com.br

Pablo Jiménez Serrano

Graduação em Direito pela Universidade do Oriente, Cuba (1983), Mestrado em Epistemologia da Política e do Direito pela Universidade São Judas Tadeu (2005) e Doutorado em Direito pela Universidade do Oriente, Cuba (1996), diploma revalidado (RECONHECIDO), de acordo com os documentos constantes do Processo n. 2000.1.4694.1.7 pela Universidade de São Paulo - USP/SP (02 de agosto de 2004). Cursou o Programa de Doutorado: Metodologia Fontes e Instituições Jurídicas da Universidade de Alicante, Espanha. Professor e pesquisador do Centro Universitário Salesiano de São Paulo, Unisal, Lorena. Professor e pesquisador do Centro Universitário de Volta Redonda, UniFOA. Tem experiência na área de Direito, com ênfase em Direito Civil e Direito do Consumidor, atuando principalmente nos seguintes temas: Metodologia do Ensino e da Pesquisa Jurídica, Hermenêutica e Interpretação Jurídica, Filosofia do Direito, Ética Pública e Empresarial, Teoria do Direito etc. É autor de vários livros e artigos científicos.

SUMÁRIO

INTRODUÇÃO

A presente obra trata de um estudo multidisciplinar que é caracterizado pelo diálogo entre a Filosofia moral e o Direito e que objetiva auxiliar o aluno, jurista, advogado e pesquisador no estabelecimento das bases da moralidade profissional.

A obra reúne diversos temas e conteúdos procurando, assim, responder questões de cunho conceitual e deontológico e que têm como precedente diversas investigações na ordem da teoria e da prática jurídica e profissional. Neste sentido, o estudo orienta a compreensão dos diversos conceitos e teorias representativas da relação interdisciplinar existente entre a ética jurídica no contexto profissional e social.

O texto, redigido de forma didática e amena possibilita o reconhecimento da importância da ética para a realização da justiça e a concretização da cidadania, sendo assim, a ética jurídica apresentada como uma premissa fundamental para a sociedade democrática.

A obra inclui uma pesquisa normativa que permite identificar o conjunto de direitos e deveres particulares e profissionais prescrito no Estatuto da Advocacia e no Código de Ética e Disciplina da OAB, destacando e referenciando os princípios gerais que fundamentam e norteiam a prática profissional integrada, educação ambiental, inclusão social (e jurídica) e o respeito à diversidade. Contudo, observando a existência de um generalizado comportamento antiético, o estudo alerta acerca da necessidade de introduzir um curso que, efetivamente, permita a formação moral do futuro jurista e do advogado, em particular.

A Ética Jurídica, aplicada à atividade do advogado vem se tornando uma importante disciplina que aborda, de maneira específica, importantes assuntos vinculados à atividade profissional, colocando em destaque o papel da responsabilidade social da advocacia como profissão de destaque. Eis uma disciplina que agrupa um corpo de doutrinas jusfilosóficas e que resulta da análise, da interpretação e das críticas, essencialmente, assentadas nos seguintes três pilares básicos: *convivência, respeito e responsabilidade social.*[1]

Com o intuito de reverenciar a importância prática da ética jurídica, a presente obra reúne diversos estudos de casos de repercussão prática no universo da advocacia, propiciando, assim, a boa prática de ações que visam o exercício da cidadania, a justiça e a paz social.

---

[1] *Convivência*, como condição necessária para a vida humana. *Respeito*, ora considerado, causa, razão ou motivo para a *harmonia* e da *paz* social. *Responsabilidade*, como sendo o pressuposto ético-jurídico que orienta a conduta quer individual qluer coletiva e que visa à reparação do mal e à contribuição social: condições para a subsistência e o progresso.

A matéria está ganhando relevo nas universidades brasileiras, em decorrência do imaginário da advocacia brasileira e das conhecidas exigências e cobranças dos seus conteúdos nos diversos exames de concurso e provas da OAB.

A conhecida problemática da imoralidade, da corrupção e da improbidade nos alerta acerca da necessidade de introduzir no mundo acadêmico um curso que, além de desenvolver habilidades para o trabalho docente e investigativo, objetive contribuir para o melhor exercício da crítica científica e para a tomada de decisões éticas razoáveis e responsáveis, viabilizando, assim, o conhecimento e domínio dos conceitos e das definições da filosofia moral propostas pela doutrina nacional e estrangeira, ora consideradas construções basilares para o sucesso geral da atividade do advogado, perante seus colegas, clientes e sociedade em geral.

Contudo, a presente obra abrange temáticas esclarecedoras da profissão do advogado e do papel que ele desempenha na resolução dos problemas e conflitos sociais.

A leitura atenta permite a compreensão da importância da Ordem dos Advogados do Brasil e do sentido e alcance do Estatuto da Advocacia e do Código de Ética e Disciplina da OAB: do processo ético disciplinar em face das responsabilidades do advogado hodierno. Discutem-se, ainda, questões vinculadas à prática do direito procurando compreender o alcance da responsabilidade jurídica e profissional.

Todavia, com o intuito de aprimorar a capacidade do estudante na tomada de decisões éticas durante a atividade advocatícia a obra coloca em destaque o papel da Verdade num contexto onde predomina o lucro e anseio pelo ganho de causas.

Discute-se a construção epistemológica da ética e do direito procurando indicar, de forma precisa, a importância de uma consciência moral que tenha como pilares os conceitos da ética e da moral, na tomada de decisões. Convida-se, ainda, a refletir sobre o comportamento nocivo dos advogados participantes de uma relação jurídica tão especial e determinante na sociedade onde, geralmente, constata-se um confronto entre interesses particulares (privados) e sociais (públicos).

Espera-se, assim, alertar para uma prática eficiente na solução dos conflitos jurídicas, procurando-se igualmente identificar as bases constitucionais da atividade do advogado e introduzir uma investigação dos nexos de validade e de correspondência existentes entre a Constituição Federal, o Código de Defesa do Consumidor, o Estatuto da Advocacia e o Código de Ética e Disciplina da OAB.

Finalmente, gostaria de agradecer a todos os colegas e alunos que me incentivaram na idealização e na elaboração desta obra.

A todos muito obrigado e boa leitura!

Pablo Jiménez Serrano

Rio de Janeiro, 22 de janeiro de 2018

CAPÍTULO 1
O CONCEITO DA ÉTICA

No presente capítulo nos propomos significar a Ética como uma filosofia da moral. Neste sentido, importa caracterizar e definir a Filosofia moral como aquela parte importante e específica da Filosofia, que consideramos de maior relevância, pois nos convida a discutir a correlação entre a ética e a moral: conceitos que, com muita frequência usamos sem fazer qualquer distinção.

1.1 O que é ética?

A palavra "Ética" deriva do grego *ethos*, que significa "caráter", ou, no plural, maneiras. Assim, por causa dessa preocupação com o caráter, a Ética passa a se ocupar com questões sobre aquilo que se tem razão para *sentir*, indagando como as razões para sentir se vinculam às razões para o *agir*.[2] Conforme a sua etimologia, a Ética parece representar todo aquilo sobre que se tem razão para *sentir* e *agir*. Logo, a Ética nos ajuda a justificar as nossas ações, condutas, decisões e atitudes.

Com efeito, várias são as perspectivas consideradas pelos autores para definir a Ética, assim sendo, várias são as definições apontadas. Na sua dimensão analítica, por exemplo, a ética se refere a um conjunto de conhecimento, teorias, concepções etc. construídas com base nas diversas morais (ética profissional, ética empresarial, ética pública, ética administrativa etc.). Já, na perspectiva normativa, ela se funda em normas morais não escritas, ou pelos códigos morais específicos para determinada especialidade ou profissão. Nesta última perspectiva a ética pode ter como destinatário uma pessoa, um grupo de pessoas, uma comunidade ou uma sociedade, estabelecendo as morais definidas em códigos: por exemplo, código empresarial, código de ética médica, código de ética jornalística, código de ética e disciplina da OAB etc.

Há quem afirme que paralelamente à sua perspectiva teórica, também a *ética* se nos apresenta como um conjunto de normas morais. O próprio José Renato Nalini, por exemplo, correlaciona a ética como um "conjunto de prescrições admitidas numa época

---

[2] SKORUPSKI, John. *Ética*, in BUNNIN, Nicholas e E.P. Tsui-James (orgs). "Compêndio de Filosofia". São Paulo: Loyola, 2002, p. 199.

e numa determinada instituição, orientadas no sentido de assegurar um funcionamento eficiente, condigno e honroso".[3] E aqui se coloca uma debatida questão: a Ética e a moral acabam significando a mesma coisa? Mais ainda: a moral é objeto da Ética? Tudo o que é ético é moral? ou tudo o que é moral é, também, ético?

A nosso ver, parece acertado dizer-se que a Ética é uma área do saber humano que objetiva disciplinar a conduta quer individual quer coletiva. A seguir surge a necessidade de se considerar a Ética como uma dimensão da Filosofia Moral que, como vimos, se ocupa com o reconhecimento da moralidade. Vale assim, explicitar que, se por um lado, a linguagem da ética é *descritiva*, por outro, a linguagem da moral é *prescritiva*.

1.1.1 Ética: disciplina ou ciência?

A ética, de acordo com Robert Henry, é frequentemente considerada uma disciplina, a exemplo da física, do direito, da biologia, da sociologia, da psicologia ou da economia política, pelo seu objeto de estudo, porém confunde-se, a maioria das vezes seu esforço aplicado no estudo e na reflexão com os elementos empíricos a serem observados e explicados. Assim, continua o autor, ela estuda as morais históricas, as relações e as condutas dos agentes sociais que normas morais pautam. Trata-se de um sistema de normas que expressam valores; códigos formalizados; conjunto coerente de princípios ou de propósitos socialmente validados; discursos que servem de trilhos às relações sociais e aos comportamentos dos agentes; pautas organizadas de ação.[4]

Todavia, a ética pode ser considerada uma ciência quando é pensada como um conjunto de conhecimentos (ou doutrinas) que tem por objeto a conduta humana sendo, assim, o resultado da teorização sobre a *moralidade*. Ela pode ser considerada, igualmente, um conjunto de *filosofias* e *práticas*, pois seus conceitos norteiam o cotidiano de todo ser humano. Destarte, o propósito da ética é orientar a convivência social, isto é, direcionar a prática das boas ações. Portanto, o objetivo primordial da ética parece ser a realização do homem no contexto em que vive.

Em poucas palavras diremos que toda lição sobre ética é constitutiva de um conjunto de doutrinas: proposições, denominações e conceitos que derivam dos estudos e da observação de princípios, normas e regras morais que se sabem prescritivas e vinculadas a um dado contexto: social, grupal e histórico-cultural.

Um dos maiores problemas desta área de conhecimento é que suas concepções nem sempre são universalmente aceitas. A significação e compreensão dos construtos éticos nem sempre é unívoca. Daí a idéia de que as "ações" "boas" e "justas", por exemplo, parecem ser muito variadas e vagas, a ponto de se poder considerar a sua existência apenas convencional, e não natural. Os "bens" parecem ser igualmente vagos, pois para muitas pessoas eles podem ser até prejudiciais[5]. É louvável aqui admitir também que "as virtudes, os princípios e as consequências para o bem-estar humano foram propostos como o foco mais importante da compreensão ética. Entrelaçadas a esse foco estão as preocupações com a racionalidade, a imparcialidade e a liberdade moral".[6]

---

[3] NALINI, José Renato. *Ética e justiça*. São Paulo: Editora Oliveira Mendes, 1998, p. 110.
[4] SROUR, Robert Henry. *Ética empresarial*. Rio de Janeiro: Campus, 2000, Prefácio, p. 18.
[5] ARISTÓTELES. *Ética a Nicômacos*. 2. ed. Trad. de Mário da Gama Kury. Brasília: Editora Universidade de Brasília, c 1985, 1992. p. 18.

Como se vê, paralelamente à visão cientificista (ética como ciência: conjunto de conhecimento, teorias ou doutrinas etc.) também se trabalha uma outra leitura que enxerga a ética como uma ciência prescritiva de normas morais.

Em suma, várias são os enfoque e conceitos que norteiam a ética. Ora, a compreensão de tais concepções, certamente, nos permitirá identificar, da ética, seu significado, pensando que, a sabedoria do "bem agir" depende do conhecimento e da internalização dos conceitos, princípios e regras que definem e prescrevem a conduta humana.

1.1.2 Objeto de estudo da ética

A ética tem como objeto de estudo a conduta humana, isto é, o ser humano. Ela objetiva a correção das ações para garantir a convivência social.

Contudo, o cerne dos problemas éticos parece ser a caracterização das ações que são consideradas moralmente "boas" e "justas". Vamos examinar a questão, mais ou menos deste modo: ações humanas nem sempre são consideradas "boas" e "justas", pois os conceitos "bondade" e "justiça" nem sempre são unívocos. Destarte, para trabalharmos com tais conceitos devemos recorrer a definições que são, muitas vezes, abrangentes e discordantes. Daí ser certo que "apenas compreender tais conceitos, não pode por si só ser o suficiente"[7], pois o que, em certos casos, é "bom" e "justo" para um sujeito (ou pessoa), pode não ser os outros. É, pois, o que o mestre sustenta: "cada ser humano considera julgar corretamente os assuntos que conhece"[8]. Esta relatividade, nos obriga a procurar e a convencionar o que deve ser considerado bom: justo, desejável, correto, apropriado ou moralmente adequado para a sociedade e, por extensão, para a humanidade.

A ética da qual aqui nos ocupamos tem a *consciência social* como objeto de estudo. Ela examina a natureza dos valores e as possibilidades de justificar seu uso na apreciação de nossas ações, nossa vida e nossas instituições comuns.[9]

Assim, qualquer discurso sobre ética há de ser considerado como o resultado do estudo das proposições morais ou juízos de apreciação que se referem à conduta humana que, como se sabe, é suscetível de qualificação do ponto de vista do *bom* e do socialmente *justo*. Neste sentido, a Ética se define como o "estudo lógico da linguagem da moral"[10] ou, mais bem, como uma "reflexão filosófica acerca da moralidade que pode ser dividida em três domínios: a metaética, a ética normativa e a ética prática".[11]

---

[6] SKORUPSKI, John. *Ética*, in BUNNIN, Nicholas e E.P. Tsui-James (orgs). "Compêndio de Filosofia". São Paulo: Loyola, 2002, p. 197.

[7] WILLIAMS, Bernard. *Moral: uma introdução à ética*. Trad. Remo Mannarino Filho; revisão da tradução Maarcelo Brandão Cipolla. São Paulo: Martins Fontes, 2005, p. 72.

[8] ARISTÓTELES. *Ética a Nicômacos*. 2. ed. Trad. de Mário da Gama Kury. Brasília: Editora Universidade de Brasília, c 1985, 1992. p. 12-18.

[9] SKORUPSKI, John. *Ética*, in BUNNIN, Nicholas e E.P. Tsui-James (orgs). "Compêndio de Filosofia". São Paulo: Loyola, 2002, p. 197.

[10] HARE, R. M. *A linguagem da moral*. Trad. Eduardo Pereira e Ferreira. São Paulo: Martins Fontes, 1996 (Ver Prefácio)

[11] DALL' AGNOL, Darlei. *Bioética*. Rio de Janeiro: Jorge Zahar Ed., 2005, p. 7-8. (A metaética trata de questões acerca da natureza da própria ética. Por exemplo, se a ética pode ser uma ciência, se há teorias éticas etc. Para decidir sobre tais pontos, ela deve compreender o que são juízos morais, se eles são

1.1.3 A Ética como filosofia da moral

Convencido da repercussão social da Filosofia, começaremos pela sua compreensão etimológica. Pois bem, a etimologia da palavra "Filosofia", de origem grega, significa "amor à sabedoria" (que ama a sabedoria): *philos* - que ama + *sophia* – sabedoria.

Miguel Reale ensina que a Filosofia é a expressão mais alta da amizade pela sabedoria, e não se contentar com uma resposta, enquanto esta não atinja a essência, a razão última de um dado "campo" de problemas.[12]

Conforme explica Alaôr Caffe, a Filosofia, "nos coloca profundas questões de existência. São questões existenciais de grande significado para o homem e que não podem ser resolvidas com mera lógica".[13]

Conforme ensinamentos de Alexy[14], a Filosofia é uma atividade conceitual de natureza reflexiva, analítico-crítica, normativa, sintética ou holística acerca do que existe, isto é, do que é verdadeiro e correto. Trata-se, pois, de uma reflexão geral e sistemática sobre o que existe, o que deve ser feito (o que é bom). Assim sendo, a propriedade mais geral do conceito de filosofia é seu caráter reflexivo.

Em verdade a Filosofia é uma área do saber humana reflexiva constituída de raciocínios que tem como base outros raciocínios, sendo o seu objeto, a prática humana de conceber o mundo, de um lado, e definir a ação humana, do outro. Neste sentido o pensamento filosófico se expressa por meio de raciocínios acerca do que existe (ontologia) e acerca do que é bom (ética).

A definição de filosofia há de ser complementada da seguinte forma: além de ser reflexiva (geral) e sistemática, a filosofia é normativa (ou crítica), analítica e holística.

Em suma, definimos a Filosofia como: o estudo crítico das principais questões que governam, do mundo, o homem e sua existência, cujo problema fundamental é a relação e a primazia entre o *ser* e o *pensar*, entre o *mundo ideal* e o *mundo material*.

Pois bem, o que é Filosofia Moral? Parece-nos que destas perguntas surgem logo outras: Qual o papel da Filosofia Moral? É a Filosofia Moral uma disciplina autônoma ou um mero capítulo da Filosofia? Pois bem, tratemos, então do assunto.

O que é Filosofia Moral? ou Filosofia da Moral?

É possível significar a Filosofia Moral como aquela parte da Filosofia que, voltada para os valores, procura as fontes da moral nas divindades, na natureza ou no pensamento racional.

---

proposições ou sentimentos e qualificar a natureza dos valores, das regras das qualidades morais, isto é, das virtudes. Já a ética normativa procura, muitas vezes a partir de alguma posição metaética, determinar um padrão sobre aquilo que efetivamente é bom ou mau, correto ou incorreto. A ética prática procura aplicar os resultados da ética normativa a questões morais cotidiana).

[12] REALE, Miguel. *Filosofia do Direito*. 5. ed. Revista e aumentada. São Paulo: Saraiva 1969, p. 5-7.

[13] CAFFÉ ALVES, Alaôr. As raízes sociais da Filosofia do Direito: uma visão crítica. In, *O que é a filosofia do direito?* Barueri, SP: Manole, 2004, p. 86.

[14] ALEXY, Robert. *La Naturaleza de La Filosofía del Derecho.* Associations 7 (1), 2003, p. 63-75. Disponível em: http://iureamicorum.blogspot.com.br/2008/02/la-naturaleza-de-la-filosofia-del.html. Acesso em: 02,02,2013.

Poder-se-ia, com efeito, afirmar que um moralista tem atitude cega para os valores morais, por serem recursos metodológicos que auxiliariam na valoração da conduta humana. Daí que o ato ou a conduta que se corresponda aos valores últimos ou finais de uma dada sociedade, grupo ou comunidade não é considerado moral, porém imoral.

É a Filosofia Moral uma disciplina autônoma ou um mero capítulo da Filosofia?

Em verdade, a Filosofia ao se voltar para as diversas áreas do saber humano, a saber, Matemática, Linguagem, Mente, Direito, Moral, adotou diversas e específicas denominações: Filosofia da Matemática, Filosofia da Linguagem, Filosofia da Mente, Filosofia do Direito e Filosofia Moral conforme a seu objeto de estudo concreto, a *moral*. Nesse sentido, a Filosofia da Moral passaria a ser uma parte da Filosofia que procura estabelecer princípios constantes e universalmente válidos para a boa conduta da vida em sociedade.

Qual o papel da Filosofia Moral?

A Filosofia Moral tem o papel de orientar a racionalidade. Destarte, a Filosofia Moral procura definir o "bem moral" como o ideal do melhor *agir* ou do melhor *ser*. Diz-se de uma Filosofia que tende a ter um caráter normativo e de prescrição, ansiosa por estabelecer uma moral universal.[15]

Admitido isto, podemos considerar que a Filosofia Moral se caracteriza por ser uma área (do saber humano) analítica: *conceitual* e *normativa*.[16] Essa seria, em verdade, a sua natureza implícita em suas duas dimensões.

Sem dúvida, por meio da dimensão *conceitual* da Filosofia moral, aqui definida como *ética* procura-se definir as figuras que simboliza seu objeto de estudo "a conduta humana". É nessa dimensão que, com o auxílio de "juízos morais", pode ser definido o que é bom, justo, correto em qualquer sociedade. "Sem esse complemento analítico, a filosofia não pode ser nem geral nem sistemática em seu sentido substancial".[17] Já a dimensão *normativa* (moral) é constitutiva de proposições que prescrevem o que é *moral* ou *imoral* numa dada sociedade ou grupo humano. Geralmente essas figuras adotam a forma de imperativos ou de "normas morais" expressas em dispositivos (evidentes) ou não, por meio das quais se prescreve um *dever ser*, isto é, o que é proibido ou permitido numa dada sociedade.

Mas, ao longo da história das teorias éticas, o "eu" se entendeu pelo "bem" em sua plenitude assumiu as mais diversas definições: felicidade, prazer, perfeição, prudência, poder, disciplina mental, conhecimento, autocontrole, ascetismo, graça de Deus, razão, prosperidade, liberdade, igualdade social, realização pessoal, sucesso (eu digo: justo equilíbrio moral) etc. Temos diante de nós, portanto, um extraordinário leque de hipóteses ou de convicções que apenas reforça o caráter relativista dos valores

---

[15] SROUR, Robert Henry. *Ética empresarial*. Rio de Janeiro: Campus, 2000, Prefácio, p. 35.

[16] ALEXY, Robert. *La Naturaleza de La Filosofía del Derecho*. Associations 7 (1), 2003, p. 63-75. Disponível em: http://iureamicorum.blogspot.com.br/2008/02/la-naturaleza-de-la-filosofia-del.html. Acesso em: 02,02,2013.

[17] ALEXY, Robert. *La Naturaleza de La Filosofía del Derecho*. Associations 7 (1), 2003, p. 63-75. Disponível em: http://iureamicorum.blogspot.com.br/2008/02/la-naturaleza-de-la-filosofia-del.html. Acesso em: 02,02,2013.

culturais. Eis o motivo do relativismo ético. E, como é fácil deduzir, a reflexão teórica não está imune às condicionantes históricas.[18]

Outro importante problema da ética diz-se da distinção entre *ética filosófica* e *ética científica*. A *ética filosófica* (ou *filosofia da moral*) procura estabelecer princípios constantes e universalmente válidos para boa conduta da vida em sociedade. Definiu o bem moral como o ideal do melhor agir ou do melhor ser, e procurou as fontes da moral nas divindades, na natureza ou no pensamento racional. É uma ética que tende a ter um caráter normativo e de prescrição, ansiosa por estabelecer uma moral universal. Em contrapartida, a *ética científica* (ou ciência da moral) constata o relativismo cultural e o adota como pressuposto. Qualifica o bem e o mal, assim como a virtude e o vício a partir de seus fundamentos sociais e históricos; aborda as normas que as coletividades consideram válidas sem julgá-las; investiga e explica a razão de ser da pluralidade, da dinâmica e da coexistência das morais históricas. É um tipo de *ética* que tende a ter um caráter explicativo e de análise, centrando sua atenção no conhecimento da diversidade cultural e de seus pressupostos normativos.[19]

Em suma, a Filosofia Moral, se bem não é todo, se estende a todos: nasce assim, do ser humano e para o ser humano. Não é demais, no entanto, distinguir as suas dimensões, pois se bem a dimensão *analítica* outorga á Filosofia Moral um caráter teorético (conceitual) holístico, a *normativa* define um modelo de conduta que pode mudar de tempo em tempo e de lugar para lugar.

1.2 Ética e moral

Geralmente, a Ética é considerada um *estudo* da moral ou dos juízos morais, isto é, "uma reflexão filosófica sobre a moralidade".[20] Para Hare[21], por exemplo, a Ética é o estudo lógico da linguagem da moral. A Ética assim seria o estudo dos juízos de apreciação referentes à conduta humana suscetível de qualificação que, do ponto de vista do bem e do mal, é relativa a determinada "sociedade". Todavia, se define a Ética como uma *ciência*. Vemos, assim, na visão de José Renato Nalini[22], a Ética é uma ciência do comportamento *moral* que tem objeto próprio, leis próprias e método próprio.

Para William J. Goode e Paul K. Hatt, por exemplo, a ética é algo mais do que um valor ou que um conjunto de valores fundamentais. É um convite à ação com absoluta honradez, por obrigação e não por mera questão moral. A ética é representativa de um conjunto de juízos morais que desempenham nas ciências sociais o papel de expressões formais de sentimentos e emoções que dimanam da cultura que impulsiona o homem à ação[23]. Assim sendo, a ação (a conduta humana) tem extrema relevância para a sociedade e o direito.

---

[18] SROUR, Robert Henry. *Ética empresarial*. Rio de Janeiro: Campus, 2000, Prefácio, p. 35-36.

[19] SROUR, Robert Henry. *Ética empresarial*. Rio de Janeiro: Campus, 2000, Prefácio, p. 35.

[20] DALL' Agnol, Darlei. *Bioética*. Rio de Janeiro: Jorge Zahar Ed., 2005, p. 7.

[21] HARE, R. M. *A linguagem da moral*. Trad. Eduardo Pereira e Ferreira. São Paulo: Martins Fontes, 1996. (Prefácio)

[22] NALINI, José Renato. *Ética geral e profissional*. 4. ed. rev. e atual. São Paulo: Rt, 2004, p. 26.

[23] GOODE, William J.; HATT, Paul K. *Métodos de Investigación Social*.La Habana: Editorial de Ciencias Sociales. Instituto Cubano del Libro, 1971, p. 32-33.

O homem de ética age eticamente. O homem de lei é também um homem ético. Ambos agem observando normas morais e legais. Sendo o *objeto* e *fim* das ações antiéticas e ilegais o ato humano em questão também deverá ser igualmente assim qualificado. Por exemplo, "*o roubo ou o sequestro de uma criança pobre feito com a intenção de dar alimento e educação*" é um ato antiético e ilegal, independentemente das boas intenções manifesta na finalidade.

Da mesma forma, assim como se acrescenta se acrescenta na já citada obra *Fundamentos de ética empresarial e econômica*[24], um vendedor vende bebidas alcoólicas para adultos estará executando seu trabalho, sem nenhuma infração ética. Se, entretanto, vende bebida alcoólica para um cliente notoriamente alcoólatra porque deseja fazer-lhe mal, não estará comportando-se eticamente, ainda que a ação em si – vender bebidas alcoólicas para adultos – não seja má. A intenção é fundamental para caracterizar a ação ética ou moral.

Mas, o que vem a ser a moral? É o que indaga e responde Robert Henry[25]: um conjunto de valores e de regras de comportamento, um código de conduta que coletividades adotam, quer sejam uma nação, uma categoria social, uma comunidade religiosa ou uma organização. Enquanto a ética diz respeito à disciplina teórica, ao estudo sistemático, a moral correspondente às representações imaginárias que dizem aos agentes sociais o que se espera deles, quais comportamentos são bem-vindos e quais não.

De acordo com o citado autor, a ética opera no plano de reflexão ou das indagações, estuda os costumes das coletividades e as morais que podem conferir-lhes consistência. Com o propósito de libertar os agentes sociais da prisão do egoísmo que não se importa com os efeitos produzidos sobre os outros. A ética visa à sabedoria ou ao conhecimento temperado pelo juízo. A moral, em contrapartida, corresponde a um feixe de normas que as práticas cotidianas deveriam observar e que, como discurso, ilumina o entendimento dos usos e dos costumes. Eis que existem *morais macrossociais*, que recobrem as sociedades como um todo e que servem de balizas às centenas de *morais microssociais*. Estas, por sua vez, expressam os interesses e as visões de mundo das muitas coletividades internas às sociedades, distribuindo-se entre morais paroquiais, corporativas, profissionais, setoriais, classistas, regionais, confessionais etc.

Não há, conclui o autor, vantagem em confundir ética com moral, como induzem expressões consagradas tais como "ética protestante", "ética católica", "ética liberal", "ética socialista" etc. Vale mais falar de moral protestante, moral católica, moral liberal, moral socialista. Porque a ética, como teoria, estuda as morais na plenitude de sua natureza histórica. Somente quando especialistas se debruçam sobre as morais e produzem um estudo delas, pode-se falar de ética do protestantismo ou de ética do socialismo. Assim, a referência à ética empresarial ou à ética dos negócios significa estudar e tornar inteligível a moral vigente nas empresas capitalistas contemporâneas e, em particular, a moral predominante em empresas de uma nacionalidade específica.

Tampouco é vantajoso confundir a moral com o direito, isto porque nem sempre o que é antiético ou imoral é antijurídico ou ilegal.

O que pode ser considerado ilegal?

[24] ARRUDA, Maria Cecília Coutinho de, e outros. *Fundamentos de ética empresarial e econômica*. 2. ed. São Paulo: Atlas, 2003, p. 48.

[25] SROUR, Robert Henry. *Ética empresarial*. Rio de Janeiro: Campus, 2000, Prefácio, p. 29-30.

Nem tudo o que é permitido é ético. Nem tudo o que é antiético é ilegal. Logo, vale ressaltar o que é legal e o que é ético, determinando os limites da legalidade e da eticidade (moralidade). Lícito, por exemplo, é tudo o aquilo que conforme a direito, mas nem tudo o que é conforme ao direito é moral. Um dado ato jurídico pode envolver sentimentos egoístas, de injustiça e antissociais etc. Daí o ato lícito só pode ser útil quando se funda em princípios, normas, conceitos ético-morais.

O que pode ser considerado imoral?

Comportar-se eticamente é agir com consciência[26] e responsabilidade, respeitando o interesse alheio e as normas sociais de convivência. Logo, somente as ações humanas conscientes podem ser qualificadas de imorais ou antiéticas. Assim, por exemplo, fatos ou fenômenos naturais, inconscientes e involuntários não podem se considerados imorais. Não podemos pedir de um inconsciente, consciência nem de um incapaz, capacidade. Logo, a ação de um menor ou incapaz não pode ser dita imoral.

Contudo, parece existir uma inter-relação, mas, também uma demarcação entre o mundo da ética e o mundo do direito. Eis que os princípios éticos (e as normas morais) agem na relação Idéia – Conduta – Realidade. Daí ser importante *saber* como e de que forma devemo-nos conduzir perante uma dada situação ou realidade, é *saber agir* com consciência. Destarte, não basta saber, mas é imprescindível saber agir. É o que estudaremos como ética prática (ou aplicada), isto é, como ciência prática que orienta o justo equilíbrio do homem.

1.3 A linguagem da moral

A linguagem, de forma geral, tem um papel importante na formação da consciência e do conhecimento. O homem, como ser social, sente, escuta, analisa, julga, afirma, explica e comunica suas ideias e pensamentos por meio da linguagem. A linguagem é, pois, o instrumento que auxilia o pensamento e a razão. É por meio da linguagem que somos capazes de raciocinar, deduzir, induzir, simbolizar, comparar, concluir, prescrever etc.

A ética se usa de conceitos abstratos, aspecto que limita a interpretação e extensão dos princípios e regras durante a pesquisa e solução de problemas práticos. Assim, por exemplo, "bondade não é o tipo de propriedade cuja presença ou ausência possa ser estabelecida empiricamente, muito embora (de uma forma um tanto obscura em sua teoria) a observação das características empíricas de uma coisa seja sem dúvida importante para a apreensão da bondade".[27]

Imaginemos que vemos um objeto, podemos pensar esse objeto usando símbolos e assim, designamos para ele a palavra "caneta". Agora, estamos prontos para falar da caneta, indicar a sua utilidade, seu valor econômico, compará-la com outras canetas. Nesse sentido descrevemos, assim, a linguagem se nos mostra como essencialmente *descritiva e argumentativa,* isto é, teria como função a descrição e a argumentação.

[26] *Consciência*: Atributo, próprio do ser humano, que lhe permite ao homem tomar decisões. Faculdade pela qual o homem é capaz de estabelecer julgamentos morais dos atos realizados. Senso de responsabilidade, honradez, probidade e respeito para com o próximo. Cuidado com que se executa um trabalho e se cumpre um dever.

[27] WILLIAMS, Bernard. *Moral: uma introdução à ética*. Trad. Remo Mannarino Filho; revisão da tradução Maarcelo Brandão Cipolla. São Paulo: Martins Fontes, 2005, p. 62.

Mas, também, a valoração de uma conduta exige da linguagem e, assim, qualificamos um ato, conduta ou decisão como justa e injusta, moral ou imoral etc. e nesse sentido a linguagem se nos mostra *valorativa*. Todavia, podemos proibir a conduta usando uma linguagem imperativa, permissiva ou proibitiva. Assim sendo, a linguagem adotaria sua forma *prescritiva*. Tais são as funções da linguagem, a saber, *descritiva*, *valorativa* e *prescritiva*.

Mas, aos efeitos deste estudo a função que mais nos interessa é a *prescritiva*, pois a linguagem moral é uma espécie de linguagem prescritiva que, conforme explica Hare[28], pode ser classificada da seguinte forma: 1. Imperativos (singulares e universais) e, 2. Juízos de Valor (não-morais e morais). Hare discute um tipo de linguagem prescritiva que está mais intimamente relacionado com a linguagem da moral do que o imperativo simples.

De acordo com Hare há dois tipos de coisas que podemos dizer; o primeiro tipo é geralmente chamado *descritivo*, o segundo tipo *valorativo*. Como exemplo do primeiro tipo de comentário cita: "Este morango é doce" e "Este morango é grande, vermelho e suculento". Como exemplos do segundo tipo de comentário o autor destaca os seguintes: "Este é um bom morango" e "Este morango é justamente como os morangos devem ser". Assim, para Hare,

> O problema também pode ser colocado desta forma: se conhecêssemos todas as propriedades descritivas que tinha um morango particular (se soubéssemos, de cada sentença descritiva relacionada ao morango, se são verdadeiras ou falsas) e, se soubéssemos também o significado da palavra "bom", então, o que mais precisaríamos saber para sermos capazes de dizer se um morango é bom ou não? Uma vez colocada a questão dessa forma, a resposta deveria ser evidente. Precisaríamos saber quais são os critérios em virtude dos quais um morango deve ser chamado bom, quais são as características que tornam bom um morango, ou qual é o padrão de bondade em morangos.[29]

Quanto à prescrição Hare afirma que a palavra *dever* é usada para *prescrever*, mas já que a prescrição pode ser de mais de um tipo, seria necessário fazer distinções e assim, em vários exemplos, destaca as palavras e frases: use, deve sempre usar, deve usar etc.

1.4 Os juízos morais

Para entender o que é um "juízo moral" passaremos primeiro a explicar o que é um "juízo".

Pois bem, um juízo é um julgamento, um parecer ou uma opinião. Um "juízo" é, portanto, o ato pelo qual podemos afirmar uma coisa de outra.

Certamente, somos capazes de afirmar (julgar) estabelecendo uma correlação entre um sujeito (a), um verbo (b) e um predicado (c). Os juízos encerram, pois, três elementos: duas ideias (conceitos) e uma afirmação. Vejamos:

---

[28] HARE, R.M. *A linguagem da moral*. Trad. Eduardo Pereira e Ferreira. São Paulo: Martins Fontes, 1996, p. 3 – 40.
[29] Ibid., p. 119-120, 165.

a) A primeira ideia (ou conceito) da qual se afirma alguma coisa chama-se *sujeito*.

b) A segunda ideia (conceito) que se afirma do sujeito chama-se *atributo*, ou *predicado*.

c) A afirmação é representada pelo verbo ser (é), chamado *cópula* ou liame, unindo o atributo ao sujeito. Vejamos, assim, os seguintes exemplos:

(a) = Deus (sujeito);
(b) = Ser (cópula);
(c) = Bondade (atributo).
Logo, (a) (b) (c) seriam os componentes do juízo "Deus é bom".

Dizemos então que o juízo, essencialmente, é um ato simples e indivisível, que consiste na afirmação da relação de uma relação entre um sujeito e um predicado. Importa, assim, ter um sujeito (pessoa, matéria, ato, conduta etc.) da qual se afirma, e um atributo por meio do qual qualificamos o sujeito.

1.4.1 Classificação dos juízos

Os juízos podem ser classificados de várias maneiras, conforme os seguintes pontos de vista.

a) Quanto à quantidade, o juízo pode ser *individual* (particular) ou *geral*. Ex. "Esta casa é grande" (sujeito determinado: "Esta casa..."), "Algumas casas são grandes" (uma parte indeterminada de uma classe: "Algumas casas..."), "Todas as casas são grandes" (toda uma classe de sujeito: "Todas as casas...").

b) Quanto à qualidade, o juízo pode ser *afirmativo* do *negativo*, segundo o tipo de relação afirmada entre o sujeito e o atributo, quer uma relação de conveniência, quer de inconveniência. Exemplo: "Esta é uma excelente escola", "Este é o meu melhor amigo", "Este não é um bom momento para festejar".

c) Quanto à natureza, o juízo pode ser *contingente* ou *necessário*, quando o atributo é próprio do sujeito. Por exemplo: "O vinho é líquido", "O círculo é redondo", "O triangulo tem três lados".

d) Quanto a sua percepção, o juízo pode ser *a priori*, aquele cuja relação é percebida, sem o auxílio da experiência, mas pela simples comparação de duas ideias, exemplo, "Todo home é mortal", "O ser humano é racional", "O universo é infinito", ou *a posteriori*, quando a relação não pode ser percebida senão pela experiência: "A terra é redonda", "O mar é salgado", "O fumo mata".

Todavia, os juízos podem ser qualificados da seguinte maneira:

e) *Imediato* e *mediato*. Ambos conforme à relação intermediada ou não entre o sujeito e o atributo;

f) *Intuitivo* e *discursivo*. Intuitivo quando se exprimi uma simples experiência (uma intuição dos sentidos ou da consciência); exemplos: "Está chovendo", "Está quente", "As folhas caem"; ou discursivo se resultar de uma comparação entre ideias ou premissas; exemplos: "Todos os carros são brancos", "Todos os corpos abandonados caem", "Todos os metais se dilatam", são juízos discursivos.

g) *Analíticos e sintéticos.* Analítico é aquele em que a ideia do atributo resulta da análise da ideia específica do sujeito; ex. "O homem é um ser racional". O juízo sintético é aquele cujo atributo não está contido propriamente no sujeito e deve ser localizado noutra fonte; "O professor é inteligente", "Aquele político é um corrupto".

Em suma, existe uma diversidade de forma de classificar os juízos, mas aos efeitos do estudo do juízo moral, importa demarcar a diferença ente o "juízo de fato" e "juízo de valor". Vejamos.

1.4.1.1 O juízo de fato e juízo de valor

Quando descrevemos ou julgamos necessariamente fazemos isso na forma de juízos. Contudo, quando descrevemos fazemos um juízo de fato (juízo de realidade), quando julgamos fazemos um juízo de valor (juízo de apreciação).

Se, por um lado o *juízo de fato* é um juízo de realidade, por outro o *juízo de valor* é uma apreciação. Assim, por exemplo, a "a caneta é branca" envolve um juízo de fato (de realidade), pois se trata de um julgamento ou sentença que pode ser dita de "verdadeira" ou "falsa". Já "esta é uma boa caneta" envolve uma valoração que pode ser dita de adequada, conveniente ou inconveniente.

Pode-se ver que o juízo de fato dá posse plena a uma "verdade de fato"; seu atributo (conceito concreto) se refere a uma relação direta de sujeito e uma qualidade que pode ser empiricamente constatada no objeto: calculada, pesada, mensurada etc. Tais são os conceitos (atributos), alto, magro, quente, frio, pesado, inteligente etc. Neste sentido, as afirmações: "João é alto" ou "Esta caneta é vermelha" podem ser ditas de "verdadeiras": verdade de fato. Vejamos o seguinte exemplo.

(a) = Caneta (sujeito);
(b) = Ser (cópula);
(c) = Branca (atributo).
Logo, (a) (b) (c) seriam os componentes do juízo "A Caneta é branca".

Neste ponto julgamos conveniente indicar as diferenças entre o *juízo de fato* e o *juízo de valor*. Não é demais, entanto, afirmar que no juízo de valor não há verdade de fato no sentido perfeito da palavra, mas de "razão", por esse motivo devemos afirmar a conveniência do que percebe com o que realmente é evocando um conceito cujo significado é relativo e nem sempre convencionado. Assim, por exemplo,

(a) = Castigo (sujeito);
(b) = Ser (cópula);
(c) = Justiça (atributo).
Logo, (a) (b) (c) seriam os componentes do juízo "O Castigo é justo".

Pode-se ver que o juízo de valor dá posse plena a uma "verdade de razão"; seu atributo (conceito abstrato) é relativo e se refere a uma relação direta de sujeito e uma qualidade que pode não ser empiricamente constatada, não pode ser calculada, pesada, mensurada etc., porém pensada e conceitualmente definida. Tais são os conceitos (atributos), bom e justo. Neste sentido, as afirmações: "Deus é bom" ou "Esta decisão é justa" podemos reservar a condição de "oportunidade": verdade de razão, conforme ao que consideramos ser bom e justo.

Mas, quando podemos afirmar a verdade nos juízos? Como podemos saber se um juízo é verdadeiro, falso, correto ou incorreto, oportuno ou inoportuno? Será que somente os juízos de fato são verdadeiros ou que a verdade está unicamente na correspondência entre o pensamento e a realidade?

A cerca desta questão Robert Alexy[30] nos ensina que a verdade não está no mundo presente, na natureza, mas é produção cultural humana. A verdade é subordinada à refutabilidade. A verdade é algo construído *discursivamente*, o que significa ser científico o resultado do consenso alcançado em relação ao objeto estudado. Assim, é superada a *teoria da verdade* aristotélica, pois não mais se considera verdade como a *correspondência* da asserção à realidade. Os juízos de dever (deontologia) têm sua verdade atingida argumentativamente com a observância de regras do discurso. Sua verdade é chamada de correção. O que é *justo* é o que é *racional*, o que é discursivamente correto, uma correção obtida argumentativamente pelo cumprimento das *regras* formadoras da *lógica do discurso*.

Em suma, a nossa inteligência não se limita unicamente a conceber as ideias, mas procura descobrir as relações entre ideias para atingir uma verdade ou conveniência e assim, julgar. Neste sentido, o juízo é parte constitutiva de todas as operações do intelecto humano: lembramos, pensamos, afirmamos, prescrevemos, raciocinamos fazendo uso dos juízos.

1.4.1.1.1 Juízos de valor morais e não morais

Os juízos de valor podem ser "morais" e "não-morais". Para distinguir o sentido e o alcance desses juízos é importante saber o que é *amoral*, *moral* e *imoral*, pois é a partir dessas perspectivas que usaremos os conceitos adequados que nos permitirão afirmar o que é moralmente "certo" e "bom".

Podemos, todavia, afirmar o que está certo moralmente, assim como podemos proibir o que não é "bom" ou moralmente "certo". Daí as diferenças entre *afirmações* e os *comandos*.

Podemos, assim, concluir que um "juízo moral" é uma expressão linguística, um tipo de construção da linguagem da qual nos auxiliamos para afirmar o que consideramos ser "bom" e "justo" conforme a moral dominante. Sendo assim, todo juízo moral serviria para orientar a crítica e a tomada de decisões. Como se vê, um estudo da linguagem, e mais especificamente da linguagem moral, torna-se, de fato, imprescindível para melhor significar o juízo moral.

Os juízos morais explicam como os conflitos de conduta podem ser contornados com base num acordo de motivação racional. Em sentido lato, eles servem para justificar a conduta à luz de normas válidas ou a validade das normas à luz de princípios dignos de reconhecimento.[31]

---

[30] ALEXY, Robert. *Teoria da argumentação jurídica:* a teoria do discurso racional como teoria da fundamentação jurídica. Trad. Zilda Hutchinson Schild Silva; rev. e introdução à edição brasileira Claudia Toledo. 2 ed. São Paulo: Landy, 2005, p. 33.

1.5 Moralidade, amoralidade e imoralidade

Passarei agora a examinar importantes e decisivos conceitos básicos da Ética, a saber: *moralidade*, *amoralidade* e *imoralidade*.

A moralidade nos informa acerca da melhor maneira de conduzir uma ação, isto é, o bom comportamento humano. "Gostaria de designar de "morais" todas as instituições que nos informam acerca das melhores formas de nos comportarmos, para que possamos reagir, mediante a deferência e a consideração, à extrema vulnerabilidade dos indivíduos".[32]

O senso comum considera *amoral* tudo o que não é nem contrário nem conforme à moral. É amoral aquela conduta que, privada de qualificação moral, se situa fora de toda e qualquer cogitação, por não se referir a fato suscetível de julgamento normativo do ponto de vista do bem e do mal. Já *imoral* é tudo o que é contrário à moral (desonesto), qualificando-se assim toda conduta, ensinamento ou doutrina que contraria regras morais prescritas para um dado tempo e lugar.[33] Pensa-se, assim, que a conduta humana que é suscetível de qualificação moral, se pauta, pelas regras morais vigentes em um dado tempo e lugar.

Com base nestas definições privilegiamos uma investigação que nos permita desvendar quando entra em jogo a *moralidade*. Neste sentido, Robert Henry[34], pretendendo mostrar o que pode ser considerado *amoral*, *moral* ou *imoral* nos ilustra com as seguintes situações e exemplos: "quando um agente afeta os outros com aquilo que decide e faz, quer infringindo, quer seguindo padrões socialmente prescritivos. Por exemplo, guiar o carro com cuidado é *moral*, mas guiar o carro bêbado é *imoral* (e hodiernamente ilegal). É moral ensinar os primeiros socorros ou o uso seguro de fogos de artifício, mais é *imoral* ensinar a fabricar bombas caseiras".

De outra parte, continua o autor, uma relação social é *amoral* quando inexistem prévias prescrições a respeito e quando ela não afeta os outros. Por exemplo, conduzir uma reunião de trabalho é *amoral*, mas aproveitar a oportunidade para dar aos funcionários exemplos edificantes é *moral*, ou seja, assume caráter social positivo. Porque afeta os presentes de acordo com orientação validada (aceitas, convencionadas?) socialmente. Registrar dados na contabilidade da própria empresa é *amoral*, mas manipular o balanço com intuito de fraudar acionistas é *imoral*, ou seja, assume caráter social negativo. Porque contraria regra moral prescrita. Não parece conveniente confundir, portanto, amoralidade e imoralidade, obedecendo a uma acepção de senso comum que considera amoral a falta de senso moral.

Observem-se, ainda, os dois conceitos em estudo, segundo os padrões da *moral da integridade brasileira* contemporânea:

1- É *amoral* tirar fotocópias de documentos próprios, mas é *imoral* tirar fotocópias de um livro alheio sem o respectivo pagamento de direitos autorais; moral seria tirar fotocópias de documentos próprios para ensinar outrem.

---

[31] HABERMAS, Jürgen. *Comentários à Ética do Discurso*. Instituto Piaget. 1991, p.15

[32] HABERMAS, Jürgen. *Comentários à Ética do Discurso*. Instituto Piaget. 1991, p.18

[33] FERREIRA, Aurélio Buarque de Holanda. *Novo dicionário Aurélio da língua portuguesa*. 3. ed. Curitiva: Positivo, 2004, p. 123 e 1075.

[34] SROUR, Robert Henry. *Ética empresarial*. Rio de Janeiro: Campus, 2000, p. 26-27.

2- É *amoral* submeter-se pura e simplesmente a uma prova escolar, mas é *imoral* colar; moral seria estudar e esforçar-se para fazer uma boa prova, não esbanjando o dinheiro das mensalidades e não desperdiçando seu próprio tem e do professor.

3- É *amoral* fabricar produtos para uso próprio, mas é *imoral* piratear bens ou adulterar sua composição, peso ou medidas, para vendê-los; moral seria produzir, respeitando especificações técnicas, utilizando energias e matérias-primas que não degradem o meio ambiente e satisfaçam às necessidades dos clientes.

4- É *amoral* utilizar o computador a serviço da empresa para a qual se trabalha, mas é *imoral* fazer dele uso próprio sem autorização; moral seria utilizar o mais eficientemente possível o equipamento para agregar valor à empresa.

Para melhor compreender a anterior distinção nos permitimos acrescentar: a) é *amoral*, como um bom advogado, representar um cliente, mais é imoral peticionar contra ele; b) é *amoral* orientar o trabalho docente procurando um ensino de excelência, mais é *imoral* planejar, de forma premeditada, um ensino que objetive a dependência dos alunos a um método e a uma escola; c) é *amoral* usar o recurso da internet para desenvolver pesquisas, mas é *imoral* copiar e usar as informações sem mencionar a fonte: autoria, site e data de acesso.

1.5.1 Os limites da moral: moral *versus* tolerância

Tolerância, tendência a admitir modos de pensar, de agir e de sentir que diferem dos de um indivíduo ou de grupos determinados, políticos ou religiosos.

Para ir mais longe, orientamos a discussão dos seguintes temas:

1 A marcha da maconha: você é a favor ou contra? Fundamente.

2 Relacionamentos homoafetivos: você é a favor ou contra? Fundamente.

3 Transexualismo, travestismo e homossexualismo: *você é a favor ou contra? Fundamente.*

CAPÍTULO 2
FUNDAMENTOS DA ÉTICA

Neste segundo capítulo estudaremos o fundamento da racionalidade, que aqui definimos como uma qualidade socialmente construída que baliza a atividade humana que é considerada adequada à convivência social. Toda ética, certamente, almeja essa racionalidade, nesse sentido, a razão e a racionalidade se definem como uma capacidade da mente e que nos possibilita formar conclusões, a partir de referenciais que consideramos fundamentais, a saber, valores, normas princípios e regras. Assim, raciocinamos corretamente e agimos éticamente quando observamos os esses recursos que, a seguir, chamaremos de fundamentos das nossas condutas e decisões.

2.1 Fundamentos valorativos

Reunimos nesta seção diversos argumentos que nos permitem compreender os fundamentos valorativos da Ética. Eis que, de fato, e não tem como ser diferente a conduta ética há de estar fundada em valores. Assim, para facilitar sua compreensão consideramos importante: a) estudar o valor como conceito ideal e não material; b) identificar o valor como conceito jusfilosófico: valor, valor moral, valor jurídico, valores últimos ou finais; c) caracterizar o valor como componente da moral; d) destacar o valor como indicador importante das ações e decisões. Nesse sentido, discutiremos os pressupostos que definem a conduta ética, a partir da caracterização dos conceitos jusfilosóficos.

2.1.1 Conceito de valor

A compreensão da correção da conduta começa pela compreensão do conceito valor moral. Mais, o que podemos entender por valor?

Vamos agora tentar uma definição do "valor". Nesse intuito orientamos a leitura do tema na obra *Filosofia do Direito*, também da nossa autoria. Ali confirmamos que o valor é um referente ideal, (objeto ideal) não empírico, que invocamos na solução de um dilema. Os valores são recursos que, quando observados, podem vir a incidir na conduta humana. É absolutamente certo que todo homem age conforme a uma crença ou a uma orientação pautada por um determinado valor. Valores não podem ser vistos, não podem ser apalpados, porém *pensados*.[35]

[35] JIMÉNEZ SERRANO, Pablo. *Filosofia do Direito*. Campinas, SP: Alínea, 2014.

Antes de tudo, permitam-me introduzir o que pode vir a ser considerado como uma significação do vocábulo "valor": o *valor* pode ser definido como um importante referente *não empírico*, porém *ideal* invocado pelo ser humano na orientação de seus atos. É absolutamente certo que todo homem age conforme a uma crença ou a uma orientação pautada por um determinado *valor* ou *contra-valor*.

Conforme ensina Miguel Reale, os valores não possuem uma existência em si, *ontológica*, mas se manifestam nas coisas valiosas. Os valores não constituem uma realidade ideal que o homem contempla como se fosse um modelo definido. Os valores são algo que o homem realiza em sua própria experiência e que vão assumindo expressões diversas através do tempo. Os valores representam o mundo do *dever ser*, das normas ideais segundo as quais se realiza a existência humana, refletindo-se em atos e obras, em formas de comportamento e em realizações de civilização e de cultura, ou seja, em bens que representam o objeto das ciências culturais.[36]

Vejam que no primeiro parágrafo desta epígrafe usamos as palavras *valor* e *contra-valor*. É possível, todavia o uso da palavra *desvalor*. Pois bem, o valor é sempre bipolar: a um *valor* se contrapõe um *contra-valor* (ou *desvalor*), ao *bom* se contrapõe o *mau*; ao *belo*, o *feio*; ao *nobre* o *vil*; e o sentido de um exige o de outro. Valores e contra-valores se conflitam e se implica em um processo. A dinâmica do direito resulta dessa polaridade estimativa, por ser o direito concretizado de elementos axiológicos. A dialeticidade que anima a vida jurídica, em todos os seus campos, reflete a bipolaridade dos valores, dado que a vida jurídica se desenvolve na tensão de valores e contra-valores. O Direito tutela determinados valores, que reputa positivos, e impede determinados atos, considerados negativos. Logo, até certo ponto, poder-se-ia dizer que o Direito existe porque há possibilidade de serem violados os valores que a sociedade reconhece como essenciais à convivência.[37]

Prestemos também atenção para a frase: os valores não podem ser vistos, não podem ser apalpados, porém *pensados*. Eis que os valores, considerados *objetos ideais*, não existem fisicamente, não podem ser concebidos no espaço e tempo.

Mui facilmente podemos concordar com a idéia de que os valores possuem realidade a-espacial e atemporal, ou seja, apresentam um modo de "ser" que não se subordina ao espaço e ao tempo. Mas, independentemente dessa característica, os valores só se concebem em função de algo existente, ou seja, das *coisas* valiosas. Assim, diferentemente das coisas materiais os valores não são quantificáveis; os valores não admitem qualquer possibilidade de quantificação. Daí que os valores sejam imensuráveis, insuscetíveis de serem comparados segundo uma unidade ou denominador comum.[38]

---

[36] REALE, Miguel. *Filosofia do Direito*. 20. ed. São Paulo: Saraiva, 2002, p. 191-192, 195-196, 208. [O nosso autor, explica a natureza do valor destacando correntes importantes, a saber, *subjetivista*, em torno da qual se situam as teorias psicológicas da valoração que sustentam a idéia de que *valioso é o que nos agrada, causando-nos prazer*, *voluntarista*, que liga o problema do valor à satisfação de um desejo, de um propósito, a uma base sentimental-volitiva e para a qual *valioso é o que desejamos ou pretendemos*. Todavia prevalecem soluções de tipo eclético se afirmando que *valioso é o que nos causa prazer, suscitando o nosso desejo*].

[37] REALE, Miguel. *Filosofia do Direito*. 20. ed. São Paulo: Saraiva, 2002, p. 189-190.

[38] REALE, Miguel. *Filosofia do Direito*. 20. ed. São Paulo: Saraiva, 2002, p. 187. [Miguel Reale distingue os objetos *físicos* dos *psíquicos*. Afirma que a ciência pode versar sobre objetos naturais, como quando o químico estuda as propriedades do hidrogênio, do oxigênio ou de um metal. A característica dos objetos físicos é o fato de não poderem ser concebidos sem referência ao *espaço* e ao *tempo*: espaço-tempo. Para o autor os exemplos mais simples que temos de objeto físico são as *coisas* e o *corpo físico*. Porém, no plano da consciência, explica Reale, verificamos que há todo um mundo suscetível de uma

Dissemos também que todo homem age conforme a uma crença ou orientação pautada por um determinado *valor*. Em verdade cada homem é guiado em sua exigência pelo primado de determinado valor, pela supremacia de um foco de estimativa que dá sentido à sua concepção de vida. Para uns, o belo confere significado a tudo quanto existe, de maneira que um poeta ou um escultor, por exemplo, possui uma concepção estética da existência, enquanto que outro se subordina a uma concepção ética, e outros ainda são levados a viver segundo uma concepção utilitária e econômica à qual rigidamente se subordina. Segundo o prisma dos valores dominantes a Axiologia se manifesta, pois, como Ética, Estética, Filosofia da Religião etc.[39]

No nosso entender, vivemos num mundo orientado por valores que parecem estar ordenados hierarquicamente conforme as necessidades e os interesses primários e secundários orquestrados na convivência social.

Evidentemente, somos cercados por um mundo de valores que condicionam a convivência social, valores involuntariamente ordenados, constantes e universais, que podem e devem ser difundidos evitando assim a supremacia dos contra-valores numa sociedade que se sabe em crise moral. Eis o que nos autoriza a falar em universalização da ética, ou melhor, a pensar em Ética Pública, coletiva de todos e para todo ser humano: universal e não nacional, particular ou individual. A tarefa é árdua, não é tão simples falar em universalização dos valores, mas o esforço se justifica pelas consequências: desenvolvimento socioeconômico, político e, em geral, humano.

Vamos agora ensaiar uma ordenação hierárquica dos valores. A nosso ver, existe um valor *primário* e outros valores *secundários*. Como se verá no seguinte diagrama a conexão entre o valor primário e os secundários se realizam por meio do que propomos chamar de Convivência Social Condicionada. Assim, por exemplo: VIDA (Valor Primário), VIDA EM SOCIEDADE (Convivência Social Condicionada), AMOR, VERDADE, BOM, BELO, ÚTIL, NOBRE, BEM, JUSTO, DIGNO etc. (Valores Secundários).

A *Vida* (vida humana) é o *valor fonte* ou fundamental do qual depende a existência do homem (a pessoa). A *Vida* é um valor vital: nascer vivo é condição da personalidade[40]. A *Vida em Sociedade* (Convivência Social Condicionada) é condição intermediária e indispensável para o desenvolvimento do homem, pois o ser humano não se realiza vivendo isoladamente, sem contato com seus semelhantes. É na convivência social onde se realizam os valores secundários, a saber, o amor, o belo, a paz, a liberdade, a segurança, a igualdade, o bem-estar, onde o útil e se torna verdadeiro, o bom, o nobre, o justo e o digno se tornam necessários. Todavia, implícito no *Amor* encontramos o Respeito, o Perdão, a Complacência, a Condescendência, o Afeto, a

ordem de indagações da Psicologia como ciência, a saber: as *emoções*, as *paixões*, os *instintos*, as *inclinações*, os *desejos*, são todos elementos sobre os quais a ciência volve sua atenção, procurando caracterizá-los e explicá-los por meio de laços constantes de coexistência ou de sucessão. Tais elementos, entretanto, não podem ser concebidos no espaço, porque *apenas duram no tempo*. Uma emoção: a ira o ódio não está no homem como uma coisa corpórea, não existe no espaço, somente no tempo: a emoção é enquanto dura].

[39] REALE, Miguel. *Filosofia do Direito*. 5. ed. Revista e aumentada. São Paulo: Saraiva 1969, p. 33.

[40] Vejam-se os artigos: 2º e 6º do Código Civil. [*Artigo 2º- A personalidade civil da pessoa começa do nascimento com vida; mas a lei põe a salvo, desde a concepção, os direitos do nascituro. Artigo 6º- A existência da pessoa natural termina com a morte; presume-se esta, quanto aos ausentes, nos casos em que a lei autoriza a abertura de sucessão definitiva*].

Pureza, a Obediência. A *Verdade* implica Retidão, Franqueza, Sinceridade. O *Bom* envolve o Benévolo, o Bondoso, o Benigno. *Belo* é o Agradável, o Sublime, o Majestoso, o Grandioso, o Imponente. *Útil* é o Favorável, o Lucrativo, o Proveitoso, o Vantajoso. *Nobre* é o Generoso, Longânime, o Magnânimo (grandeza de alma). *Bem* é o que é certo (correto) o que causa felicidade e benefício nas pessoas. *Justo* é o Equitativo, o Imparcial o Preciso. *Digno* é o Apropriado (o Adequado), a Decência e o Decoro que exigem respeitabilidade.

É com base nessa ordem, por exemplo, que somos impelidos à Defesa do Meio Ambiente, à Tutela das Relações Jurídicas: contratuais e consumeristas, à Proteção da Mulher, dos Menores, dos Idosos, do Trabalhador etc. Segundo esse ponto de vista, por exemplo, surgem os debates sobre Desenvolvimento, Bem-estar Social, Inclusão Social, Justiça Social, entre outros importantes temas.

E aqui se coloca uma debatida questão: *os valores são objetos ideais, permanentes e universais*?

Eis aí a resposta: os valores são construções ideais universais e permanentes por nascerem da espiritualidade humana. Por conseguinte, Vida, pessoa humana, amor, verdade etc. são valores históricos, universais e permanentes. Logo, o ser humano e a própria sociedade não teriam sentido sem tais valores. "Não há valores que possam ser apreciados plenamente sem se levar em conta todos os demais, a experiência pessoal e a coletiva".[41]

Contudo, no processo de realização de valores outras formas devem ser privilegiadas, a que hoje mais nos preocupa é a instrução para a formação da consciência, assunto que discutimos noutros trabalhos intitulados: "*Ética, Direito e Consciência Social*" e "*Para uma Filosofia da Consciência*".

Dissemos também que todo homem age conforme a uma crença ou orientação pautada por um determinado *valor*. Em verdade cada homem é guiado em sua exigência pelo primado de determinado valor, pela supremacia de um foco de estimativa que dá sentido à sua concepção de vida. Para uns, o belo confere significado a tudo quanto existe, de maneira que um poeta ou um escultor, por exemplo, possui uma concepção estética da existência, enquanto que outro se subordina a uma concepção ética, e outros ainda são levados a viver segundo uma concepção utilitária e econômica à qual rigidamente se subordina. Segundo o prisma dos valores dominantes a Axiologia se manifesta, pois, como Ética, Estética, Filosofia da Religião etc.[42]

Assim, para estudar o Direito e, especificamente, a Ética Jurídica, devemos partir da idéia de que os valores são socialmente realizáveis: podem e devem ser difundidos evitando-se, assim, a supremacia dos contra-valores numa sociedade que se sabe em crise moral. Eis o que nos autoriza a falar em universalização da ética, ou melhor, a pensar em Ética Pública, coletiva de todos e para todo ser humano: universal e não nacional, particular ou individual. A tarefa é árdua, não é tão simples falar em universalização dos valores, mas o esforço se justifica pelas consequências: desenvolvimento socioeconômico, político e, em geral, humano.

Neste ponto julgamos conveniente afirmar que os valores morais são premissas, isto é, *as* construções primárias, por meio das quais idealizamos as normas, os princípios e as regras que sinaliza a "moral" vigorante, isto é, o marco indicativo da conduta. Tais recursos orientam a nossa vida, as nossas escolhas. Valores morais são

---

[41] REALE, Miguel. *Filosofia do Direito*. 5. ed. Revista e aumentada. São Paulo: Saraiva 1969, p. 209.
[42] REALE, Miguel. *Filosofia do Direito*. 5. ed. Revista e aumentada. São Paulo: Saraiva 1969, p. 33.

indicativos que balizam a conduta humana: eles nos permitem afirmar o que deve ser considerado amoral, moral ou imoral.

E aqui se coloca uma debatida questão: *os valores morais são objetos ideais, permanentes e universais*?

Eis aí a resposta: os valores são construções ideais universais e permanentes por nascerem da espiritualidade humana. Por conseguinte, Vida, pessoa humana, amor, verdade etc. são valores históricos, universais e permanentes. Logo, o ser humano e a própria sociedade não teriam sentido sem tais valores. "Não há valores que possam ser apreciados plenamente sem se levar em conta todos os demais, a experiência pessoal e a coletiva".[43]

Valores não mudam, eles são interpretados e assimilados conforme os interesses individuais e grupais. Sua concepção varia de acordo com tempo e o lugar. Daí, que o juízo de valor geralmente é subjetivo quando baseado na crença ou na interpretação pessoa do agente. A respeito disso, consideramos o valor não é um fenômeno individualizado, mas são referências para a conduta social.

Alguns preferem afirmar que os valores morais são dogmas dos quais fazemos derivar princípios. Assim, por exemplo: vida, responsabilidade, honestidade, honra, lealdade etc. são valores com base nos quais pautamos nossa integridade moral.

As indagações acerca do que deve ser considerado *bom* encontram sua resposta nos valores. Valores não variam nem entra em crise (crise de valores:): o que varia são as interpretações e aplicações a eles atribuídas conforme interesses e necessidades.

Resumindo, "toda teoria do valor tem como consequência, não causal, mas lógica, uma teleologia ou teoria dos fins. Daí dizermos que fim não é senão um valor enquanto racionalmente reconhecido como motivo de conduta".[44]

2.2 Fundamentos normativos

Nesta seção serão abordados os fundamentos normativos da ética, seguindo o método proposto em obras anteriores importando, assim: a) estudar as normas morais como baliza da conduta; b) destacar a norma e seus dispositivos como instrumento de realização de valores; c) identificar as formas de objetivação das normas: a norma como proposição prescritiva; d) conceber a norma como resultado do processo de compreensão da moral vigorante.

Pois bem, os fundamentos normativos da ética abrangem o conjunto de norma: princípios e regras que orientam a conduta humana. Assim, para uma melhor compreensão do que a ética e qual a sua expressão em cada uma das profissões devemos, necessariamente, avaliar o conjunto de normas morais próprias da área em questão.

Normas, princípios e regras morais são proposições orientadoras, são critérios gerais que informam a melhor maneira de agir: abordar e resolver os problemas éticos. Pode-se também supor que, os princípios morais sejam as razões pelas quais agimos em determinadas circunstância: tempo e lugar, isto é, o que é invocado como fundamentos

[43] REALE, Miguel. *Filosofia do Direito*. 5. ed. Revista e aumentada. São Paulo: Saraiva 1969, p. 209.
[44] REALE, Miguel. *Filosofia do Direito*. 20. ed. São Paulo: Saraiva, 2002, p. 191.

para justificar um *comportamento*. É justamente por isso que toda ação humana é reveladora de uma aprovação ou reprovação de princípios morais.

Conforme ensina Hare[45], os princípios morais são inspiradores, não são unicamente critérios diretivos, nem juízo de valor, nem ditados da razão, são autenticas referências de condutas (normas gerais de ação). Pode-se dizer que a utilidade e função dos princípios morais são orientar nossas ações na procura de um justo equilíbrio moral, para agirmos num mundo em que os problemas da conduta tornam-se mais complexos e atormentadores a cada dia.

Quanto aos *valores* e *normas* podemos considerar que os primeiros são padrões sociais aceitos ou mantidos por indivíduo, classe, sociedade, etc. Já as normas podem ser consideradas como preceitos que se estabelecem como base para a realização de alguma coisa: para a conduta, para a ação. É o tipo específico de proposição por meio da qual se prescreve o que *deve ser*, em tudo o que admite um juízo de valor.

Para Jürgen Habermas[46] uma norma só pode "apreender" uma situação complexa do mundo da vida em termos seletivos, isto é, na perspectiva da relevância que a própria norma se encarrega de fixar previamente. O estado de coisas constituído pela norma nunca esgota o vago conteúdo semântico de uma norma geral. É uma descrição evidentemente circular que assinala um problema metodológico que toda teoria do direito tem que esclarecer. Independentemente da relação circular existente entre as normas jurídicas e o estado de coisas, a valorações jurídicas parecem ser decisivas como variante de interpretação e referência aos fatos.

De acordo com o autor, *normas* e *valores* se distinguem primeiro, pela referência que, respectivamente, fazem à ação "deontológica", ou seja, à ação sujeita a obrigações, e à ação teleológica; segundo, pela codificação, binária e gradual de sua pretensão de validade; terceiro, pelo tipo de caráter vinculante, absoluto no caso das normas, e relativo no caso dos valores; e, quarto, pelos critérios que satisfazem aos sistemas de normas, por um lado, e aos sistemas de valores, por outro. Isto porque as normas e os valores se distinguem nas suas propriedades lógicas e de aplicação. Assim, os princípios ou normas de ordem superior, por meio dos quais se podem justificar outras normas, têm um sentido deontológico. Já os valores têm um sentido teleológico.

Acerca do confronto entre "normas" e "valores" outra leitura[47] identifica as normas como sendo pautas de ação que expressam valores, balizas definidas por uma coletividade qualquer para guiar o comportamento. Tais exigências tornam obrigatórias as condutas e operam como fatores de coesão social ou como regras de convivência visando à coexistência entre interesses contraditórios, são as denominadas normas sociais quando acatadas, de dizem eficazes (eficácia social).

Como formando parte das normas sociais, as normas jurídicas, por exemplo, dispõem de sanções sobre o corpo ou as vontades dos agentes sociais. Correspondem a reclusões (privação de liberdade) ou a outras formas de intimidação, e são respaldadas pelo poder político ou pelo monopólio da violência que o Estado detém. Por via de consequência, sua eficácia repousa nos efeitos da *coação externa*. As demais normas,

---

[45] HARE, R. M. *A linguagem da moral*. Trad. Eduardo Pereira e Ferreira. São Paulo: Martins Fontes, 1996, p. 3-4.

[46] HABERMAS, Jürgen. *Facticidad y validez*. Madri: Trotta, 1998, p. 74, 75, 78, 79, 94, 100, 269, 308, 328, 329.

[47] FONSECA, Eduardo Giannetti da. *Vícios Privados, Benefícios Públicos?: a ética na riqueza das nações*. São Paulo: Companhia de Letras, 1993, p. 88-91, *apud*, SROUR, Robert Henry. *Ética empresarial*. Rio de Janeiro: Campus, 2000, Prefácio, p. 34.

por sua vez, tais como as de *etiqueta*, as *religiosas*, as *estéticas* e as *morais*, têm caráter simbólico e implicam a aceitação "voluntária" dos agentes. Isso não quer dizer que estejam destituídas de sanção contra quem as desrespeitar. Apenas indica que as sanções não têm caráter físico, mas imaginário, cultural. Sua eficácia reside em boa parte (embora não exclusivamente) na *coação interna*, na dinâmica da consciência, de seus temores e fantasmas, nos padrões inculcados pelos agentes sociais.[48]

Na relação possível entre valores e norma pode-se afirmar que os sistemas de normas não são universais, eles dependem do sistema de valores histórico-cultural estabelecido num dado tempo e lugar. Logo, não existe um sistema de normas geral, abstrata e universal. Nesse sentido absurdo seria falar de estruturas, sistemas normativos e sociedades éticas ou antiéticas. Somente a ação humana individual é suscetível de valoração moral. O ambiente moral em que se vive é resultado das ações individuais[49]. Mas, se bem o comportamento antiético ou imoral é sempre individual, a ausência de valores morais é o pior dos males que pode fazer desmoronar e desqualificar uma dada sociedade.

2.2.1 Principialismo ético

O principialismo, de acordo Darlei Dall'Agnol[50], é uma corrente que sustenta que os problemas éticos e, mais especificamente, bioéticos devem ser debatidos a partir de princípios básicos. Segundo nos informa o citado autor, é uma corrente muito criticada por uma série de problemas. Por exemplo, os princípios parecem ser muito gerais e, por isso, não orientariam efetivamente as ações. Haveria, contudo, a necessidade de uma escolha certa de princípios (base de princípios) que sejam mais adequados a cada contexto social (aplicabilidade dos princípios). É claro que não se trata de importar princípios derivados dos valores cultivados e defendidos por cada sociedade. É preciso considerar que cada comunidade humana privilegia mais ou menos um ou outro princípio. Somente assim o principialismo poderia ser considerado uma teoria ética capaz de ser adaptada às determinadas exigências circunstanciais. Assim, o principialismo parece fundar-se na necessidade de considerar os princípios como premissa para o agir, princípios que, a meu ver, são de natureza comuns e profissional. O objetivo do principialismo parece ser fornecer um modelo analítico capaz de orientar a interpretação e resolução de problemas éticos.

2.2.1.1 Princípio utilitarista

O princípio utilitarista (ou princípio da maior felicidade) pretende afirmar que as ações são justas, se promovem a "felicidade" (prazer e ausência de dor), e injustas (dor e ausência de prazer), em quanto produzem o contrário da felicidade. Não é a maior felicidade do próprio agente, mas a maior quantidade de felicidade geral. Para os utilitaristas o fim último de toda ação é uma existência isenta de dor e pródiga em gozos, no maior grau possível, tanto quantitativa como qualitativamente. O fundador do utilitarismo foi Jeremy Bentham (1748-1832), e o grande difusor dessa doutrina foi

[48] SROUR, Robert Henry. *Ética empresarial.* Rio de Janeiro: Campus, 2000, Prefácio, p. 34-35.

[49] ARRUDA, Maria Cecília Coutinho de, e outros. *Fundamentos de ética empresarial e econômica.* 2. ed. São Paulo: Atlas, 2003, p. 23.

[50] DALLI' AGNOL, Darlei. *Bioética.* Rio de Janeiro: Jorge Zahar Ed., 2005, p. 12.

John Stuart Mill (1806-1873). Tanto Mill quanto Bentham eram relativistas: não há norma superior nem, portanto, critério para saber o que deve ser considerado ético a cada momento. Os conceitos éticos mudam com o tempo, defendem os citados autores. Mill atualiza o epicurismo, unindo-o à doutrina ética que havia defendido Jeremy Bentham: o objetivo da ética é a maior felicidade para o maior número de pessoas. Por felicidade, explica Mill, é preciso entender a presença do prazer e a ausência da dor.[51]

Assim, nos parece, o utilitarismo pretende orientar as ações indicando que, como todo projeto humano visa uma finalidade previamente delineada individual ou coletivamente, toda ação humana deve ser movida conforme uma dada compreensão de utilidade (felicidade geral).

2.2.1.2 Convivência condicionada

Em verdade, os conceitos éticos mudam com o tempo, porém o que não muda é a condição do ser humano. Eis que todo homem é um ser social e, portanto, sente a necessidade de viver em "sociedade"[52] (convivência social). A convivência social pressupõe a existência de regras. Devemos, pois, considerar que "não pode haver sociedade sem regras morais"[53]. Logo, a ética se faz presente e necessária em toda e qualquer sociedade, pois ela tem como objeto a convivência humana (convivência social) e não apenas uma vaga ou incerta (utópica) "felicidade"[54] ou "bem-estar"[55] como únicas coisas desejáveis, isto é, como fins almejados pelo homem isolado de qualquer grupo humano.

A convivência humana impõe aos homens limites (legais e ético-morais) procurando-se, isso, atingir um dado estado (ambiente) de harmonia e de paz. É assim que a ética se mostra como condição para tal harmonia (convivência social): não roubar, não matar, não furtar, são alguns dos imperativos morais e legais que objetivam garantir a convivência ou harmonia social. Mentir, enganar e confundir a fim de obter benefícios do próximo, por exemplo, é agir sem observar a convivência social.

Em verdade, a ética não trata unicamente da questão de conveniência. Ela, mais especificamente nos alerta sobre determinadas condições para a sobrevivência da sociedade[56]. Eis o que justifica a necessidade de agir, observando determinados valores, princípios e normas éticas.

---

[51] ARRUDA, Maria Cecília Coutinho de, e outros. *Fundamentos de ética empresarial e econômica.* 2. ed. São Paulo: Atlas, 2003, p. 31, 36.

[52] WILLIAMS, Bernard. *Moral: uma introdução à ética.* Trad. Remo Mannarino Filho; revisão da tradução Maarcelo Brandão Cipolla. São Paulo: Martins Fontes, 2005, p. 33. (Sociedade: unidade cultural, em parte identificada por seus valores. Uma dada prática ou crença está muito mais ligada à estrutura de uma sociedade do que pode parecer à primeira vista).

[53] WILLIAMS, Bernard. *Moral: uma introdução à ética.* Trad. Remo Mannarino Filho; revisão da tradução Maarcelo Brandão Cipolla. São Paulo: Martins Fontes, 2005, p. 6.

[54] Leitura individualista (egoísta) que coloca a felicidade como objetivo ou finalidade desejável pelas pessoas na teoria e na prática.

[55] Conceito que para os utilitaristas possui um maior valor ético. Sendo que, de acordo com essa teoria, quanto maior o bem-estar, tanto maior o valor ético. Condição estabelecida pela soma do bem-estar de todos os indivíduos. Daí que se o bem-estar de um ou mais indivíduos aumenta, aumenta o valor ético.

[56] ARRUDA, Maria Cecília Coutinho de, e outros. *Fundamentos de ética empresarial e econômica.* 2. ed. São Paulo: Atlas, 2003, p. 22.

Vemos, então, a "convivência social" como uma condição, isto é, como uma lei que informa que o ser humano, como ser social nasce, cresce e vive em sociedade e, portanto, deve agir observando valores, princípios e normas sociais. Toda ação humana deve ser conforme a essa lei.

Com efeito, o ser humano age conforme a um "jogo de interesses e necessidades". É, com base nesse jogo que o homem pensa, projeta, prescreve e assume atitudes perante determinados problemas, dando maior valor ao que considera ser momentaneamente um benefício. Eis outra leitura por meio da qual nos referimos ao *ser* e ao *estar*, por meio da qual indica-se o que *é*. Trata-se de uma orientação diferente das já vistas nas concepções subjetivista[57], relativista[58], e utilitarista[59] e para a qual indicamos a necessidade de um *dever ser*, isto é, de agir observado o "justo equilíbrio moral", princípio que, em minha opinião merece um espaço no mapa ético-intelectual.

2.2.1.3 Justo equilíbrio moral

O "justo equilíbrio moral" diz da harmonia que deve existir entre os nossos interesses e as nossas necessidades, quer individuais quer coletivas. Aqui não se trata da subordinação (proposta noutras doutrinas) dos interesses individuais aos coletivos. Por "justo equilíbrio moral" entendemos um estado ou disposição do ser, referência devida de nossos atos para com os outros. Para indicar tal estado de disposição, particularmente, Aristóteles[60] utilizaria a construção: "excelência moral", uma classe de disposição que, de acordo com o citado autor, seria diferente da excelência intelectual. São, contudo, denominações ora não aceitas por serem representativas de uma condição inalcançável pelo ser humano.

Centraremos nossa discussão, portanto, na condição de realização passível do homem que, como ser limitado, se orienta pela observação da necessidade de ser

[57] WILLIAMS, Bernard. *Moral: uma introdução à ética*. Op. cit., p. 19-20-24. (Corrente que considera as perspectivas morais como meramente subjetivas: a) o juízo moral de um homem apenas expõe ou expressa suas próprias posturas; b) os juízos morais não podem ser provados, constatados, demonstrados como verdadeiros da mesma forma como o podem as afirmações científicas; eles são uma questão de opinião pessoal; c) não existem fatos morais; o que existe são só os fatos que podem ser descobertos pela ciência ou pela observação, e os valores que os homens atribuem a esses fatos. A interpretação subjetivista só aparece quando se diz que um juízo moral expressa o ponto de vista de quem o emite. O subjetivismo reforça a idéia de que uma posição enunciada num juízo moral não pode estar certa nem errada, ao passo que as crenças expressas em juízos factuais podem ser verdadeiras ou falsas).

[58] Ibid., p. 31-36. ("Certo" significa que só pode ser coerentemente compreendido como certo para uma dada sociedade. Certo, para uma dada sociedade deve ser entendido num sentido funcionalista e, por tanto, é errado que as pessoas de uma sociedade interfiram, condenem etc. os valores de outra sociedade. A principal confusão do relativismo é a de tentar concluir, partindo do fato de que as sociedades têm diferentes posturas e valores, um princípio não relativo *a priori* – princípio que determinaria a postura de uma sociedade diante dos demais; e isso é impossível. A moral tem características inerentes que tornam difícil considerar que um sistema de moralidade possa se restringir somente a um grupo. O elemento de universalidade que está presente em qualquer moralidade progressivamente começa a se ampliar sobre o ser humano como tal).

[59] Ibid., p. 137-138. (Concepção que sustenta que só existe um princípio moral: o de buscar a maior felicidade para o maior número de pessoas; além disso, sustenta que "felicidade" significa prazer e privação da dor; e também que esse único princípio moral – pois ele é de fato o único – deve ser aplicado individualmente a cada situação – utilitarismo dos atos).

[60] ARISTÓTELES. *Ética a Nicômacos*. 2. ed. Trad. de Mário da Gama Kury. Brasília: Editora Universidade de Brasília, c 1985, 1992. p. 35. (Excelência moral como produto do hábito, razão pela qual seu nome é derivado).

moderado e *justo* consigo mesmo e como os demais, fato pelo qual, direta ou indiretamente adquire uma condição perante os membros do grupo ou classe social.

Sendo assim, o *justo equilíbrio moral* parece estar condicionado às práticas e aos hábitos. Título ou poder nem sempre são condição para a prática das boas ações. Portanto, o *justo equilíbrio moral* não necessariamente há de estar condicionado aos bons estudos, nem à conquista de poder. Logo, de modo geral, pessoas letradas nem sempre estão destinadas a serem justas, a ter as mesmas crenças morais e "é aí que reside a discrepância"[61], fato pelo qual, determinados grupos, classes e governantes, procurando uma falsa democracia, apelam à manipulação como recurso político-ideológico. Talvez seja essa a principal causa de discordância entre pessoas, grupos sociais, sociedades e nações, quanto a determinados assuntos: econômicos, jurídicos, políticos etc. Eis que "o pensamento moral é essencialmente prático; sua função não é a de refletir o mundo".[62]

O "justo equilíbrio moral" é, portanto, um princípio primário, uma condição humana passível de ser alcançada pelos hábitos, pela prática. Trata-se de um princípio que está destinado à prática, ao agir. Podemos ter conhecimento (ser doutos e mestres) dos princípios e regras morais e não ter consciência da necessidade de sua aplicação. Certamente, lições sobre ética não são suficientes para aprendermos a ser justo, para esse fim é necessário praticar a justiça.

Todavia o "justo equilíbrio moral" se liga a nossas emoções (sentimentos), crença: é razão para as ações. Note-se que, como bem observa John Skorupski,

> nem todas as razões são razões para agir. Existem razões para crer e razões para sentir: na verdade, lidamos com razões a todo momento. Estar vivo e cordado é estar atento às razões para crer, fazer, sentir [...]. Nossas avaliações de uma pessoa normalmente se baseiam no modo como essa pessoa responde ou deixa de responder às razões em um ou outro desses três domínios de crença, sentimento e ação. A personalidade é o modo da sensibilidade de cada um às razões nos três domínios. Uma pessoa irritada se irrita com pouca razão para fazê-lo. Uma pessoa crédula crê quando não há razão suficiente para crer. Uma pessoa precipitada age quando não há razão para agir.[63]

A questão aqui proposta é a de encontrar no justo equilíbrio uma razão para agir. "Justo equilíbrio moral" é *status* ou condição para a prática, para as ações. Ações ilícitas (ex. a prática de crimes), injustas (ex. preconceito), assim como as emoções (ex. ódio, inveja etc.) parecem poder ser inibidas quando procuramos por um "justo equilíbrio moral".

Invocando o "justo equilíbrio moral", os juízos morais poderão ser considerados certos ou errados. Isto perfeitamente pode ser explicado da seguinte maneira:

1 Todo ser humano é um ser social. Logo, toda ação é "justa" se compatível com os interesses dos outros.

---

[61] WILLIAMS, Bernard. *Moral: uma introdução à ética*. Op. cit., p. 51-55. (A função da moralidade não é refletir o mundo, mas transformá-lo; ela se preocupa com coisas como princípios de ação, escolha, responsabilidade. De fato, homens de igual inteligência, conhecimento dos fatos e assim por diante, defrontados com a mesma situação, podem discordar moralmente; e isso nos mostra algo sobre a moralidade – nos mostra que (em linhas gerais) você não pode se livrar da responsabilidade moral afirmando que o mundo é como é).

[62] Ibid., p. 58.

[63] SKORUPSKI, John. *Ética*, in BUNNIN, Nicholas e E.P. Tsui-James (orgs). "Compêndio de Filosofia". São Paulo: Loyola, 2002, p. 198.

2 Todo ser humano é um ser racional. Logo, "justo" deve ser o motivo pelo qual ele age.

"Ações" e "motivos" justos são o eixo principal de nossas teses. As razoes para agir moralmente dependerão, então, do que é justo para o próximo, isto é, para nossos semelhantes. Somente o que é justo para o próximo pode ser justo para mim. Eis o que sustenta nossa doutrina.

Destarte, o "equilíbrio moral" aqui se fundamenta no *agir* pelo *dever de agir*, isto é, pela *consciência* que temos da necessidade da *convivência*, do *respeito*, da *responsabilidade* pilar que orientam o agir. Assim, por exemplo, "*não desejar para outrem o mal que não gostaríamos de receber*" é um forte indicador deste princípio. É assim certamente, que consideramos o "justo equilíbrio moral" como um princípio (uma máxima) que orienta a preservação da convivência social.

Em suma o "justo equilíbrio moral" é princípio dos princípios, ao qual todas as normas e regras devem estar subordinados. Eis aqui uma hierarquia possível que objetiva garantir uma estrutura de premissas, de princípios relacionados e subordinados, dentro do qualquer discurso que tenha como objeto a moralidade, que nos permite assumir uma postura moral perante determinados problemas, sendo unicamente "sobre a aplicação dos princípios morais aceitos que a discussão se dá".[64]

2.2.2 Princípios éticos subordinados

A denominação "princípios éticos subordinados" refere-se a julgamentos gerais que servem como base de justificação para muitas prescrições éticas particulares e avaliações das ações humanas. Na verdade, alguns princípios éticos mais amplos formam a base sobre a qual regras específicas podem ser formuladas, criticadas e interpretadas.[65]

Na bioética, por exemplo, consideram-se como princípios morais básicos os seguintes: "autonomia", "não-maleficência", "beneficência" e "justiça", princípios prescritos na Resolução n. 196 do Conselho Nacional de Saúde do Ministério da Saúde, de 10 de outubro de 1996[66]. Todavia, se fala de alguns princípios éticos geralmente aceitos por uma dada tradição cultural, a saber: a) "respeito pelas pessoas"; b) "beneficência"; c) "justiça"[67]. Examinemos, a seguir, o alcance desses princípios:

a) *Respeito*. Princípio muito vinculado à liberdade do ser humano. Trata-se, pois, do reconhecimento do direito e do respeito das preferências valorativas das pessoas. É um princípio que abrange duas convicções: *primeira*, cada indivíduo deve ser tratado como agente autônomo, capaz de deliberar sobre *objetivos* pessoais e de agir a partir de sua própria deliberação e, *segunda*, pessoas com autonomia reduzida (capacidade limitada) têm direito à proteção.

---

[64] WILLIAMS, Bernard. *Moral: uma introdução à ética*. Op. cit., p. 28.

[65] Relatório de Belmont. In DALLI' AGNOL, Darlei. *Bioética*. Rio de Janeiro: Jorge Zahar Ed., 2005, p. 48.

[66] Resolução n. 196 do Conselho Nacional de Saúde do Ministério da Saúde, de 10 de outubro de 1996.

[67] Relatório de Belmont. In DALLI' AGNOL, Darlei. *Bioética*. Rio de Janeiro: Jorge Zahar Ed., 2005, p. 49.

Vinculadas ao anterior princípio conhecemos de normas morais e jurídicas que tutelam, por exemplo, o "reconhecimento da autonomia" e "a proteção da autonomia limitada". Contudo, reconhecer a autonomia é dar importância às opiniões e às escolhas das pessoas autônomas e, ao mesmo tempo, evitar obstruir suas ações a não ser que prejudiquem os outros. Mostrar falta de respeito por um agente autônomo é repudiar os julgamentos dessa pessoa, é negar sua liberdade de agir a partir deles ou negar, sem razões importantes para tal, informações necessárias para que ele possa fazê-los.

b) *Beneficência.* Princípio que orienta o bem-estar das pessoas. Pessoas são tratadas de maneira ética não somente quando são respeitadas em suas decisões e protegidas de danos, mas também quando há esforços para assegurar o seu bem-estar. É um princípio que inspira o cumprimento de uma obrigação moral, ao ser considerado que as ações humanas podem ir além do que é social ou legalmente proibido. Algumas normas geralmente têm sido formuladas como expressões complementares de ações beneficentes, por exemplo: a) "não causar dano" e; b) "maximizar possíveis benefícios e minimizar possíveis danos".

c) *Justiça.* Princípio universal que diz de todo o que é conforme com o direito. A injustiça, geralmente, tem como motivo a negação de algum benefício a que uma pessoa normalmente teria direito. Diz do benefício negado sem uma boa razão ou quando algum custo é imposto indevidamente. Princípios e normas jurídicas específicas, relativas à igualdade das pessoas, por exemplo, são comumente vinculadas ao princípio.

Alguns principialistas sustentam que certos princípios materiais de justiça, tais como, o "mérito", a "contribuição", o "esforço individual", são inadequados quando tratamos, por exemplo, da distribuição de recursos para a assistência à saúde. Eles argumentam que a satisfação das necessidades é o critério a ser adotado[68]. Outros consideram o princípio de "diferença" como adequado para a distribuição dos recursos de modo a fazer com que o grupo em pior situação fique na melhor situação possível para ele próprio; depois disso, o segundo grupo em pior situação deve ser posto na melhor situação possível para ele próprio, e assim prosseguindo ao longo da escala social. Assim, um benefício em favor das pessoas em pior situação terá maior valor ético do que aquele em favor das pessoas em melhor situação.[69]

Tratar as pessoas iguais, isto é, de forma igualitária e os desiguais diferentemente parece ser uma exigência da justiça formal, geralmente, apresentada como um princípio geral e básico de qualquer relacionamento humano. Todavia, há sempre o problema de saber que critério permite considerar os indivíduos iguais ou diferentes, pois não parece existir qualquer dúvida de que, enquanto pessoas, somos todos iguais, isto é, possuímos os mesmos direitos e obrigações. É preciso, contudo, distinguir entre justiça *formal* e *material.* A justiça formal está presente, por exemplo, na distribuição de um bem qualquer. Se não existirem considerações que justifiquem uma partilha desigual, o princípio formal de justiça exige que ele seja repartido igualmente. Esse é, todavia, apenas um aspecto da justiça. Se a considerarmos sob o ponto de vista material, uma série de complicações pode surgir. Hoje existem várias teorias que estabelecem critérios diferentes para se considerar uma distribuição justa sob

---

[68] DALL' AGNOL, Darlei. *Bioética.* Rio de Janeiro: Jorge Zahar Ed., 2005, p. 26.

[69] SKORUPSKI, John. *Ética*, in BUNNIN, Nicholas e E.P. Tsui-James (orgs). "Compêndio de Filosofia". São Paulo: Loyola, 2002, p. 207.

o ponto de vista material: dar a cada um de modo igual; a cada um segundo a necessidade; a cada um segundo o mérito; a cada um segundo a contribuição individual; a cada um segundo as "leis" do mercado (a cada um segundo sua capacidade, profissão e trabalho). Isso levou a uma proliferação de teorias da justiça, e a cada uma delas tem um enfoque particular. Diante desse quadro, parece difícil, senão impossível, encontrar um denominador comum. Todavia, no principialismo adotou-se um critério material de justiça que, em teoria, poderia ser aceito pelas diferentes posições políticas. Claramente, o gênero, a raça, a nacionalidade, o *status* social etc. não podem ser usados para estabelecer critérios nem para a distribuição de bens, nem para o oferecimento de oportunidades, sejam educacionais ou de acesso à saúde.[70]

Admitamos, pois, que quando falamos de justiça também falamos de equidade de proporcionalidade. Eis que, se por um lado, a justiça é a disposição do ser humano graças à qual as pessoas fazem, agem e desejam o que é justo, por outro, a injustiça é a indisposição graças à qual as pessoas agem injustamente e desejam o que é injusto. Na ética de Aristóteles, por exemplo, justiça e injustiça parecem ser termos ambíguos e vagos. De acordo com o autor, o termo "injusto" se aplica tanto às pessoas que infringem a lei quanto às pessoas ambiciosas (no sentido de quererem mais do que aquilo a que têm direito), de tal forma que obviamente as pessoas cumpridoras da lei e as pessoas corretas serão justas. O justo, então, é aquilo que é conforme à lei e correto, e o injusto é o ilegal e iníquo.[71]

Mas, ao contrário, poder-se-ia, penso supor que nem todo ato injusto é ilegal, isto é, podem existir atos injustos não necessariamente proibidos pela lei. Assim, por exemplo, podemos pensar a falta de cortesia dos alunos para com os professores, a desobediência dos filos etc. pode ser dita atos injustos, mas não ilegais. Para que um ato seja justo, não basta que seja legal, mas que seja feito com consciência e responsabilidade. Devemos agir de tal forma porque sabemos e temos consciência que devemos agir de tal forma e agimos com responsabilidade e respeito a um princípio ou a uma norma ou regra invocada. Assim, a justiça parece estar relacionada com o próximo e nascer da invocação de um princípio que nem sempre é necessariamente jurídico. Ser "justo", por tanto, é ser correto e "equitativo".

Sabe-se que complexa é a tarefa de se precisar os conceitos acima trabalhados, mas qualquer tentativa indica o sentimento por um verdadeiro progresso moral. Sem progresso moral não há verdadeiro progresso.

Nenhum significado teria o desenvolvimento econômico ou tecnológico, se não vier acompanhado de preservação dos valores básicos sobre que assenta a civilização. Quando se fala de valor, parece não haver homogeneidade de orientação. Os valores parecem abalados, valores desacreditados e em constante mutação[72]. Portanto, é oportuno qualquer debate ético, assim como urgente é o contínuo aprendizado da ética.

2.3 Conduta racional consciente

[70] DALL' AGNOL, Darlei. *Bioética*. Op. cit., p. 24-25.

[71] ARISTÓTELES. *Ética a Nicômacos*. 2. ed. Trad. de Mário da Gama Kury. Brasília: Editora Universidade de Brasília, c 1985, 1992. p. 91-92.

[72] NALINI, José Renato. *Ética e justiça*. São Paulo: Editora Oliveira Mendes, 1998, p. 109.

Pois bem, a etimologia do vocábulo "razão" vem do latim *rationem*, que significa *cálculo*, *conta*, *medida*, *regra*, derivado de *ratio*, particípio passado de *reor*, ou seja, *determino*, *estabeleço* e, portanto, *julgo*, *estimo*. Diz-se da faculdade do homem de julgar, de raciocinar, de compreender e de ponderar.[73]

Logo, a razão é própria do ser humano, somente o homem, procurando as verdades da vida, faz uso da razão. Daí a frase: "Todo homem é um animal racional". Por meio da razão somos capazes de realizar operações mentais: trabalhar com conceitos, prever e resolver problemas.

2.3.1 O raciocínio e a atividade racional

A palavra raciocínio, explica Perelman[74], "designa tanto uma atividade da mente quanto o produto dessa atividade".

Contudo, quando raciocinamos apreendemos, compreendemos, deduzimos, ponderamos, julgamos etc. A nossa racionalidade define a nossa inteligência.

É por meio da atividade racional que o pensar filosófico passa a suplantar o papel do mito, da imaginação popular e das crenças infundadas, por meio das quais se acredita que "os deuses, que comandam os fenômenos da natureza, aos poucos assumem o papel de causadores dos acontecimentos humanos: a guerra, a paz, o sucesso, a desgraça", assim, seria inegável a "existência de uma ordem no universo, nos níveis *físico* e *moral* e a necessidade de sacrifícios para conservá-la".[75]

Raciocinar é fazer uso da razão para conhecer, para interpretar e julgar uma relação entre coisas; fazer raciocínios: cálculos, isto é, formar um raciocínio; deduzir razões; discorrer, pensar, refletir, considerar. Assim, todo raciocino diz do encadeamento de juízos ou de pensamentos, isto é, dos processos discursivos pelos quais passamos de proposições conhecidas ou assumidas (premissas) a outras proposições (a conclusão) à qual são atribuídos graus diversos de assentimento; argumento. Fala-se, assim, da *dedução*, da *demonstração*, da *inferência* e da conclusão, por meio do *silogismo*.[76]

No domínio da vida o discurso e a razão são fundamentais. Tal é a importância da racionalidade, pois em qualquer disputa, há de vencer quem sabe convencer. Assim sendo, a verdade cede o lugar à racionalidade, importa um bom argumento, aquele fundado na racionalidade, pois verdade sem razão não é verdade. Daí vale mais aquele

---

[73] Disponível em: http://pt.scribd.com/doc/54780065/a-razao Acesso em 26,02,2013.

[74] PERELMAN, Chaïm. *Lógica jurídica*: nova retórica. Tradução Virgínia K. Pupi; rev. Maria Ermantina de Almeida Prado Galvão; revisão técnica Gildo Sá Leitão Rios. 2. ed. São Paulo: Martins Fontes , 2004, p. 1.

[75] SIQUEIRA ABRÃO, Bernadette. *História da Filosofia*. São Paulo: Nova Cultura, 1999, p. 11, 18. [Há, porém, uma diferença fundamental entre o pensamento mítico e o pensamento racional dos primeiros filósofos. A mitologia exprimia na forma divina e celestial todo o conjunto de relações, quer dos homens entre si, quer entre o homem e a natureza. Assim como os deuses são criadores do mundo, o rei é o criador da ordem social, o regulador do ciclo da natureza. O universo divino, as relações sociais e o ritmo da natureza confundem-se, submetidos todos ao comando do rei. Por isso, a mitologia apenas narra a sucessão de fenômenos divinos, naturais e humanos].

[76] FERREIRA, Aurélio Buarque de Holanda. *Novo dicionário*. 3. ed. Curitiba: Positivo, 2004, p. 1688. [Lógica formal. Filos. 1. Na tradição clássica, o estudo das formas (conceitos, juízos e raciocínios) e leis do pensamento. 2. Na tradição empirista e positivista, o estudo da estrutura das proposições e das operações pelas quais, com base nessa estrutura, se deduzem conclusões válidas].

raciocínio que nos orienta na correta associação de ideias: proposições. Tal é a importância da lógica e da argumentação, temas que passaremos a explicar.

O raciocínio não se da de forma pacificada. Nesse processo há, pelo menos, três motivos pelos quais devemos considerar a importância da lógica e da argumentação racional. Assim, podemos citar: (1) a imprecisão da linguagem, dada a existência de termos (conceitos vagos e ambíguos); (2) a concepção das verdades que deveriam estar implícitas nos enunciados ou proposições que conformam o raciocínio; (3) a relatividade (subjetividades) dos valores morais usados, com muita frequência, na Filosofia Moral.

Contudo, não basta construir raciocínios, importam assim o raciocínio lógico. Mas como a lógica nos auxilia nesta empresa? Vejamos.

A Lógica é majoritariamente considerada uma área do conhecimento humano que lida com processos intelectuais e que auxilia na formação de um conhecimento, com base na construção e associação de proposições verdadeiras, falsas e possíveis.

Ora, a significação mais próxima ao objeto de nossos estudos é aquela que considera a Lógica como uma "teoria geral da proposição"[77] ou como um conhecimento das formas ideais expressas em proposições. Definimos a Lógica como uma área do conhecimento humano que se preocupa com os processos que orientam o associacionismo proposicional.

Eis que conforme as orientações dos lógicos[78] os raciocínios se dividem da seguinte maneira:

a) Raciocínios analíticos, aqueles que, partindo de premissas necessárias, ou pelo menos indiscutivelmente verdadeiras, redundam, graças a inferências válidas, em conclusões igualmente necessárias ou válidas. Diz-se de aqueles raciocínios que transferem à conclusão a necessidade e a verdade das premissas. Desta forma, é impossível que a conclusão seja falsa, se o raciocínio foi feito corretamente.

b) Raciocínios dialéticos, aqueles que se referem, não às demonstrações científicas, mas às deliberações e às controvérsias. Dizem respeito aos médios de persuadir e de convencer pelo discurso, de criticar as teses do adversário, de defender e justificar as suas próprias, valendo-se de argumentos mais ou menos fortes.

Como se vê existem diferenças evidentes entre ambos os raciocínios citados. Vejamos que o raciocínio dialético, o argumento que se justifica está sujeito a controvérsias e as premissas se subentendem conhecidas ou aceitas pelo destinatário. E assim se nos apresentam os raciocínios morais como sujeitos a constantes controvérsias por causa da linguagem: proposições (juízos morais) e conceitos usados na sua construção, onde não existe verdades de fato. Assim, por exemplo, se a corrupção política é qualificada como uma conduta *imoral* por causa do mau uso das competências ou poderes por funcionários do governo para fins privados ilegítimos (desvio de poder dos governantes para outros fins), também o nepotismo[79] deverá ser assim considerado.

---

[77] NOORE. A.W. *Filosofia da lógica.* In, BUNNIN, Nicholas e E.P. Tsui-James (orgs). "Compêndio de Filosofia". São Paulo: Loyola, 2002. p. 139. Veja-se: ALVES, Alaôr Caffé. *Lógica: pensamento formal e argumentação: elementos para o discurso jurídico.* 4. ed. São Paulo: Quartier Latin, 2005, p. 83.

[78] PERELMAN, Chaïm. *Lógica jurídica*: nova retórica. Tradução Virgínia K. Pupi; rev. Maria Ermantina de Almeida Prado Galvão; revisão técnica Gildo Sá Leitão Rios. 2. ed. São Paulo: Martins Fontes, 2004, p. 1-2.

[79] Favorecimento de familiares (ou amigos próximos) em detrimento de pessoas mais qualificadas, no processo de nomeação para cargos públicos.

2.4 A orientação da racionalidade

Distinguem-se, contudo, duas modalidades da atividade racional por meio da qual nos chega o conhecimento, a saber: a) a **intuição** (ou razão intuitiva) e; b) o **raciocínio** (ou razão discursiva). Vejamos,

a) Intuição (ou razão intuitiva).

A intuição (do latim *intuitos*), também chamada de razão intuitiva consiste num ato do intelecto que nos permite (intuir), de uma só vez, e o conhecimento. Diz-se de uma visão direta e imediata do objeto do conhecimento, um acesso direto e imediato ao conhecimento, sem que seja necessário desenvolver processos ou demonstrações para compreender o que se conhece. Diz-se de um pensamento intuitivo e não meramente silogístico que opera em uma dimensão superior da inteligência.

Parece, assim, que uma parte do conhecimento chega ao ser humano pela intuição, como um "flash", sem necessidade de processos dedutivos imediatos. Assim, como dizia Einstein[80]: "eu penso 99 vezes e nada descubro; deixo de pensar e eis que a verdade me é revelada".

A intuição nos permite compreender holística e instantaneamente as razões de um dado fenômeno, fato ou situação. Assim, quando intuímos, captamos as relações constitutivas da realidade. Vejamos um, por exemplo:

A queda de uma maçã teria desencadeado os estudos de Newton sobre a gravitação.

Um dia Isaac Newton estava sentado sob uma macieira em um jardim. Ele viu uma maçã caindo de uma arvore. Veio a sua mente um pensamento de que deveria haver alguma razão para a maçã cair no chão e não ir para cima. Assim, ele chegou à conclusão de que existe uma força exercida pela Terra que puxa (atrai) todos os corpos para abaixo em sua direção. Assim, ele deu a esta força o nome de Gravidade.[81]

Concretamente, não sabemos se se trata de uma alegoria ou ficção, mais essa anedota nos ajuda a ilustrar a magia da intuição.

Contudo, para a razão intuitiva se reservam dois orientações possíveis, a saber, a empírica e a intelectual.

- ***Intuição empírica (ou sensível),*** (do grego, *empeiria*: experiência sensorial). Diz-se do conhecimento singular (não universal) que nasce da experiência sensível, isto é, o conhecimento direto e imediato acerca das qualidades de um objeto externo.

- ***Intuição intelectual***, trata-se de uma intuição caracterizada pela sua universalidade. Diz-se do conhecimento direto e imediato dos princípios da razão (identidade, contradição, terceiro excluído, razão suficiente). Assim, por exemplo: Quando penso: "*Uma coisa não pode ser e não ser ao mesmo tempo*", ou seja, tenho conhecimento intuitivo do princípio da contradição. Assim, quando afirmo que: "*A cor vermelha é diferente do branco*", afirmo uma verdade sem necessidade de provas e demonstrações.

---

[80] ROHDEN, Humberto. *Einstein*: O Enigma do Universo. São Paulo: Martin Claret, 2005, p.38.

[81] Disponível em: http://astro.if.ufrgs.br/bib/newton.htm. Acesso em: 03,03,2013.

Cita-se a afirmação: "*Penso, logo existo*" como uma intuição teórica por meio da qual, num único ato intelectual, se afirma uma verdade.

b) O raciocínio (ou razão discursiva).

O raciocínio, também chamado de atividade racional discursiva (ou a razão discursiva) depende de processos por meio dos quais se relaciona, discorre ou percorre uma realidade ou um objeto procurando compreende-lo. Trate-se de vários atos do pensamento discursivo que nos permitem conhecer, significar, inferir e prever e, consequentemente, prevenir acontecimentos.

O raciocínio se desenvolve com base em operações mentais orientadas pela razão. Procura-se o desconhecido (Logo...) a partir do conhecido (premissas). Em verdade, muitas vezes conhecemos uma lei, um conceito, um princípio, ou uma proposição geral, mas ignoramos a (Logo...) conclusão. Noutros casos conhecemos os fatos, acontecimentos ou fenômenos descritos ou representados por meio de proposições particulares, mas desconhecemos a lei, a proposição geral.

Assim, conhecem-se duas formas ou espécies independentes e diferentes de raciocínio: o *dedutivo* e o *indutivo*.

Certamente, se o raciocínio é uma relação entre juízos, o juízo é uma relação entre conceitos. Assim, o juízo é essencialmente a afirmação de uma relação de conveniência ou de inconveniência entre dois conceitos (ideias).[82]

Nesse sentido, o conhecimento por meio de raciocínios é um conhecimento justificado e demonstrável. Não se trata de um ato intelectual isolado, mas são vários atos ou procedimentos intelectuais internamente ligados ou conectados, formando um processo de conhecimento. Tais procedimentos são balizados pela *dedução*, pela *indução* ou pela abdução.

A **indução** realiza um caminho exatamente contrário ao da dedução. Com a indução, partimos ***de casos particulares*** iguais ou semelhantes e ***procuramos a lei geral***, a definição geral ou a teoria geral que explica e subordina todos esses casos particulares. A definição ou a teoria são obtidas no ponto final do percurso. E a razão também oferece um conjunto de regras precisas para guiar a indução; se tais regras não forem respeitadas, a indução será considerada falsa.

Por exemplo, colocamos água no fogo e observamos que ela ferve e se transforma em vapor; colocamos leite no fogo e vemos também que ele se transforma em vapor; colocamos vários tipos de líquidos no fogo e vemos sempre sua transformação em vapor. Induzimos desses casos particulares que o fogo possui uma propriedade que produz a evaporação dos líquidos. Essa propriedade é o calor.

Verificamos, porém, que os diferentes líquidos não evaporam sempre na mesma velocidade; cada um deles, portanto, deve ter propriedades específicas que os fazem evaporar em velocidades diferentes. Descobrimos, porém, que a velocidade da evaporação não é o fato a ser observado e sim quanto de calor cada líquido precisa para começar a evaporar. Se considerarmos a água nosso padrão de medida, diremos que ela ferve e começa a evaporar a partir de certa quantidade de calor e que é essa quantidade de calor que precisa ser conhecida. Podemos, a seguir, verificar um fenômeno diferente.

---

[82] ALVES, Alaôr Caffé. *Lógica*: pensamento formal e argumentação, elementos para o discurso jurídico. 4. ed. São Paulo: Quartier Latin, 2005, p. 234.

Vemos que água e outros líquidos, colocados num refrigerador, endurecem e se congelam, mas que, como no caso do vapor, cada líquido se congela ou se solidifica em velocidades diferentes. Procuramos, novamente, a causa dessa diferença de velocidade e descobrimos que depende tanto de certas propriedades de cada líquido quanto da quantidade de frio que há no refrigerador. Percebemos, finalmente, que é essa quantidade que devemos procurar.

Com essas duas séries de fatos (vapor e congelamento), descobrimos que os estados dos líquidos variam (evaporação e solidificação) em decorrência da temperatura ambiente (calor e frio) e que cada líquido atinge o ponto de evaporação ou de solidificação em temperaturas diferentes. Com esses dados podemos formular uma teoria da relação entre os estados da matéria - sólido, líquido e gasoso - e as variações de temperatura, estabelecendo uma relação necessária entre o estado de um corpo e a temperatura ambiente. Chegamos, por indução, a uma teoria.

A dedução e a indução são conhecidas com o nome de ***inferência***, isto é, concluir alguma coisa a partir de outra já conhecida. Na dedução, dado X, infiro (concluo) a, b, c, d. Na indução, dados a, b, c, d, infiro (concluo) X.

2.5 Irracionalidade

O "raciocínio", assim como já foi estudado é concebido como um produto da atividade intelectual, processo implícito ou explícito que pode ser estudado, compreendido e enriquecido, a partir da análise e caracterização e valor das premissas (determinação do *estatuto* e da *validade* das proposições usadas), do estudo do modo como é formulado (compreensão dos *métodos*) e da justificação das conclusões em conformidade a certas *regras* ou a certos *esquemas* (silogismos) geralmente conhecidos. Trata-se de um exame que pertence a uma disciplina que chamamos tradicionalmente de "lógica" que, conforme A. W. Moore[83] se ocupa do raciocínio, isto é, da distinção entre raciocínio bom e ruim. Para Moore,

> Um de seus objetivos é formular critérios completamente gerais para essa distinção. Trata-se em grande parte de uma questão de definir as condições sob as quais um argumento é válido. Trata-se de dizer também o que é a validade. Esta última é a prerrogativa da filosofia da lógica. A filosofia da lógica é o núcleo filosófico da lógica, no qual a essência do restante da disciplina é examinada. Dado que boa parte de nosso raciocínio, se não todo, é inapelavelmente verbal, grande parte da filosofia da lógica se ocupa de questões sobre a linguagem.

A irracionalidade humana pode ser definida como a forma de agir contrário à razão, usando recursos que conduzem a conclusões socialmente inconvenientes. Assim, a irracionalidade pode estar fundada em procedimentos dedutivos e indutivos, mais violatórios das verdades e da legitimidade social (fins sociais) e sustentados em procedimento crítico. Todavia, pensamos, as decisões irracionais não admitem correção. Nesse sentido importam corrigi-las por meio de sanções sociais: morais, jurídicas etc. Isto, pensamos, seria o fundamento da Filosofia Moral e do Direito.

O pensamento irracional é aquele que é contrário ao bom senso (à sensatez). Certamente, "o poder de bem julgar e distinguir o verdadeiro do falso, que é exatamente

[83] MOORE, A. W. *Filosofia da Lógica*. In, BUNNIN, Nicholas e E.P. Tsui-James (orgs). *Compêndio de Filosofia*. São Paulo: Loyola, 2002, p. 139.

o chamado bom senso ou razão, é, naturalmente, igual em todos os homens, do que resulta que a diversidade de opiniões existe, não porque uns são mais sensatos que outros, mas somente por conduzirmos nossos pensamentos por diversos caminhos e não considerarmos as mesmas coisas".[84]

Em princípio o pensamento e a atividade humana sempre se presumem racional, pois a razão, ou o sentido nos torna seres humanos e nos distingue dos animais. Ora, quando os nossos pensamentos, atitudes (ou decisões) são contrários ao "bom senso" podem ser ditas de irracionais, pois embora seja produto de uma ação humana, conflitam com a razão comum.

Mas pode ser que alguém se engane e "tome um pouco de cobre e de vidro por ouro ou diamantes"[85], certamente para evitar enganos importa saber o que é vidro e o que é diamante somente assim raciocinaríamos conscientemente procurando alcançar esses bens com base numa qualidade e utilidade já conhecida e convencionada. Assim, vender ou comprar vidro por diamante e cobre como sendo ouro é irracional, no mesmo sentido justificar o crime, a corrupção e a guerra, mesmo sendo resultado de uma razão, pode ser qualificado como irracional por estarem fundados em algum valor que não é comum.

Assim, as normas sociais, morais, jurídicas etc. existem para orientar e corrigir a nossa racionalidade. É bom conhecer e internalizar tais normas, para poder criteriosamente julgar os nossos atos e para não pensarmos que tudo o que é praticado, mesmo pelas autoridades, é legal ou moral. Essa, em verdade, seria a razão da moral e do direito: indicar os caminhos para bem conduzir a razão.

Assim sendo, é preciso distinguir a racionalidade como atitude pessoal que consiste na disposição de corrigir nossos atos, da irracionalidade como a atitude de negar a razão comum, sobrepondo a ela a individual.

Em suma, o princípio da racionalidade afirma que "todo homem é um ser racional" e não que "todo homem age racionalmente".

---

[84] DESCARTES, René. *Discurso do método*. São Paulo: Ícone, 2006, p. 29.
[85] DESCARTES, René. *Discurso do método*. São Paulo: Ícone, 2006, p. 30.

CAPÍTULO 3
DIMENSÕES DA ÉTICA

Muitas e variadas são as éticas. Assim, o que aqui passaremos a chamar de dimensões éticas se refere, não só às variações conceituais, mas também a sua expressão prática, pois como veremos, ela se torna presente nas diversas ramos ou microssistemas especifico, a saber, nos negócios (ética empresarial), na administração (ética na administração pública), na política (ética na política), na guerra (ética da guerra), na saúde (ética médica), no direito (ética no direito: e biodireito) e, enfim, na vida (bioética) etc. mas devido à densidade do conteúdo dessas dimensões éticas, no presente capítulos abordaremos resumidamente aquelas que consideramos mais importastes, a saber: ética na administração pública, ética empresarial, ética e economia e a bioética e o biodireito.

3.1 Dimensões éticas

No primeiro capítulo definimos a ética como um conjunto de conhecimentos sistematizados, racionais e objetivos concernentes ao comportamento moral humano. A ética, ao deixar de ser um mero capítulo da filosofia, converteu-se numa ciência autônoma que, por motivos da diversidade de escolas e concepções, admite tantas classificações e denominações quantas as ideologias ou correntes de pensamento existentes, a saber, *ética empírica, ética anarquista, ética utilitarista, ética ceticista, ética subjetivista, ética dos bens, ética platônica, ética aristotélica, ética epicurista, ética dos valores, ética formal, ética valorativa* etc.[86]

Sabe-se de um estreito e indissolúvel vínculo entre a Ética e a Filosofia, a Política, a Psicologia, a Sociologia, a Antropologia Social, a História, a Economia Política, o Direito e a vida em geral. Todavia, a ética como área do conhecimento humano abraça as diferentes profissões e ramos jurídicos. Especificamente na área jurídica se fala da Ética no Direito Positivo: Constitucional, Penal, Civil, Processual etc. alcançando, ainda a ética uma expressão nas diferentes áreas e atividades jurídicas: ética do advogado, ética do promotor de justiça, ética do Juiz etc. Surge aí uma denominação que se torna cada dia mais imprescindível para a atividade profissional: a *ética profissional e aplicada.*

3.1.1 Ética pública: moralidade administrativa

Examinemos agora a Ética Pública como uma dada extensão da Ética que se ocupa dos problemas coletivos. Eis o que se deve entender como Ética Pública:

> A Ética Pública é uma ética coletiva, processo no qual os indivíduos vão gerando pautas de condutas para um melhor desenvolvimento da convivência e uma maior

[86] NALINI, José Renato. *Ética geral e profissional.* 4. ed.. ver. e atual. São Paulo: Rt, 2004, p. 1 - 71.

> expansão da autonomia e da liberdade do ser humano. Nesse caminho estão implicados os cidadãos, as organizações e instituições do Estado: entidades econômicas, empresariais, organizações, associações, atividades profissionais e a opinião pública. Qualquer discurso sobre Ética Pública nos exorta a reconhecer que seres humanos são seres sociais e que a sociedade se expressa como um sistema equitativo de cooperação social e de representantes racionais dos cidadãos que elegem os termos da cooperação sujeitos a condições razoáveis, surgindo assim o sistema de direitos fundamentais e as liberdades básicas. Esta realidade nos obriga a viver em sociedade e a tentar superar o conflito que toda convivência engendra. Daí a procura por regras de condutas que permitam a convivência. Tudo isso, justifica a necessidade de aceitar normas que podem ser contrárias a nossos desejos e, incluso, a nossa concepção de bem-estar.[87]

Admitamos, pois, que os dilemas morais próprios da Ética Pública pretendem resolver conflitos que derivam do confronto dos valores, princípios e normas, conflito cuja solução pretende ser universal e imparcial. Logo, quando se fala em Ética Pública procura-se deixar de lado o âmbito da *moral privada*, um âmbito no qual cada indivíduo define fins, prioriza valores e delimita regras de conduta conforme a sua própria concepção de "bem". Eis aí que os enunciados éticos da moral privada somente podem orientar-se de forma individual a um ou a outro sujeito, o que não impede que devam ser compatíveis com as normas morais válidas. Assim, a Ética Pública trataria de definir o que não é conveniente para a coletividade, o que poderia constituir um modelo moral básico de caráter universal dado o caráter racional dos fins, valores e prescrições de conduta, modelo compatível com a própria busca razoável do "bem". E é precisamente por isto que a Ética Pública afeta os indivíduos como membros de uma sociedade.[88]

3.1.1.1 Ética Administrativa

A Ética Administrativa (Ética na Administração ou Ética para os empregados públicos) é uma ética aplicada, em concreto, uma ética profissional que surge paralelamente a um conjunto de éticas, a saber, Ética Empresarial, Bioética, Ética da Informação etc. que tratam de indicar os requisitos para alcançar os fins das determinadas profissões. Assim, a Ética dos empregados públicos trata de esclarecer, de forma pós-convencional, o "bem" interno a ser atingido pelo funcionário (agente ou empregado) público, fato que justifica a existência da profissão, por exemplo, servir objetivando interesses gerais e, assim, definir as normas de conduta, valores, hábitos que devem reger sua atividade a fim de legitimar socialmente seu trabalho e permitir o desenvolvimento de uma atividade (serviço) que é essencial para a sociedade.[89]

A Ética Administrativa, como objeto de estudos científicos especializados surge nos Estados Unidos na década de 1970, quando grupos de cientistas sociais começaram-se a especializar nesse campo específico de pesquisa. É o momento em que surgiria uma série de artigos e livros elaborados sobre o tema base de uma teoria ao respeito. Mas, na realidade, as primeiras manifestações de estudos acerca da ética dos empregados públicos encontram-se na China (Século VI a.C) e na Índia (Século III a.C).[90]

---

[87] VILLORIA Mendieta, Manuel. *Ética pública y corrupción: Curso de ética administrativa*. Madrid: Tecnos, 2000, p. 18-19.

[88] VILLORIA Mendieta, Manuel. *Ética pública y corrupción: Curso de ética administrativa*. Madrid: Tecnos, 2000, p. 18.

[89] VILLORIA Mendieta, Manuel. *Ética pública y corrupción: Curso de ética administrativa*. Madrid: Tecnos, 2000, p. 20.

[90] VILLORIA Mendieta, Manuel. *Ética pública y corrupción: Curso de ética administrativa*. Madrid: Tecnos, 2000, p. 28 - 32.

Permito-me afirmar que a consecução de uma Administração ética, holisticamente falando, implica a suma de milhões de decisões diárias de milhões de empregados públicos distribuídos no mundo. Eis que cada empregado público se enfrenta diariamente a conflitos éticos que resolvem umas vezes de forma corriqueira e outras como resultado de debates e reflexões que têm como centro problemas mais ou menos complexos.

Tais debates e reflexões teriam como objeto um *fenômeno*: problemas complexos que não podem ser resolvidos com meras regras públicas de condutas. Daí que dificilmente o aperfeiçoamento da dimensão prescritiva (normativa) possibilitará uma melhor administração. Logo, bons códigos deontológicos: (boas legislações) dificilmente ajudarão a resolver os problemas estudados. É claro que, precisa-se considerar a necessidade de uma política continuada de mudança cultural, orientada a conseguir que os empregados assumam os valores próprios do serviço público e da organização. Diz-se de uma luta pela Ética na Administração, uma tarefa que precisa de uma compreensão prévia (compreensão do caráter complexo do problema). Caráter que tem a ver com a enorme quantidade de *variáveis* que se inter-relacionam para produzir condutas éticas ou corruptas e a necessidade de considerar todas elas para entender e inibir o problema.[91]

A Ética Administrativa, como área de conhecimento, tem a ver com as boas escolhas, com o caráter e com o agir, reconhecendo-se que o ser humano é livre e que pode e deve fazer um *bom* uso da sua liberdade. Trata-se de uma ética que se baseia na distinção entre o que podemos fazer e não devemos fazer. Uma ética que privilegia o que podemos chamar de *normas internas*.

Conforme ensina Manuel Villoria Mendieta, a ética é uma atividade reflexiva que nos ajuda a delimitar e agir conforme os *bons* princípios. Na realidade, a ética seria o conjunto de instituições e concepções (trataria das teorias e das normas morais) das quais se auxiliam os distintos grupos humanos e indivíduos para identificar o que está *bem* ou *mal* (o que é moralmente correto e incorreto), o que deve ser feito e o que deve ser evitado. Eis que a Ética consta de uns fins, de uns valores e de prescrições cujo conteúdo concreto configuram os diversos sistemas morais gerados pelo ser humano.[92]

Eis aqui a minha tese: *O ser humano é um ser livre, mas deve agir conforme à autonomia (liberdade) que a própria natureza e normas sociais: morais e legais determinam.* Para além da crítica, há, contudo, uma coisa sobre a qual se chegou a um consenso:

> Diferentemente dos animais irracionais, o ser humano age conforme a um sentido de justiça, amizade, lealdade, compaixão gratidão, generosidade etc. Tais são os instintos sociais que, de fato, podem ser ampliados (generalizados) e, graças às faculdades intelectuais do próprio ser humano, engendrar regras de conduta como a conhecida Regra de Ouro da Ética: "*no hagas a los demás lo que no quieres que te hagan a tí*".[93]

Variadas são as razões da Ética, quando vista como área de conhecimento humano: a) aumento das violações dos direitos humano; b) crescimento da ilegalidade, da informalidade e da violência; c) aumentos dos conflitos bélicos etc. A tais problemas

---

[91] VILLORIA Mendieta, Manuel. *Ética pública y corrupción: Curso de ética administrativa*. Madrid: Tecnos, 2000, p. 21.

[92] VILLORIA Mendieta, Manuel. *Ética pública y corrupción: Curso de ética administrativa*. Madrid: Tecnos, 2000, p. 17.

[93] VILLORIA Mendieta, Manuel. *Ética pública y corrupción: Curso de ética administrativa*. Madrid: Tecnos, 2000, p. 19.

se vinculam outros tantos não menos importantes: ex. desmatamento, aborto, pena de morte. Já, quando falamos, especificamente da Ética Pública: Ética Administrativa, Ética Empresarial etc., outros problemas específicos mais universais nos preocupam, a saber: a) aumento da imoralidade administrativa; b) o aumento da desigualdade e da miséria; c) aumento da corrupção etc. problemas que indicam a perda da dimensão humana o que é razão do aumento do interesse pela Ética.

O objetivo principal da Ética Administrativa é contribuir para um novo ideal de profissional: um profissional capaz de desenvolver uma gestão pública eficaz.

Para tanto, as pesquisas sobre Ética Administrativa deverão:

a) Diagnosticar os principais *problemas* e *dilemas* éticos constatados na Administração Pública;

b) Caracteriza e definir as hipóteses, as variáveis e os indicadores possíveis que incidem no mundo da Administração Pública e;

c) Sugerir conclusões para a possível resolução da atual problemática (problemas) que derivam da falta de moralidade na Administração Pública.

Em suma, consideramos que os estudos (ou pesquisas) desenvolvidos nesta importante área, não tem como objeto um mero fato isolado, mas de um conjunto de situações involuntárias (fenômeno) que engendram decisões morais, muitas vezes tomadas de forma equivocada.

3.1.1.2 Ética Empresarial

A Ética empresarial ou ética para as empresas estuda as regras, padrões e princípios morais sobre o que é certo ou errado em situações específicas. Para O. C. Ferrel[94], por exemplo, a ética empresarial compreende princípios e padrões que orientam o comportamento no mundo dos negócios. Se um comportamento específico exigido é certo ou errado, ético ou antiético, é assunto frequentemente determinado pelos investidores, clientes, grupos de interesse, empregados, o sistema jurídico vigente e a comunidade. Embora esses grupos não estejam necessariamente "certos", suas opiniões influenciam a aceitação ou rejeição, pela sociedade, da empresa e de suas atividades.

Uma das primeiras preocupações éticas no âmbito empresarial de que se tem conhecimento revela-se pelos debates ocorridos especialmente nos países de origem alemã, na década dos 60. O ensino da Ética em faculdades de Administração e Negócios tomou impulso nas décadas de 60 e 70, principalmente nos Estados Unidos, quando alguns filósofos vieram trazer sua contribuição. Ao complementar sua formação com a vivência empresarial, aplicando os conceitos de Ética à realidade dos negócios, uma nova dimensão surgiu: a Ética Empresarial.[95]

Diz-se de uma ética aplicada que, além de exortar os funcionários a comportar-se de forma correta, orienta o privilegio das seguintes duas questões[96]:

---

[94] FERREL, O. C. *Ética empresarial: dilemas, tomadas de decisões e casos*. Trad. Célia Arruda. Rio de Janeiro: Reichmann & Affonso Ed, 2001, p. 7.

[95] ARRUDA, Maria Cecília Coutinho de, e outros. *Fundamentos de ética empresarial e econômica*. 2. ed. São Paulo: Atlas, 2003, p. 53.

[96] SROUR, Robert Henry. *Ética empresarial*. Rio de Janeiro: Campus, 2000, 243 - 249.

1. Administrar as condições que propiciam o surgimento da inidoneidade;

2. Comprometer os funcionários com um grupo de normas morais específicas da empresa.

De acordo com o autor, existe a necessidade de codificar as orientações da empresa. Com esse intuito edita-se um código de conduta, não sem antes discutir as normas com o corpo funcional envolvido, esta seria uma forma de dar legitimidade ao texto. Nasce assim o esforço por *traduzir normas morais* em *ações reais* e por criar controles preventivos e corretivos, e estabelecer suas respectivas sanções. Isto, porque os agentes que dispõem de um mínimo de discricionariedade podem ser tentados a cometer alguma irregularidade, para o qual se propõe o monitoramento, rodízio de funções, auditorias periódicas. Enfim, tanto a institucionalização de normas morais como o controle são requisitos necessários para o bom funcionamento ético das empresas.

Uma ética aplicada exige irmos além da teoria. Conforme ensina Robert Henry[97], uma questão sempre presente em toda e qualquer mudança a ser introduzida na sociedade ou no campo organizacional é: como fazer para que, mesmo dispondo de vontade política, os objetivos do projeto se convertam em práticas correntes? Para o nosso autor, a ética aplicada exige, além de exortar os funcionários a comportar-se de forma correta, o privilegio das seguintes duas questões:

1. Administrar as condições que propiciam o surgimento da inidoneidade;

2. Comprometer os funcionários com um grupo de normas morais específicas da empresa.

De acordo com o autor, existe a necessidade de codificar as orientações da empresa. Com esse intuito edita-se um código de conduta, não sem antes discutir as normas com o corpo funcional envolvido, esta seria uma forma de dar legitimidade ao texto. Nasce assim o esforço por *traduzir normas morais* em *ações reais* e por criar controles preventivos e corretivos, e estabelecer suas respectivas sanções. Isto, porque os agentes que dispõem de um mínimo de discricionariedade podem ser tentados a cometer alguma irregularidade, para o qual se propõe o monitoramento, rodízio de funções, auditorias periódicas. Enfim, tanto a institucionalização de normas morais como o controle são requisitos necessários para o bom funcionamento ético das empresas.

Todavia a fim de levar a teoria à prática, Robert Henry acrescenta as seguintes orientações e práticas:

1. "Passar a idéia do trabalho de qualidade para que os funcionários tenham orgulho do que fazem e respeitem aqueles com os quais se relacionam é decisivo".

Práticas:

1.1. Confira responsabilidades.

1.2. Reconheça publicamente os trabalhos bem-feitos.

1.3. Exija obediência rigorosa aos requisitos técnicos.

1.4. Desenvolva sucessivos projetos de melhoria.

[97] SROUR, Robert Henry. *Ética empresarial*. Rio de Janeiro: Campus, 2000, 243 - 249.

1.5. Propicie oportunidade para a correção dos próprios erros.

2. "Transmitir valores de igualdade de oportunidade e de tratamento não-discriminatório".

Práticas:

2.1. Evite todo e qualquer favoritismo que possa vir a distinguir alguns em detrimento dos demais.

2.2. Não tolere atividade alguma que venha a embaraçar, diminuir o desqualificar alguém.

2.3. Relacione-se com os funcionários sem proferir ameaça e sem endossar brincadeiras discriminatórias de etnia, religião, gênero, preferência sexual, condição ou origem social.

2.4. Pense nos funcionários, a todo momento, como cidadãos organizacionais.

3. "Demonstrar a importância crucial do cliente".

Prática:

3.1. Ofereça sempre produtos de qualidade, a preços competitivos e nos prazos prometidos.

3.2. Incorpore sempre inovações tecnológicas, garantias contra defeitos, assistência técnica ou serviços pró-venda.

3.3. Preste informação precisa e objetiva que assegure um monitoramento competente da transação.

3.4. Seja prestativo e profissional, para que o negócio se oriente pela premissa dos ganhos mútuos.

4. "Transmitir confiabilidade e alcançar credibilidade".

Práticas:

4.1. Faça com que sejam públicos e transparentes os objetivos e o conteúdo programático, os critérios de avaliação e a estratégia didática.

4.2. Não mude as "regras" sem previamente consultar os interessados para obter seu assentimento.

A introdução dessas e de outras práticas no cotidiano das empresas contribui, de fato, para uma ética prática (aplicada).

Em suma, a dimensão prática da ética não se detém no conhecimento ou na mera descrição do seu objeto: realidade social ou conduta humana. Ela, além de pretender representar e explicar seu objeto de estudo por meio de conceitos e proposições, procura também o fazer mudar por meio de uma dada prescrição moral: princípios e normas morais que aplicados à vida em sociedade.

Eis que, como ensinara Aristóteles,

> as coisas que temos de apreender antes de fazer, apreendemo-las fazendo-as – por exemplo, os homens se tornam construtores construindo, e se tornam citaristas tocando cítara; da mesma forma tornamo-nos justos praticando atos justos, moderados agindo moderadamente, e corajosos agindo corajosamente [...] os homens são bons e maus construtores por construírem bem ou mal.[98]

De acordo com o nosso autor, devemos tornar-nos justos praticando atos justos, e moderados praticando atos moderados, de fato, se os homens praticam atos justos e moderados eles já são justos e moderados. Para Aristóteles, portanto, seria correto dizer que é mediante a prática de atos justos que o homem se torna justo, e é mediante a prática de atos moderados que o homem se torna moderado.

Dessa maneira, o importante seria cultivar as qualidades que tornam alguém um bom ser humano ou um bom profissional (digamos, um bom médico, eu digo um bom empresário, um bom bancário) e, então, não seria preciso um receituário de regras de ação sobre o que devemos fazer em cada situação particular.[99]

Ora, saber o que é um bancário (ou empresário) envolve conhecer as estruturas sociais que definem a função de um bancário. Mas quando eu compreendo esse papel e essas estruturas, eu compreendo também, em linhas gerais, que características um homem deve ter para ser considerado um bom bancário ou empresário. A idéia de bom bancário (empresário) envolve, necessariamente, certas responsabilidades, e o termo se refere a uma função que só pode ser explicada em relação a instituições sociais (e também jurídicas) que dão atribuições e deveres a quem a desempenha[100]. Logo, ser bom governante, professor, empresário, cidadão etc. implica ser justo, equilibrado e moralmente responsável.

3.1.1.3 Ética e Economia

O vocábulo "economia" tem, de fato, diversas acepções, a saber: a) ciência que trata dos fenômenos relativos à produção, distribuição e consumo de bens; b) sistema produtivo de um país ou região; c) conjunto dos conhecimentos relativos à economia, ou que têm implicações com ela, ministrados nas respectivas faculdades; ciências econômicas; d) sistema econômico em que as decisões relativas à produção, preços, salários, etc., são tomadas predominantemente pela interação de compradores e vendedores no mercado, com pouca interferência governamental.

Ora, entre as diversas definições conhecidas é bom destacar aquelas que significam a economia como sendo o estudo da organização econômica da sociedade: produção, distribuição e consumo de bens e serviços. É uma leitura que acaba vinculando a atividade econômica à atividade empresarial, aspecto que aqui mais nos interessa.

De acordo com Maria Cecília Coutinho[101], diversas são as definições sobre economia, a saber:

[98] ARISTÓTELES. *Ética a Nicômacos*. 2. ed. Trad. de Mário da Gama Kury. Brasília: Editora Universidade de Brasília, c 1985, 1992. p. 35-36, 39.
[99] Dall' Agnol, Darlei. *Bioética*. Rio de Janeiro: Jorge Zahar Ed., 2005, p. 14.
[100] WILLIAMS, Bernard. *Moral: uma introdução à ética*. Op. cit., p. 79.

1- Economia é o estudo das atividades que, com ou sem dinheiro, envolvam operações de troca entre as pessoas.

2- Economia é o estudo de como os homens selecionam a utilização de recursos produtivos escassos ou limitados para produzir várias mercadorias e distribuí-las aos diversos membros da sociedade, para consumo.

3- Economia é o estudo de como a humanidade realiza a tarefa de organizar suas atividades de consumo e produção.

4- Economia é o estudo da riqueza.

5- Ciência que estuda o comportamento humano como um relacionamento entre fins e meios escassos que têm usos alternativos.

6- Ciência social que estuda o comportamento humano individual e social como adequação do uso dos meios limitados de que o homem dispõe para a realização de fins diversos em função da sua natureza, que pressupõe a liberdade.

Contudo, a definição que mais se identifica com os objetivos do presente tema é aquela que identifica a economia com a ciência ou estudo das formas e organização das atividades de produção, distribuição e consumo dos bens e serviços.

A Ética, assim como a economia, tem o mesmo objetivo: estudam o homem. A economia estuda o comportamento humano condicionado pela escassez, pela limitação de meios e de tempo em relação aos objetivos a que se propõe. A ética estuda as ações do homem em relação à sua moralidade, isto é, julga se são boas ou más. Diz respeito não aos fins próximos do homem, mas, aos fins últimos.[102]

Como os fins econômicos a que uma pessoa se propõe não são totalmente independentes da ética, a economia como ciência também não pode desentender-se dos aspectos éticos. Uma pessoa que cometa ações contra a ética se destrói a si próprio como pessoa, mesmo que consiga aquilo que deseja e se torne imensamente rica ou poderosa e pareça ser feliz. Assim também quando a ciência econômica não se subordina à ética não contribui para o verdadeiro bem-estar e desenvolvimento da sociedade. A ética, condição necessária na ordem pessoal, também é condição de sobrevivência da sociedade. Sem ética, o convívio social torna-se insustentável. Sem confiança mútua, por exemplo, não se realizariam transações econômicas, nem haveria contratos. Ninguém empregaria, ninguém produziria, ninguém se associaria. Cada um viveria única e exclusivamente para si, cuidando dos próprios interesses. Como resultado, a sociedade ruiria, voltaria às cavernas.[103]

A economia, como qualquer atividade humana, está subordinada à ética. Isso não significa que não tenha autonomia para desenvolver suas conclusões e proposições de política econômica, mas apenas que suas recomendações devam subordinar-se a um critério anterior e mais importante, a valoração ética. A ética não entra diretamente no mérito de como resolver o problema econômico, nem tem como função apresentar soluções que são competência exclusiva das empresas ou do governo, ou dos

---

101 ARRUDA, Maria Cecília Coutinho de, e outros. *Fundamentos de ética empresarial e econômica*. 2. ed. São Paulo: Atlas, 2003, p. 147.

102 ARRUDA, Maria Cecília Coutinho de, e outros. *Fundamentos de ética empresarial e econômica*. 2. ed. São Paulo: Atlas, 2003, p. 148.

103 ARRUDA, Maria Cecília Coutinho de, e outros. *Fundamentos de ética empresarial e econômica*. 2. ed. São Paulo: Atlas, 2003, p. 149.

empresários e economistas, porém os economistas devem ter presente que o critério ético deve orientar o critério econômico.[104]

Do mesmo modo, as empresas não podem obrigar ninguém a trabalhar por salários menores que os combinados em contrato, ou em condições que atentem contra as normas de segurança no trabalho ou contra a dignidade humana. Se o fizerem, estarão ferindo a ética. (e a lei). A ética, portanto, orienta as decisões quanto à moralidade, porém não resolve o problema econômico em si. À ética como ciência não compete elaborar teorias sobre a inflação, porém pode denunciar como antiéticas práticas de corrupção ou oportunismo favorecido pela inflação. Igualmente, não compete à ética decidir como aumentar a arrecadação de impostos ou como diminuir os gastos do governo, porém tem um papel a desempenhar em relação a como os recursos são arrecadados ou distribuídos. Se um fiscal exigir dinheiro do contribuinte para que este sonegue imposto sem ser denunciado, a ética estará sendo ferida. Se um político desviar verbas públicas e depositá-las em sua conta corrente, estará infringindo a ética.[105]

Resumindo, economia e ética são ciências autônomas, porém não independentes. A economia está subordinada à ética, embora elabore suas teorias e propostas com liberdade. Como o fim ético é mais importante que o fim econômico, pois este último diz respeito só a um aspecto da vida humana, enquanto o primeiro refere-se ao fim último e mais importante do homem, as políticas e o comportamento econômico dos agentes não devem ir contra a ética, porque nesse momento iriam contra o próprio homem e contra a sociedade. A economia e os economistas, se verdadeiramente desejarem contribuir para o desenvolvimento das pessoas e para o bem comum da sociedade, não poderão ignorar a ética, mas deverá servir-se das normas morais e éticas como norte e guia. A ética não é uma limitação para a economia. Antes pelo contrário, sua função é facilitar que as pessoas cheguem a seu destino, obedecendo às normas morais.[106]

3.1.1.4 Bioética e Biodireito

O que é a Bioética? Conforme a construção da palavra, Bioética (do grego *bio* = vida e *ethos* concernente à ética) pode significar a "ética da vida".

Trata-se de uma dimensão ou alargamento da Ética que, assim como a *ética empresarial*, a *ética nos negócios*, a *ética ambiental*, a *ética de gêneros sexuais*, a *ética jornalística* a *ética pública* etc. considera-se uma ética prática. Dizemos então que, a Bioética, juntamente com a ecoética, a infoética, as éticas profissionais (ética médica, ética esportiva, ética do advogado etc.) é parte da ética prática, ou aplicada que estuda os problemas morais relativos ao início, ao meio e ao fim da vida. Logo, a Bioética se define como o estudo sistemático da conduta humana no âmbito das ciências da vida e da saúde analisadas à luz dos valores e princípios morais.[107]

---

[104] ARRUDA, Maria Cecília Coutinho de, e outros. *Fundamentos de ética empresarial e econômica*. 2. ed. São Paulo: Atlas, 2003, p. 149.

[105] ARRUDA, Maria Cecília Coutinho de, e outros. *Fundamentos de ética empresarial e econômica*. 2. ed. São Paulo: Atlas, 2003, p. 150.

[106] ARRUDA, Maria Cecília Coutinho de, e outros. *Fundamentos de ética empresarial e econômica*. 2. ed. São Paulo: Atlas, 2003, p. 149 - 150.

[107] DALL' Agnol, Darlei. *Bioética*. Rio de Janeiro: Jorge Zahar Ed., 2005, p. 9.

A definição mais difundida desta área do saber humano é aquela extraída da Enciclopédia de Bioética de 1978, por meio da qual se considera o "estudo sistemático da conduta humana na área das ciências da vida e do cuidado da saúde, quando esta conduta se examina à luz dos valores e dos princípios morais".[108]

Na verdade, a Bioética é o "estudo interdisciplinar entre biologia, medicina e ética (especificamente a ética normativa e da moral humana) que investiga todas as condições necessárias para uma administração responsável do profissional de saúde em relação à vida humana em geral e da dignidade da pessoa humana em particular".[109]

As inúmeras definições de Bioética destacam a aplicação do conjunto de conhecimentos resultantes das pesquisas na área da medicina e da biologia, colocando a responsabilidade moral dos cientistas em primeiro plano.

Assim, como estudaremos, entre os principais problemas (dilemas) conhecidos pela Bioética se destacam: o aborto, a eutanásia, os transgênicos, a fertilização *in vitro*, a clonagem e os testes com animais etc.

A Bioética levanta a discussão de importantes questões que são de interesses da sociedade e muitas vezes resultado de decisões políticas e jurídicas tais como a legalização do aborto, a eutanásia entre outros. Todavia coloca em debate a moralidade empresarial, a saber, das empresas, universidades, indústria farmacêutica e laboratórios de biotecnologia que desenvolvem programas de pesquisas que repercutem na Saúde, no Direito: Direitos Humanos, Direito Civil, Direito Penal, Direito Ambiental, Direito do Consumidor etc.

Em síntese, podemos definir a Bioética como o estudo filosófico dos problemas relativos à vida, gerados pelo uso indiscriminado ou inconsequente dos avanços da ciência e da tecnológica sobre o meio ambiente e a saúde que investiga as condições necessárias para um uso responsável dos avanços científicos em face da proteção da vida humana, animal e do meio ambiente.

A "Bioética" surge (na década de 1970) como consequência dos dilemas nascidos do conflito desenvolvimento socioeconômico *versus* desenvolvimento tecnológico. Diz-se que nessa década a compreensão dos problemas bioéticos, a saber, aborto, eutanásia, biossegurança, biotecnologia, a intervenção genética em seres humanos etc. começaram a exigir uma nova abordagem ética.

Surgiu, assim, a Bioética como um campo disciplinar que teria como gênese (origem) a preocupação com as práticas biomédicas abusivas e por intuito a formação de uma consciência dos efeitos catastróficos dos experimentos e aplicaçoes das novas descobertas científicas.

O termo "Bioética" foi usado, pela primeira vez, pelo médico americano V.R. Potter, em 1971. Ele defendeu a idéia de que a ciência e a tecnologia estavam destruindo as condições de existência da vida, principalmente o meio ambiente, e que, por conseguinte era necessária uma nova abordagem ética dos problemas relacionados com a vida. Sustentou que a separação feita na filosofia moderna entre, por um lado, a ciência e a tecnologia (que tratariam de fatos) e, por outro, a ética (que cuidaria dos valores), era a culpada pelos desastres que estavam ameaçando a vida sobre o nosso planeta, incluindo os ecológicos. Assim, ele pensou na Bioética como uma "ciência da

---

[108] Definição de Bioética - Reich 1978. Disponível em: http://www.ufrgs.br/bioetica/bioet78.htm. Acesso em: 20 de jul. 2010.

[109] Definição de Bioética disponível em: ttp://www.boonic.com.br/enciclopediapt/161252/biodireito.html. Acesso em: 29 de jul. de 2010.

sobrevivência". Para construí-la, seria necessário reunir a ética (valores) e a ciência (fatos). A Bioética nasceu, portanto, como uma tentativa de pensar a vida como um todo, sem separá-la da ciência e da tecnologia. Esta deve estar a serviço daquela, e não são neutras sob o ponto de vista valorativo.[110]

Nas últimas seis décadas a humanidade alcançou um significativo avanço científico-técnico, especialmente na área da biotecnologia. Porém, as consequências de tais avanços levantaram diversas discussões relevantes no marco da ética.

Contudo, se por um lado o avanço da ciência, especialmente da engenharia genética[111], considera-se positivo, por outro o uso indiscriminado desse avanço exige de estudos que visem a orientação da conduta humana e de princípios e regras morais e jurídicas.

Assim como o Direito do Consumidor, o Direito Ambiental, o Direito Aduaneiro, o Direito Agrário etc. a Bioética e o Biodireito consideram-se microssistemas por serem constituídos de um conjunto de elementos teóricos e principiológicos, a saber, conceitos, denominações, modelos, princípios e regras que visam descrever e resolver problemas: dilemas bioéticos.

Trata-se de uma expressão da Ética Prática de natureza multidisciplinar e que objetiva os humanismos cientifico, dentro da qual se incluem conceitos da Biomedicina, da Filosofia, da Teologia e do Biodireito. Daí ser a Bioética uma área do conhecimento humano, difusa e complexa.

A Bioética desenvolveu-se bastante como área de conhecimento independente, mas tornou-se particularmente importante nas ciências relacionadas com a vida humana, tais como a medicina, a enfermagem, a biologia, o direito etc. Ela também passou a ser objeto de estudo interdisciplinar e ocupou lugar central na filosofia moral, ou seja, na ética. [112]

Diz-se de uma ética dos *meios* e não unicamente dos *fins*, pois de nada vale o desenvolvimento de uma tecnologia que coloque em risco a humanidade. Daí a necessidade de prever danos e isto deriva da necessidade de um equilíbrio entre a cura e o surgimento de novas doenças estimuladas pelo próprio homem. Logo, os avanços científico e tecnológico possibilitarão, por um lado, a prevenção e cura de doenças, mas por outro, consequências irreversíveis se aplicados de forma irracional e desenfreados.

A Bioética defronta a *humanidade* (seus valores) com a *ciência* (conjunto de conhecimentos). Contudo, os bioeticistas se preocupam com questões próprias da sobrevivência da humanidade em face dos desafios da ciência.

A Bioética tem como objeto a conduta humana consciente, objetivando o uso adequado e responsável dos progressos alcançados no campo das ciências e da tecnologia biológica.

A Bioética tem como objeto de estudo determinadas atitudes visando a ordenar a *conduta humana* em face da aplicação consequente e responsável dos avanços científicos e tecnológicos.

---

[110] DALL' Agnol, Darlei. *Bioética.* Rio de Janeiro: Jorge Zahar Ed., 2005, p. 11.

[111] FERREIRA, Aurélio Buarque de Holanda. Novo dicionário Aurélio da língua portuguesa. 3. ed. Curitiba: Positivo, 2004, p. 754. [*Engenharia Genética*: O conjunto de técnicas de alteração artificial de genes e da reprodução de organismos, e que permite, p. ex., a produção de seres transgênicos e de clones].

[112] DALL' Agnol, Darlei. *Bioética.* Rio de Janeiro: Jorge Zahar Ed., 2005, p. 13.

Ciência e Ética hão de objetivar, juntas, o progresso da humanidade. A Ciência não se deve tornar a destruidora da humanidade. Eis por que as pesquisa científicas devem estar subordinadas a uma liberdade condicionada e serem desenvolvidas tendo como premissa a *responsabilidade* perante a preservação da humanidade. Os resultados científicos hão de se colocar a serviço da humanidade.

A importância e a utilidade da Bioética e, também, do Biodireito se justifica pelos diversos problemas que as ciências se vêm impossibilitadas de resolver. Não se trata unicamente de questões legais ou normativas, mas de uma questão moral: "enfoque que merece destaque hoje é o que considera o caráter moral do agente como a categoria ética mais importante".[113]

Vê-se como útil e importante as teorias: conceitos, princípios e regra da Bioética, por meio dos quais se tenta sistematizar e prescrever a conduta que coloca em risco a vida humana: especialmente as pesquisas desenvolvidas na área da medicina (e as pesquisas biológicas). A Bioética propõe a prática racional dos avanços da ciência.

Em nome da ciência, cientistas (pesquisadores) afirmam estar contribuindo para uma vida perfeita, porém em detrimento do ecossistema e do meio ambiente. Assim, a Bioética e o Biodireito teriam por objetivo estudar e prever as ações do homem sobre a biosfera. Precisa-se, pois, de uma ética que coloque como centro a Vida e o meio ambiente e que vise à responsabilidade do agente hoje incessantemente evocada.

O progresso significativo da "medicina genômica" se fez notar com o "Projeto Genoma Humano"[114] que possibilitou ao homem decifrar seu código, tal descoberta científica permitiu projetar técnicas terapêuticas e inquirir a constituição genética total de um indivíduo.

Vê-se, assim que a engenharia genética, tendo como objeto de estudo o genoma humano[115], descortina perspectivas benéficas no tratamento de doenças até hoje de causas desconhecidas. Mas, também a limitação evidente da ciência tende a produzir consequências negativas e novas doenças desconhecidas, temendo-se pela extinção da raça humana.

---

[113] DALL' Agnol, Darlei. *Bioética*. Rio de Janeiro: Jorge Zahar Ed., 2005, p. 13.

[114] O **Projeto Genoma Humano** (**PGH**) tentativa de mapear o genoma humano e a identificação de todos os nucleótidos que o compõem. Após iniciativa dos Institutos Nacionais da Saúde estadunidenses (NIH), centenas de laboratórios de todo o mundo se uniram à tarefa de sequenciar, um a um, os genes que codificam as proteínas do corpo humano e também aquelas sequências de DNA que não são genes. Laboratórios de países em desenvolvimento também participaram do empreendimento com o objectivo de formar mão-de-obra qualificada em genómica.

[115] O **genoma humano** é um genoma (do grego geo: que forma e ma: ação) do *Homo sapiens*, é a seqüência dos 23 pares de cromossomos do núcleo de cada célula humana diplóide. Dos 23 pares, 22 são cromossomos autossômicos e um par é determinante do sexo (o cromossomo X nas mulheres e o cromossomo Y nos homens). O Projeto Genoma Humano produziu uma seqüência de referências do genoma humano eucromático, usado em todo o mundo e nas ciências biomédicas. O genoma humano possui cerca de 27.000 genes, que codificam todas as proteínas humanas com exceção daquelas codificadas pela mitocôndria. A seqüência de DNA que conforma o genoma humano contém codificada a informação necessária para a expressão altamente coordenada e adaptável ao ambiente, do conjunto de proteínas humanas, o proteoma. As proteínas e não o DNA, são as principais biomoléculas reguladoras, sinalizadoras, organizando-se em enormes redes funcionais de interação.Em definitivo, o proteoma fundamenta particularmente a morfologia e a funcionalidade de cada célula, assim como, a organização estrutural e funcional de células distintas conforme cada tecido, órgão e finalmente um organismos em seu conjunto. Assim o genoma humano contém a informação básica necessária para o desenvolvimento físico de um ser humano completo.

Contudo, a descoberta levanta uma importante polêmica que domina o campo da Política, da Economia, do Direito e da Ética. Eis que empresas, objetivando o lucro, financiam pesquisas nesta área da engenharia genética sem prever os resultados negativos da modificação da constituição genética de humanos e animais. Neste sentido, idealiza-se a fecundação artificial e a procriação de órgãos em seres humanos e animais para sua comercialização.

Diz-se que a modificação da constituição genética em humanos e animais poderia acarretar anomalias no ecossistema, fundamentalmente no campo microbiológico.

Tais desequilíbrios poderiam trazer como consequência negativa a destruição da humanidade, sendo que a Ética e, também o Direito, teria a encomenda de evitar e desacelerar a carreira desenfreada que conduz à manipulação do ser humano e a consequente catástrofe da humanidade.

Eis que: "ontem a limitação de nossos conhecimentos nos preocupava. Hoje, o uso indiscriminado desses conhecimentos nos assusta. Amanhã, por nossas leis e atos, nos lamentaremos".[116] Veja-se aí a razão da Bioética e do Direito, áreas importantes do saber que, com um enfoque funcionalista objetivam a preservação da humanidade, oferecendo conceitos, teorias, princípios e modelos básicos para o julgamento moral e para a tomada de decisão.

Vimos que o avanço da ciência e da técnologia tem suscitado diversos problemas bioéticos. Para uma melhor resolução de tais problemas, alerta-se para não separar a Ciência da Moral nem o Direito da Bioética. Eis que tais áreas do saber humano, juntas, complementam a compreensão das consequências da utilização inconsequente de tal avanço.

Todavia os problemas da Bioética passam a ser cuidados Direito: Direito Penal, Direito Civil, Direito Administrativo, Direito Internacional etc., disciplinas concebidas como verdadeiros instrumentos da realização dos valores e dos princípios bioéticos.

A Bioética como disciplina, nos orienta na tomada de decisões perante os desafios que a complexidade da vida moderna nos reserva. Todo e qualquer dilema bioético deve sua origem à concepção do homem como ser social, perante a diversidade de ideologias e crenças.

Se por um lado o conhecimento humano é limitado, por outro, a ausência de consciência moral influencia na tomada de decisões. Nesse sentido, a melhor solução dos dilemas éticos, e mais especificamente, bioéticos, ainda preocupa a juristas e eticistas.

Contudo, definimos o dilema como o conflito cuja resolução nos obriga a desenvolver um raciocínio reservando duas alternativas, de sorte que cada uma delas nos conduz à mesma consequência.

Destarte, os dilemas biéticos podem vir a significar o conflito moral derivado de uma dada situação-problema para o qual, como soluções possíveis, reservam-se duas conclusões indesejáveis ou penosas. Vejamos os seguintes exemplos:

---

[116] JIMÉNEZ SERRANO, Pablo. *Compendio de Metodologia da Ciência do Direito*. Primeira Parte. São Paulo: Catálise, 2004.

a) admitimos que uma situação mereça uma determinada solução conflitante com os *interesses sociais* e conforme aos nossos *interesses pessoais* ou;

b) admitimos que a mesma situação mereça solução conflitante com os nossos *interesses individuais*, mas conforme aos *interesses coletivos* ou sociais.

Ao tentar resolver o dilema assumimos uma postura, derivando disso as seguintes conclusões possíveis:

Primeira: A primeira opção *(a)* nos obriga a tomar decisão contrária à moral predominante, conflitando assim com os valores e princípios morais (exemplos: vida, responsabilidade social). Logo, as nossas deliberações e ações podem ser consideradas egoístas, imorais ou socialmente inaceitáveis.

Segunda: A segunda opção *(b)* nos força a agir conforme os interesses sociais e em detrimento dos nossos próprios interesses e direitos individuais: liberdade, lucro, patrimônio, propriedade privada etc.

Dizemos então que, como visto no tema anterior, em diversas situações o conflito entre valores e entre valores e princípios nos deixa praticamente sem resposta. Ora, caberia perguntar, por exemplo:

1- Até que ponto um médico pode acelerar a morte de um paciente? Deveria ele consultar uma equipe médica ou aos familiares?

2- O que legitima a decisão dos familiares e juízes nesses casos?

3- Existe alguma instituição social legitimada para decidir sobre a vida de uma pessoa?

Todavia, no marco da Bioética formulamos a seguinte questão: O que é considerado moral, imoral, legal ou ilegal? Vejamos, por exemplo, que em alguns casos:

a) a moral vigorante reprime o aborto, mas noutros a lei o permite;

b) uma parte da sociedade repudia a mudança de sexo, mas a jurisprudência a autoriza;

c) algumas tendências religiosas rejeitam a transfusão de sangue mesmo em detrimento da vida.

Vale lembrar que a legislação vigorante prescreve a inviolabilidade da liberdade de consciência e de crença, sendo assegurado o livre exercício dos cultos religiosos e garantida, na forma da lei, a proteção aos locais de culto e a suas liturgias. (Veja-se artigo 5º, VI da Constituição Federal)

Poderia um juiz decidir sem uma referência teórica ou sem observar uma hierarquia valorativa e principiológica?

Neste curso trataremos de orientar o que deve ser privilegiado nesses casos, objetivando a resolução de problemas bioéticos. Daí "convicções subjetivas (baseadas em considerações pessoais) *versus* convicções objetivas (baseadas em valores, princípios e normas morais) é o primeiro e o principal dilema a ser enfrentado".

Para melhor compreender a complexidade do assunto em estudo, a seguir, propomos estudar alguns dos problemas dos quais a Bioética Clínica cuida.

Os problemas dos quais a Bioética se ocupa são, entre outros, questões sobre aborto, eutanásia, qualidade de vida, aplicações da ciência e da tecnologia (por exemplo, no Projeto Genoma) na vida humana, questões sobre o meio ambiente e os animais etc. Os problemas relacionados aos profissionais da saúde (médicos, fisioterapeutas, psicólogos, enfermeiros) também estão associados a temas bioéticos.[117] Como veremos nos próximo capítulo alguns desses problemas já são cuidados pelo Direito e mais, precisamente, pelo Biodireito.

Os problemas bioéticos envolvem verdadeiros dilemas que repercutem na esfera de decidibilidade. Neste ponto julgamos conveniente observar que a decisão de uma solução possível depende muitas vezes da postura ou orientação ideológica, religiosa, política, médica, psicológica, histórica e sociológica. Alguns desses problemas são pensados com base num enfoque marcadamente biologistas e evolucionistas.[118] Vejamos alguns deles.

Conforme explica José Roberto Goldim[119], a Bioética Clínica é a identificação, análise e resolução de problemas (ou dilemas) morais que surgem no cuidado individual de pacientes. Diz-se de um campo de aplicação da Bioética que exige domínios dos conceitos morais, científicos: médicos e jurídicos. Dentre as questões que assumem maior relevância, continua o citado autor, no âmbito da saúde ressaltam-se as seguintes:

a) Quebra de confidencialidade;

b) Alocação de Recursos Escassos;

c) Transplantes de órgãos;

d) Alimentos Transgênicos;

e) Animais Transgênicos;

f) Dignidade da Pessoa Humana: Início da vida e fim da vida;

g) Uso de tecnologias reprodutivas: reprodução assistida;

h) Uso de células-tronco embrionárias;

i) Clonagem humana;

j) Aborto;

k) Transfusão de sangue;

l) Eutanásia: definição de morte;

m) Experiência com seres humanos;

n) Mudança de sexo.

Alguns desses problemas, por serem também considerados problemas do Biodireito, serão estudados separada e sucessivamente nos próximos temas, tais são, aborto, transfusão de sangue e eutanásia. Vale observar que a resolução dos problemas

---

[117] DALL' Agnol, Darlei. *Bioética.* Rio de Janeiro: Jorge Zahar Ed., 2005, p. 7.

[118] DALL' Agnol, Darlei. *Bioética.* Rio de Janeiro: Jorge Zahar Ed., 2005, p. 13.

[119] Bioética Clínica. Disponível em: http://www.ufrgs.br/bioetica/bioclin.htm. Acesso em 25 de julho de 2010.

bioéticos não implicam verdades, objetiva-se, porém, fazer justiça, com base na moral dominante e com o auxílio de teorias ou modelos conhecidos e pré-existentes.

Assim, como diversas são as variações (dimensões) éticas também variadas são as teorias.

3.2 Teorias éticas

Como formando parte da ética está toda teorização construída com base nas *condutas morais*. Eis um motivo suficiente que nos faz indagar acerca do papel das teorias éticas.

Várias são as teorias éticas. Para Robert Henry[120] as mais relevantes são as seguintes:

1- A *ética da convicção*, entendida como deontologia (tratado dos deveres);

2- A *ética da responsabilidade*, conhecida como teleologia (estudo dos fins humanos).

De acordo com o autor a *ética da convicção* promove o cumprimento das obrigações seguindo as prescrições pré-estabelecidas. É uma ética que se pauta por valores e normas previamente estabelecidos e cujo efeito imediato consiste em moldar as ações que deverão ser praticadas. Num mundo assim regrado, deixam de existir dilemas ou questionamento. Tal qual a mãe católica que nega *a priori* qualquer cogitação de aborto. Esta matriz, todavia, desdobra-se em duas vertentes: a) a do *princípio*, que se atém rigorosamente às normas morais estabelecidas, num deliberado desinteresse pelas circunstancias, e cuja máxima sentencia: "Respeite as regras haja o que houver"; b) a da *esperança,* que se ancora em idéias, moldada por uma fé capaz de mover montanhas, e cuja máxima preconiza: "O sonho antes de tudo".

Essas vertentes, diz o autor, correspondem a modulações de deveres, preceitos, dogmas ou mandamentos interiorizados pelos agentes ao longo dos anos. Posto isso, como é possível instituir infinitas tábuas de valores, no cadinho da ética da convicção forma-se um sem-número de morais do dever. Ou, dito de outra forma, o modo de decidir e de agir que a ética da convicção prescreve conforma muitas morais. Veja-se que os dispositivos que compõem os códigos morais traduzem valores, princípios, normas ou idéias e vão sendo aplicados pelos agentes a situações concretas. Funcionam, portanto, como receituários, compêndios de prescrições ou manuais de instruções a seguir nas mais diversas ocorrências.

A máxima da *ética da responsabilidade*, de acordo com Robert Henry[121], por sua vez, apregoa que somos responsáveis por aquilo que fazemos. Os agentes avaliam os efeitos previsíveis que uma ação produz; contam obter resultados positivos para a coletividade; e ampliam o leque das escolhas ao preconizar que "dos males, o menor". É um tipo de ética que não converte princípios ou idéias em práticas do cotidiano, tal como o faz a ética da convicção, nem aplica normas ou crenças previamente estipuladas, independentemente dos impactos que possam ocasionar. Analisa as

---

[120] WEBER, Max. *Lê Savant et lê Politique.* Paris: Union Générale d'Éditions, 1959, p. 166-185, *apud*, SROUR, Robert Henry. *Ética empresarial.* Rio de Janeiro: Campus, 2000, p. 50.

[121] SROUR, Robert Henry. *Ética empresarial.* Rio de Janeiro: Campus, 2000, p. 50 - 54.

situações concretas e antecipa as repercussões que uma decisão pode provocar. Ganha legitimidade a ação que produz um bem maior ou evita um mal maior.

Também, como ensina nosso autor, para a ética da responsabilidade reservam-se duas vertentes: a) A *utilitarista* concepção que promove que as ações produzam o máximo de bem para o maior número, isto é, que possam combinar a mais intensa felicidade possível (critério da eficácia) com a maior abrangência populacional (critério da equidade); sua máxima recomenda: "Faça o maior bem para mais gente"; b) A *finalidade* determina que a bondade dos fins justifica as ações empreendidas e supõe que todas as medidas necessárias serão tomadas; sua máxima ordena: "Alcance os objetivos custe o que custar".

Em suma, o domínio das anteriores concepções estimula a tomada de decisões e nos orienta no processo de solução de problemas enfrentados no cotidiano, assumindo posturas perante os diversos problemas teóricos e práticos. O conhecimento ético traz à tona questões polemicas e demarca um leque de opções para enfrentá-las. O conhecimento ético oferece um quadro de referências para as decisões corporativas, na medida em que exige uma análise de conjunto, induz a mapear os diferentes interesses dos agentes envolvidos com as empresas e faz com que sejam levados em consideração.[122]

[122] SROUR, Robert Henry. *Ética empresarial*. Rio de Janeiro: Campus, 2000, Prefácio, p. 11.

CAPÍTULO 4
ÉTICA PROFISSIONAL

No presente capítulo estudar-se-ia, da ética, sua expressão pragmática ou prática, isto é, como uma área do saber humanos que também objetiva, de forma aplicada, orientar o comportamento humano nas diferentes profissões. De fato, a ética estendeu suas raízes e, certamente, como filosofia da moral, ramificou-se nas diferentes profissões e, nisto consiste sua importância prática. Diz-se de uma ética que objetiva a edificação da consciência moral do profissional: esperando-se, assim, do médico, do professor, do enfermeiro, do engenheiro, do juiz, do promotor, do advogado etc. o respeito a sua profissão, em face da vida, de uma melhor educação, da concretização dos direitos e da dignidade dos seus pacientes, alunos, usuários, clientes ou consumidores e, com base na observância dos cânones de cada uma das profissões.

4.1 Ética profissional

Podemos definir a Ética profissional com uma Ética aplicada ou prática, isto é, uma Ética aplicada às profissões. Assim, para melhor entender o tema da Ética profissional definimos a profissão como uma atividade sócio/individual e cooperada que objetiva a contribuição do ser humano para com o desenvolvimento da sociedade: da dignidade e da cidadania.

De acordo com John Haldane[123], a *Ética aplicada* é uma extensão da ética que tem como aspecto central a aplicação mais ou menos sistemática de uma teoria moral a problemas morais específicos. É uma denominação que abrange questões morais específicas de cada ramo do saber humano, a saber, *Ética médica* (questões sobre aborto e eutanásia), *Ética nos negócios* (Ética administrativa e empresarial), *Ética ambiental*, *Ética de gêneros sexuais*, *Ética jornalística* etc. Com efeito, afirma o citado autor, chegou-se a um ponto em que há pouquíssimas áreas da atividade humana que não são objeto de algum ramo da *Ética aplicada*. Assim, por exemplo, importantes questões de direitos civis, de Ética sexual, da moralidade da guerra e de bioética tornaram-se temas proeminentes do debate público.

De acordo com o citado autor, a ascensão e a expansão dessa área da filosofia se devem a diversas causas. Na primeira metade do século XX, a filosofia moral consistiu quase exclusivamente de metaética. Suas principais preocupações foram, e continuam a ser, se os valores e exigência são característica do mundo ou meros produtos da preferência e do compromisso humanos, e se a linguagem da moralidade é *descritiva*, *expressiva* ou *prescritiva*. Tais discussões tornaram-se distantes do pensamento moral efetivo, em parte porque, devido a sua própria natureza, elas faziam abstração de ~~perspectivas morais específic~~as, mas também porque a linguagem em que foram

[123] HALDANE, John. *Ética aplicada*, in BUNNIN, Nicholas e E.P. Tsui-James (orgs). "Compêndio de Filosofia". São Paulo: Loyola, 2002, p. 718.

apresentadas era técnica e filosófica, não devendo nada aos vocabulários éticos usuais. Embora o estudo da metaética tenha produzido uma filosofia analítica de ótima qualidade, os problemas morais foram deixados inteiramente de lado, e o nível intermediário de teoria moral também foi negligenciado. Deixar-se-ia, assim, de falar de ética para falar da ciência e da linguagem da ética.

No entanto, as sequelas da Segunda Guerra mundial: o incessante avanço da tecnologia, a fabricação de armas de destruição em massa, a desenfreada carreira pela propaganda e conquista de novos mercados, a maximização dos serviços, o uso de meios eletrônicos para registrar e difundir informação e a visível falta de tutela dos direitos dos cidadãos engendrou um novo pensamento moral voltado para os problemas *ético-práticos*. Alguns desses problemas *ético-práticos*[124] começaram a merecer um tratamento diferenciado por serem de extremo interesse para o cidadão em geral e para o estudioso do Direito, em particular. Problemas socioeconômicos e jurídicos, a saber: administrativos, empresariais, trabalhistas e, em geral, questões que atingem a cidadania também estão associadas à Ética aplicada.

Na opinião de John Haldane, aumentaria, assim, a pressão por um pensamento moral sistemático sobre os valores fundamentais e a base da conduta. Questões de direito civis, de Ética sexual, da moralidade da guerra e de bioética tornaram-se temas proeminentes do debate público, e a sociedade começo a se dividir entre conservadores e radicais, absolutistas e relativistas. No final dos anos 1960, entretanto, o subjetivismo metaético começou a perder terreno para concepções mais objetivas. Diz-se de um novo pensamento sobre problemas práticos à luz de princípios gerais, a saber, da *casuística moral*. As expressões atuais "Ética aplicada" e "Filosofia aplicada" sugerem um processo em dois estágios. Em primeiro lugar, elaboram-se alguns princípios filosóficos gerais, que são então aplicados a determinada questão. Segundo essa aplicação não é preciso haver nada de filosófico em ralação ao segundo estágio; em vez disso, ele deve ser um processo algorítmico ou mecânico. Já para os casuístas medievais e modernos, o tratamento dos casos particulares é ele próprio um exercício de raciocínio moral, não menos do que a elaboração dos princípios gerais. Com efeito, não é preciso haver duas tarefas distintas envolvidas. Em vez disso, a determinação do geral e do particular pode fazer parte de um único procedimento complexo, similar, em alguns aspectos, ao estabelecimento na metodologia rawlsiana de um estado de "equilíbrio reflexivo".[125]

Outra diferença marcante entre *casuística*, ou *filosofia moral prática*, e a *Ética aplicada*, destacada por John Haldane[126], revela-se no fato de que, enquanto alguns autores contemporâneos supõem que não existem valores morais específicos, mas apenas princípios gerais indiferentes, outros tenderam a desenvolver explicações de virtudes e de valores específicos às diferentes repartições da vida. Assim, por exemplo, pensou-se na castidade como uma virtude especificamente sexual, e não como uma instancia, digamos, da prudência. Contudo, a mais importante área do pensamento casuístico talvez resida na abordagem da violência em larga escala, em relação à qual ele desenvolveu a doutrina de *guerra justa*, com seus diversos valores morais específicos, como a de imunidade do *não-combatente*.

Quanto ao futuro da Ética prática o nosso autor considera que os filósofos ~~morais (ou moralistas) contem~~porâneos que se ocupam da prática fariam bem, daqui por

[124] Ibid., p. 723. [*O desenvolvimento dos meios eletrônicos de recolher e registrar dados suscitaram preocupações cada vez mais intensas sobre a privacidade, e como a tecnologia reprodutiva despertou preocupação com os limites de controle sobre a criação da vida*].
[125] Ibid., p. 718-722.
[126] Ibid., p. 722.

diante, em adotar uma parte do enfoque da casuística e a Filosofia prática, mais que pensar, como fazem hoje, nos termos específicos sugeridos pela expressão "Ética aplicada". Sem dúvida, há necessidade, e uma margem considerável, para um estudo filosófico da prática de pensar sobre a prática – ou seja, há uma demanda por uma explicação "metafilosófica" do raciocínio moral.

4.1.1 Princípios da Ética profissional

Questões relativas à Ética profissional ou aplicada: na economia e nos negócios, na medicina, no direito, na política ou no jornalismo, por exemplo, tiveram como base a natureza e o papel que cada profissão desempenha na vida social e a consequente aplicação a ela de determinados princípios éticos gerais.[127]

O desenvolvimento dos meios eletrônicos usados para coletar, processar e registrar dados suscitou preocupações cada vez mais intensas sobre a privacidade. A tecnologia reprodutiva, igualmente, despertou preocupação com os limites de controle sobre a criação da vida[128]. Começou-se a pensar na preservação dos direitos do ser humano levantando-se, assim, a questão de como agir perante problemas específicos de cada área.

Usou-se a denominação "Ética prática", também para indicar àquela parte da ética que orienta a aplicação dos princípios e regras ético-normativa a questões morais cotidiana. Assim, a partir de princípios supostamente válidos (por exemplo, o do respeito à autonomia das pessoas), podemos discutir problemas bioéticos tais como aborto, eutanásia etc[129]. Trata-se de uma ética que deixou de ser especulativa para se transformar em objetiva e orientadora. Idealizaram-se, desta forma, grupos de princípios éticos que um profissional em qualquer área poderia invocar, a saber:

1 *Respeito profissional.* Respeite a autonomia das pessoas. Respeitar a autonomia é respeitar a capacidade da pessoa de escolher e decidir. Uma pessoa tem valor, não preço: ninguém pode ser manipulado ao bel-prazer dos outros.[130]

2 *Previsibilidade profissional.* Significa que devemos ser previsíveis com nossas ações, prevendo os possíveis danos causados por nossos atos.

3 *Responsabilidade profissional.* Devemos considerar e assumir sempre as consequências futuras das nossas ações. Procurando significar o princípio de responsabilidade profissional Hans Jonas[131] propõe a seguinte idéia básica: devemos sobreviver e, para isso, devemos considerar as consequências futuras das nossas aplicações da ciência e da tecnologia.

Como subordinadas aos anteriores princípios ligam-se as regras que norteiam as práticas profissionais e que "valem no nosso senso moral comum, para orientar nossas ações cotidianas"[132]. Tais são: a) não mentir (fale a verdade); b) ser prudente; c) agir em

---

[127] SKORUPSKI, John. *Ética*, in BUNNIN, Nicholas e E.P. Tsui-James (orgs). "Compêndio de Filosofia". São Paulo: Loyola, 2002, p. 198.
[128] HALDANE, John. *Ética aplicada*, in BUNNIN, Nicholas e E.P. Tsui-James (orgs). "Compêndio de Filosofia". São Paulo: Loyola, 2002, p. 723.
[129] DALL' AGNOL, Darlei. *Bioética*. Rio de Janeiro: Jorge Zahar Ed., 2005, p. 9.
[130] Ibid., p. 16.
[131] DALL' AGNOL, Darlei. *Bioética*. Rio de Janeiro: Jorge Zahar Ed., 2005, p. 13.

[132] Ibid., p. 20.

benefício dos outros (proteger os direitos dos outros); d) respeitar a privacidade e o sigilo; e) não causar danos (prevenir danos); f) proteger as informações confidenciais; g) ser transparente; h) ajudar aos outros na tomada de decisões etc.

Atualmente, de maneira específica, por exemplo, se estuda a Ética na profissão forense, reservando-se assim, um grupo de princípios e regras orientadoras da atividade jurídica. Aqui o vocábulo "profissão" é entendido como a atividade ou ocupação especializada, desenvolvida observando os interesses e as necessidades pessoais e sociais e que supõe determinado preparo intelectual e moral. Eis uma definição por meio da qual se realça, em primeiro lugar, a finalidade essencial do desempenho de qualquer profissão: satisfação de interesses pessoais e sociais, objetivo para o qual é preciso, em segundo lugar, uma dada formação intelectual e moral, o que pressupõe consciência, respeito e responsabilidade social.

Como se vê a profissão não é atividade que deve ser desenvolvida unicamente em proveito próprio. Ela tem, em essência, uma função social. Daí, como bem ensina José Renato Nalini[133], a função social da profissão não é incompatível com a satisfação do bem particular de quem a exercita. De acordo com o nosso autor, ambos objetivos se conjugam, adotando-se o serviço contemplando o bem alheio e com o intuito de atender à própria necessidade de subsistência. A definição referenciada na obra do citado autor que, sob enfoque eminentemente moral, conceitua-se profissão como uma atividade pessoal, desenvolvida de maneira estável e honrada, ao serviço dos outros e a benefício próprio, de conformidade com a própria vocação e em atenção à dignidade da pessoa humana.

O sentido da definição anterior repercute ainda mais quando trazida ao foro judicial, devido ao papel que desempenham os profissionais da esfera jurídica. Se bem todas as profissões demandam de normas éticas (código de regras específicas), a profissão jurídica exige, além de normas morais comportamentais (contexto normativo: deontologia jurídica), uma formação moral consciente capaz de orientar o profissional: advogado, promotor, juiz etc. na defesa efetiva dos direitos sociais.

[133] NALINI, José Renato. *Ética geral e profissional*. 4. ed.. ver. e atual. São Paulo: Rt, 2004, p. 189 - 190.

CAPÍTULO 5
ÉTICA NAS PROFISSÕES JURÍDICAS

No capítulo 4 definimos a Ética profissional como aquela Ética aplicada às profissões. Esta definição nos permite compreender que, de fato, existe uma relação entre a ética e as diferentes profissões jurídicas, o que também se entende como a ética das profissões forenses. De fato, a ética nas profissões jurídicas se revela a partir da relação de respeito entre advogados, magistrados, membros do Ministério Público e, entre todos eles e os cidadãos que são, afinal, os destinatários da justiça, sendo que o desempenho de todas as profissões jurídicas há de almejar a dignidade da pessoa humana, a ordem e a convivência pacífica.

5.1 A Ética forense

A Ética forense é aquela ética necessária ao foro judicial. De fato, todas as profissões jurídicas reclamam da ética. Daí a importância das regras deontológicas que prescrevem o comportamento dos profissionais do direito. Assim sendo, existe uma ética dos juízes, dos promotores dos advogados etc.

A atividade profissional jurídica rege-se por um código de regras que definem os deveres morais dos juristas ou operadores do direito. Esse código de regras define o que, a seguir, chamaremos de Deontologia Jurídica, isto é, a Deontologia das Profissões jurídicas, aquela que contem, de forma sistematizada o conjunto de normas: princípios e regras que estabelecem os deveres morais específicos definidos para a atividade judiciária e extrajudiciária estabelecidas em disposições legais.

Neste sentido, "há que distinguir os princípios deontológicos de caráter universal (probidade, desinteresse, decoro) e os que resultam vinculados a cada profissão jurídica em particular: a independência e imparcialidade do juiz, a liberdade no exercício profissional da advocacia, a promoção da justiça e a legalidade cujo desenvolvimento corresponde ao Ministério Público etc."[134]

5.1.1 Deontologia forense

Deontologia é o estudo das normas: princípios e regras que servem de fundamento a um sistema de moral que define os deveres e orienta a conduta profissional.

[134] NALINI, José Renato. *Ética geral e profissional*. 4. ed. Rev. e atual. São Paulo: Rt, 2004, p. 193.

A Deontologia Forense, explica José Renato Nalini[135], "designa o conjunto das normas éticas e comportamentais a serem observadas pelo profissional jurídico". Conforme ensina o citado autor à deontologia profissional e forense aplica-se um princípio fundamental: agir segundo *ciência* e *consciência*. A primeira (a ciência) refere-se ao conhecimento técnico exigível a todo profissional. Assim, o primeiro dever ético do profissional é dominar as regras um desempenho eficiente na atividade que exerce. Para isso, precisará ter sido um aprendiz aplicado, seja no processo educacional formal, seja mediante inserção direta no mercado de trabalho, onde a experiência é forma de aprendizado. Diz-se também do aperfeiçoamento constante (educação continuada) ao qual todo profissional deve-se dedicar.

Já, a segunda (a consciência) define-se como o modo habitual de julgar uma certa matéria no campo ético: fala-se então de consciência reta que é objeto contínuo de aperfeiçoamento. Mas além da "ciência", continua o citado autor, o profissional deverá atuar com consciência, observando sempre que existe uma função social a ser desenvolvida em sua profissão.

Definimos a consciência como um atributo, próprio do ser humano, que lhe permite ao homem tomar decisões com senso de responsabilidade, honradez, probidade e respeito para com o próximo.

Mas, ao princípio geral: *agir segundo ciência e consciência*, como a seguir veremos, alguns outros princípios estão relacionados.

5.1.1.1 **Princípios da deontologia forense**

O estudo da deontologia forense exige do conhecimento e internalização de vários importantes princípios específicos conhecidos que, a seguir, estudaremos o que facilitará a compreensão da eticidade do trabalho do advogado.

Neste sentido, achamos importante, de forma, resumida, reproduzir alguns desses princípios conferidos na obra de José Renato Nalini[136]. Vejamos:

a) Princípio da conduta ilibada. Diz-se da conduta sem mancha, pura, incorrupta, que observa um Código de Ética próprio do ramo, este sempre foi um dos requisitos exigidos, por exemplo para ser Ministro do Supremo Tribunal Federal).

b) Princípio da dignidade e do decoro profissional. Na profissão e também na vida privada, no âmbito estrito da prestação dos serviços profissionais. A dignidade e o decoro profissional, de acordo com o nosso autor, são suscetíveis de serem lesados quando se pleiteia remuneração excessiva. Ou quando se atua como malicia e quando predomina a falta de sinceridade e com abuso de poder, se exercita a publicidade exagerada, a captação de clientela, em carreiras que se baseiam na confiança e não em relações de comércio. Sendo que modernas técnicas de divulgação podem ser usadas sem contrariar preceitos éticos.

c) Princípio da incompatibilidade. Significa que a carreira jurídica, não é acumulável com outras, a exceção do magistério. De fato, o exercício conjunto da profissão forense com outra ou outras profissões provocaria interferência na esfera

---

[135] NALINI, José Renato. *Ética geral e profissional*. 4. ed. Rev. e atual. São Paulo: Rt, 2004, p. 193-195.
[136] NALINI, José Renato. *Ética geral e profissional*. 4. ed.. ver. e atual. São Paulo: Rt, 2004, p. 196.

profissional, pois propiciaria a captação de clientela, o que geraria incompatibilidade com a finalidade das profissões jurídicas.

d) Princípio da correção profissional. Diz-se de um comportamento sério, discreto, sem ser anônimo, reservado sem ser inacessível; cortês, honesto. Pauta-se por uma orientação moral acima de qualquer suspeita.

e) Princípio do coleguismo. Visão de comunidade, de colaboração visando uma e única missão: realizar a justiça.

f) Princípio da diligencia. Conceito que está na base de toda relação profissional e implica cuidado, zelo, aplicação: não ser negligente na representação e nos negócios.

g) Princípio do desinteresse. Princípio que tem como base o não usar em proveito próprios os assuntos dos quais conhece, excluindo-se, logo, toda e qualquer ambição ou aspiração pessoal. É um princípio inspirador dos chamados a integrar as carreiras jurídicas: Magistratura, Ministério Público, Procuradorias, Defensorias Públicas, Polícia, Advogados e mesmo o Magistério Jurídico.

h) Princípio da fidelidade e da confiança. É princípio central de toda representação jurídica. Toda e qualquer representação jurídica: mandato é um contrato de confiança.

i) Princípio da independência profissional. A independência profissional exclui qualquer vínculo que possa interferir na atuação e de condicionar a conduta do profissional a área jurídica. A não independência profissional fere a função social das profissões forenses. Assim, por exemplo, a atividade do advogado desenvolve-se de forma independente e desvinculada dos poderes Executivo, Legislativo e Judiciário.

j) Princípio da reserva. Que implica prudência durante o exercício profissional, visando salvaguardar a intimidade do interessado.

k) Princípio da lealdade e da verdade. Lealdade e verdade são princípios básicos das profissões forenses. O dever de agir como liberdade e com fundamento na verdade procede da atividade contratual da qual são oriundos os serviços jurídicos. A lealdade é condição da imparcialidade e a verdade da justiça.

l) Princípio da discricionariedade. Que procede sem restrições. A profissão jurídica é exercida com a devida liberdade profissional na interpretação e solução dos casos.

Os anteriores princípios orientam a conduta de juízes, promotores, advogados etc. facilitando a correção da conduta e a interpretação e aplicação dos códigos de éticas vigorantes.

5.2 Diálogo entre o direito e a moral

As questões éticas abraçam as razões de toda atividade humana. A ética não é tudo, mas se estende a tudo. Ela se faz presente, mais especificamente, naquelas ciências sociais que também se ocupam da conduta humana como é o caso do direito. Eis que na ética e no direito se analisam questões relativas à conduta (comportamento) humana, aspecto que, na maioria das vezes, se nos apresentam como cerne dos estudos desenvolvidos em ambos as áreas do saber. Este parece ser o motivo pelo qual as concepções e doutrinas éticas marcam decisiva presença na teoria e na prática jurídica.

Talvez por esse motivo diversos doutrinadores começam-se a interessar pela construção de um conceito generalizador do direito e da ética, priorizando assim o estudo dos termos considerados mais importantes, a saber: *justiça, moralidade, princípios, valores, norma, responsabilidade, virtude, felicidade etc.*

A questão da justificação das sentenças ou afirmações (proposições) jurídicas e morais também começou a ser decisiva. O critério de "verdade" e de "validade" passara a ser observado como resultado da distinção e do significado dos termos constituintes das proposições. Assim, como na filosofia e na ética, diversas afirmações (proposições) jurídicas seriam consideradas como verdades analíticas, por exemplo: "*o direito é um conjunto de normas*", "*a ética tem como objeto a moralidade*" etc. Tais proposições consideram-se verdadeiras, devido à definição das palavras nelas usadas, deveriam ser consideradas como verdadeiras *a priori*. Já para outras proposições, as "sintéticas", o critério de "falsidade" se faria depender da relação existente entre ditas proposições e os fatos do mundo objetivo. As proposições sintéticas seriam "verdadeiras" por causa de sua relação com um fato empírico e não pela questão da definição, por expressar verdades empíricas *a posteriori* sobre o mundo real independentemente da linguagem (termos ou palavras) nelas usadas. Desta forma, era um pressuposto básico do positivismo lógico que todas as proposições significativas eram ou analíticas ou empíricas (sintéticas), sendo o significado de uma proposição apenas seu método de verificação.[137]

No entanto, uma nova orientação da filosofia analítica começaria a surgir a partir dos anos 1970 e 1980. Como resultado da crítica ao reducionismo fenomenalista surgiria um novo tratamento da relação entre proposições analíticas e sintéticas. Nesse sentido, é significativa a crítica feita por W.V.O Quine em um importante artigo intitulado "Dois dogmas do empirismo", onde o autor sustenta que devemos pensar na linguagem da ciência como sendo uma rede complexa que se orienta à verificação empírica apenas em suas margens. De acordo com o autor, a linguagem não é atomística, isto é, não se compõe de um conjunto de proposições em que cada uma pode ser avaliada isoladamente. Pelo contrário, consiste em uma rede holística na qual as proposições como grupos são confrontadas com a experiência. Atualmente, a maioria dos filósofos aceita uma ou outra versão da rejeição por Quine da distinção entre analítico e sintético. A rejeição da distinção entre proposições analítica e sintética teve profundas consequências para a filosofia analítica.[138]

Tais consequências, de fato, repercutiram na forma de pensar as ciências, especialmente, o direito e também a ética, consequências que tem uma significativa transcendência teórico-metodológica na elaboração, interpretação, pesquisas de doutrinas e normas jurídicas e éticas. Daí as questões que preocupam: É a ética uma ciência? É o direito uma ciência? É a ética a ciência da moral? É o direito um conjunto de norma?

A Filosofia do Direito passou a se situar na interseção de vários problemas. Alguns desses problemas são concernentes à relação entre "direito e moralidade" e ao estatuto lógico (descritivo ou prescritivo) das proposições[139]. Considera-se, assim, a norma jurídica como um tipo de proposição que, formando parte de uma ampla rede ou contexto normativo, se liga à norma ética marcando um limite entre o que deve ou não deve ser feito. Esta afirmação faz supor a necessidade de observar a importância do

---

[137] SEARLE, John R. *Filosofia contemporânea nos Estados Unidos*. Op.cit., p. 3.

[138] Ibib., p. 7.

[139] Ibid., p. 12, 389.

associacionismo proposicional que, como um verdadeiro recurso teórico-metodológico, nos permite compreender a relação necessária entre as dimensões factual, normativa e valorativa, além do entrelaçamento existente entre proposições, teorias e contextos (ou discursos).

Em suma, quando fazemos direito e ética necessariamente referenciamos um dado setor da realidade social usando proposições, e assim percebemos a maneira com que a multiplicidade de objetos: fenômenos, condutas e coisas se fazem corresponder com uma interessante variedade de espécie de proposições, que se distinguem pela sua estrutura, função ou finalidade.

O trabalho desenvolvido em ambas as áreas de conhecimento: direito e ética se concentra na análise das palavras e das letras que conformam os contextos ou discursos jurídicos e éticos. Daí, as proposições são elementos basilares para a idealização do que é moral e justo. É nesse sentido que acima afirmamos a utilidade da compreensão epistemológica das proposições, estudo que nos permite avaliar o papel deste importante construto na formação do conhecimento e na orientação (organização) da vida em sociedade.

Justifica-se, assim, o caráter decisivo da teoria hermenêutico-analítica, pois, todo processo intelectual desenvolvido nestas áreas tem como método a associação lógica, onde nem sempre está explícita a finalidade dedutiva. Assim, o associacionismo proposicional tem um papel de destaque na interpretação das teses e normas, no delineamento de problemas, objetivos, hipóteses e na solução de problemas jurídicos teóricos e práticos. O associacionismo proposicional aqui tem um papel de destaque pelo fato de ser considerado o direito e também a ética como conjunto de textos (contextos) ligados numa unidade complexa de sentidos, "cujos componentes só podem ser investigados em conexão recíproca dentro do sistema".[140]

As considerações acima expostas consolidam a idéia de que, embora exista uma pluralidade de modelos, teses ou concepções[141], todas elas acabam tendo um sentido, uma expressão, quando se fala de textos, de discursos ou contextos. Daí que o direito, modernamente, seja muitas vezes visto como um fato comunicacional[142], isto é, como um sistema de comunicação, como um texto e a Ética como uma disciplina, um conjunto de conhecimento sistematizado que estuda as relações e condutas dos agentes sociais.

Resumindo, podemos significar a ética jurídica como uma área do conhecimento humano que estuda a moralidade e orienta o agir num campo especifico (jurídico): a conduta individual e coletiva nos obriga a redefinir o que pode ser considerado ético ou antiético.

5.3 Relações e diferenças entre o legal e o moral

---

[140] ROBLES, Gregorio. *O direito como texto: quatro estudos de teoria comunicacional do direito*. Op. cit., p. 14.

[141] Modelos: jusnaturalista e positivista (lógico-formalista ou realista) do direito. Teses que afirmam que o direito é *justiça*, que o direito é um conjunto de *normas* válidas, coerentes e vigorantes ou que o direito é um conjunto de *fatos* (direito é fato social).

[142] ROBLES, Gregorio. *O direito como texto: quatro estudos de teoria comunicacional do direito*. Trad. de Roberto Barbosa Alves. Barueri, São Paulo: Manole, 2005, p. 1-3.

Direito e ética estão na mesma dimensão superestrutural. Tais áreas de conhecimento são inseparáveis. Elas se inter-relacionam e complementam, assim como se observa quando falamos, por exemplo, na interpretação da normativa que tutela os direitos dos cidadãos: direitos humanos, direito do consumidor etc. Logo, pedimos para evitar colocar a consciência moral acima das exigências jurídicas de um determinado Estado.

Neste mesmo diapasão autores pátrios como, por exemplo, Pablo Stolze e Rodolfo Pamplona[143] consideram que um dos equívocos mais comuns do leigo é a confusão entre os campos do direito e a moral. De acordo com os autores, ainda que seus conteúdos se encontrem na propensão humana para realizar valores, distinguem-se direito e moral pelo aspecto formal de garantia externa do mínimo ético. A moral tem um campo de ação mais amplo que o direito, embora, do ponto de vista ideal, o norte ideológico é que eles se aproximem o máximo possível.

Autores estrangeiros como, por exemplo, Alf Ross[144] consideram que no domínio da moral não há legislador e, igualmente, não há juiz. Cada indivíduo, afirma Ross, decide por si o que julga moral ou apropriado. Do mesmo modo, a reprovação, a qual é a sanção para as violações da moral e dos usos convencionais procede de cada indivíduo e não de uma autoridade comum. Por conseguinte, não há moral ou convenção com vigência nacional, mas unicamente atitudes individuais mais ou menos paralelas.

Quanto à palavra "moral" Ross nos ensina que ela é usada como uma designação para as normas de conduta que são aprovadas pelo indivíduo em sua consciência, não é possível falar de moral como fenômeno objetivo da mesma maneira que é possível falar do direito. Quando no uso corrente da linguagem, diz o citado autor, se fala da "moral" como se fosse um sistema objetivo de normas análogo ao direito está se pagando tributo a uma interpretação metafísica da consciência como revelação de princípios *a priori*, auto-evidentes da razão. Finalmente, nosso autor conclui que o problema da relação entre direito e moral não pode ser formulado sob forma de uma comparação entre dois sistemas análogos de normas. Pelo contrário, é preciso mostrar como está relacionado o sistema institucional do direito com as atitudes morais individuais que predominam na comunidade jurídica. É obvio que é necessário haver um grau considerável de harmonia entre um e outras, já que um e outras estão radicados em valorações fundamentais comuns, na tradição cultural da comunidade. O ordenamento jurídico e as atitudes morais se acham também em relação de cooperação recíproca. As instituições do direito constituem um dos fatores do meio ambiente que moldam as atitudes morais individuais. Estas últimas, por sua vez, constituem parte dos fatores práticos que, através da *consciência jurídica moral* contribuem para moldar a evolução do direito.

As teses e argumentos de Ross nos conduzem a uma dada diferença entre direito e a moral. Assim, o autor afirma que, segundo o ponto de vista idealista, a diferença entre o direito e a moral pode ser expressa da seguinte maneira: enquanto a norma moral se origina na pura razão, inclusive no seu conteúdo, a validade do direito se vincula a um conteúdo terreno e temporal o direito positivo com seu conteúdo historicamente determinado.

---

143 GAGLIANO, Pablo Stolze; PAMPLONA FILHO, Rodolfo. *Novo curso de direito civil: Parte Geral.* São Paulo: Saraiva, 2005, p. 6 - 8.

144 ROSS, Alf. *Direito e Justiça.*Trad. Edson Bini – Rev. Alisson Leandro Mascaro. Bauru, SP: EDIPRO, 2000, p. 87 – 89, 91.

As tentativas por diferenciar as características do aparato normativo jurídica do ético ética têm tido como fundamento a pretensão, iniciadas faz mais de dois séculos e até hoje sem sucesso, de delimitar as esferas do direito e da ética. A tese que reconhece a primazia da ética sobre o direito pretende resolver o antigo problema da contravenção do direito justo pelo direito positivo. A afirmação da primazia do direito sobre a ética surge com a instauração do Estado propriamente estruturado (Estado constitucional), deriva das teorias do contrato social, a partir das quais o direito tem como origem assunto ético, fenômeno político, e o político desligado do ético, baseado na centralização do poder, depositado numa autoridade soberana instituída.[145]

Uma dada orientação ética, uma dada atitude individual ou social ética pode ser movida por normas morais e jurídicas, mediante pressão social, regulamentações etc.[146], e tão logo os meios não mais conduzirem a essa meta, devem ser eliminados. Assim sendo, de duas maneiras a legislação pode contribuir para a elevação dos padrões éticos: *primeiro*, com uma legislação clara e objetiva e, *segundo*, fazendo com que as leis sejam cumpridas.

De nada vale estar bem equipados, juridicamente falando se as leis não são respeitadas, não são eficazes (eficácia social). Em verdade, precisam-se definir os benefícios de uma legislação clara e objetiva. Precisam-se definir as condições necessárias para que a lei seja cumprida.

5.4 Fundamento ético do direito

A questão em destaque tem como antecedente importante a caracterização das normas morais e jurídicas.

Para Norberto Bobbio[147], as normas morais têm unicamente como sanção um sentimento de culpa (puramente interior), um estado de incômodo, de perturbação, de angustia que, na linguagem da ética se denomina "remorso" ou "arrependimento". Assim, como toda norma, enquanto prevê uma sanção, pode ser formulada em forma de juízo hipotético: "Se você não quiser *Y*, deve *X*", a norma moral "não minta" pode ser formulada desse modo: "Se você não quiser se encontrar naquela situação de perturbação que se chama remorso, não minta". Destarte, o legislador moral também apela, para obter a obediência, a um estado que o destinatário, quanto possível, deseja evitar. Assim, continua o nosso autor, a norma moral obriga em consciência e, aqui nós acrescentamos "consciência moral".

De acordo com Ross[148], no direito, o temor da sanção e o sentimento de se achar uma pessoa obrigada pelo que é válido operam conjuntamente como motivos integrantes da mesma ação; na moral e na convenção, ao contrário, os motivos correspondentes se integram cada um de acordo com sua maneira e independentemente um do outro. O motivo que interessa o temor da sanção motiva uma pessoa a agir de tal modo que não a faça merecer a reprovação das outras. O motivo desinteressado, o

---

[145] DIAZ, Alejandro del Palacio. *Introducción a la Teoría del Derecho*. México, DF.: Universidad Autonoma, 1992, p. 87-88.

[146] ARRUDA, Maria Cecília Coutinho de, e outros. *Fundamentos de ética empresarial e econômica*. 2. ed. São Paulo: Atlas, 2003, p. 15 (Apresentação) e 24.

[147] BOBBIO, Norberto. *Teoría de la Norma Jurídica*. Colombia, Bogotá: Temis, 1987, p. 106-108. Veja-se também: BOBBIO, Norberto. *Teoria da norma jurídica*. Trad. Fernando Pavan Baptista e Ariani Bueno Sudatti. Apressentação Alaôr Caffé Alves. Bauru, SP: EDIPRO, 2001, p. 154 - 155.

[148] ROSS, Alf. *Direito e Justiça*. Op. cit., p. 88.

sentimento de um impulso interior rumo ao que é "correto" a motiva a agir de tal maneira que ela própria aprove sua ação.

Em verdade, a norma jurídica obriga numa dupla consciência; primeiro, *moral* (consciência moral), pois o agente teme o remorso (sanção moral como sentimento interior) e; segunda, *jurídica* (consciência jurídica) pelo temor à consequência derivada da lei (da sanção jurídica). Sendo isto verdade, estaremos em condições de afirmar que em todo direito sempre há um convite à moral, um chamado, uma invocação de um princípio, norma ou regra moral; eis o que aqui chamamos de fundamentos éticos do direito. Veja-se que princípios e regras morais, após entrelaçar-se, ancoram-se no mesmo objeto: a conduta humana. Fala-se, por exemplo, da equidade como sendo um princípio geral do direito e da ética, isto é, como postulado que procura fundamentar e orientar a conduta pensada tanto no sistema jurídico quanto no discurso ético.

A consciência jurídica, como o senso moral, conforme lemos na obra de Ross[149], é uma atitude desinteressada de aprovação ou reprovação frente a uma norma social. Difere do senso moral em que, distintamente deste, não aponta a relação direta entre ser humano e ser humano, mas sim o regramento social, organizado, da vida da comunidade. A consciência jurídica se dirige à ordem social. Decide com base em atitudes em questões do tipo das seguintes: se os criminosos devem ser punidos em relação a sua culpa, se o aborto deve ser permitido, se as mulheres devem ter o mesmo *status* jurídico dos homens, se os trabalhadores devem ter direito de se reunirem em sindicatos, se o casamento pode se dissolvido pelo divórcio e sob que condições etc. Em certa medida, a consciência jurídica é determinada pelo próprio ordenamento jurídico existente e, por sua vez, exerce influência sobre este último.

Todavia a análise das características das sanções moral e jurídica. A sanção, afirma Bobbio[150], pressupõe a violação da norma e somente entra em jogo quando é verificada uma violação. Assim, podemos partir da hipótese de um ordenamento normativo que nunca seja violado e, consequentemente não tenha necessidade de recorrer à sanção. Eis a consciência moral[151] como fundamento do direito.

Mas, pensando jusfilosoficamente, "o que justifica que ou deva acatar um comando legal?" ou, como escreve Bernard Williams[152]: "por que eu deveria fazer alguma coisa?", "dê-me uma razão para fazer alguma coisa; nada tem sentido", "por que existe alguma coisa que eu deveria, precisaria fazer?

Quando efetivamente sabemos que os nossos atos são moralmente errados? Por que eu devo mudar a minha maneira de agir? Eis aqui duas importantes questões sobre as quais devemos refletir: "os fatos por si só não podem nos forçar a fazer; devemos ter alguma postura avaliativa ou prescritiva que favoreça certas características, se essas características dependerem de nós para ser aprovadas"[153]. O ato de matar, para algum criminoso, pode ser considerado normal (ou correto), isto por invocar um sistema de valores que lhes permite formular avaliações de julgamento e, tal vez concluir, que a vida pode não significar nada.

---

149 ROSS, Alf. *Direito e Justiça*. Op. cit., p. 421.

150 BOBBIO, Norberto. *Teoria da norma jurídica*. Trad. Fernando Pavan Baptista e Ariani Bueno Sudatti. Apressentação Alaôr Caffé Alves. Bauru, SP: EDIPRO, 2001, p. 154.

151 *Consciência moral*: Faculdade que nos permite distinguir o bem do mal, da qual resulta o sentimento do dever ou da interdição de se praticarem determinados atos, e a aprovação ou o remorso por havê-los praticado.

152 WILLIAMS, Bernard. *Moral: uma introdução à ética*. Op. cit., p. 1.

153 Ibid., p. 72.

Já dissemos que a convivência humana é condição objetiva que exige dos homens limites (legais e ético-morais), única condição que permitem construir um dado ambiente de harmonia e de paz. É para isso que existe os limites morais e legais. Eis que tanto os princípios morais (éticos) como os jurídicos têm como referência os valores sociais. Daí que toda sociedade, a partir de seus próprios valores, procure criar suas próprias leis.

Ora, seria interessante distinguir o lícito do moralmente justo. Caberia perguntar se o ladrão que rouba a outro ladrão é isento de repressão moral. O que se seguiria daí o contraditório: a não aceitação da pena de morte *versus* a não penalização do aborto. Há, certamente, casos em que os valores são subordinados aos interesses e leis. Assim, considera-se real o fato de que "planos 'pragmáticos' de ação política (políticas que buscam a satisfação de interesses próprios) são avaliados com maior condescendência pelos especialistas".[154]

Com efeito, quando falamos de limites morais e legais estamos, de fato, aceitando que existe uma íntima relação entre ética (moralidade) e direito. Ora, nem todo o que é injusto (amoral) é ilegal, portanto, é preciso identificar os conceitos, princípios e regras norteadores do direito e que fazem um mero fato social ou moral ser um fato, ato (jurídico quer lícito quer ilícito) ou, talvez, um negócio jurídico.

O profissional do direito é talvez, dentre todos os exercentes de atividade laboral humana, aquele que melhores condições ostentam de distinguir entre a ética docente, a filosofia moral, elaborada como ideal puro e a ética urgente, a moral efetivamente praticada e vivida. Pois ética e direito possuem inegável núcleo comum, ambos tendo em vista a conduta humana. A vida ética supõe contínuo esforço direcionado à consecução da perfeição e da justiça. E mesmo existindo hoje lindes demarcados entre religião, moral e direito, não se admite que o direito possa ser imoral. Ao contrário, o melhor direito é o que guarda compatibilidade com a moral.[155]

Os princípios éticos repercutem também na forma de legislar, de interpretar e de decidir e de agir.

Contudo, convêm distinguir os princípios jurídicos das regras jurídicas. Todo princípio jurídico fornece um modelo de conduta relativo, por exemplo, à "dignidade", ao "respeito das pessoas", ao dever de "indenizar danos", ao dever de "restituir o enriquecimento injusto", ao "exercício dos direitos dos cidadãos" etc. De fato, os princípios são verdadeiros auxiliadores que se fazem valer para séries definidas de situações ou casos. A verdade é que o caráter geral dos princípios é muito maior do que as regras, pois se fazem valer para uma série indefinida de situações. Já as regras valem para séries definidas de casos. Os princípios podem estar referidos a valores, tais como, boa-fé, justiça, equidade, respeito às pessoas e os seus direitos fundamentais, ordem econômica e política, igualdade perante a lei etc.[156]

5.5 Eticidade do ensino jurídico

[154] WILLIAMS, Bernard. *Moral: uma introdução à ética*. Op. cit., p. 48.
[155] NALINI, José Renato. *Ética e justiça*. São Paulo: Editora Oliveira Mendes, 1998, p. 111.
[156] FERRAZ Júnior, Tércio Sampaio. *A ciência do direito*. 2. ed. São Paulo: ATLAS. 1980, p. 79-80.

Concebemos o ensino jurídico como uma importante modalidade da educação que tem como objetivo fundamental a formação integral (técnica, profissional e moral) do educando.

Sabe-se que o desenvolvimento científico-tecnológico tem submetido o sistema de ensino superior a uma constante transformação, fato pelo qual as instituições de ensino procuram por novas estratégias educativas.

Urge, assim, a necessidade de novas metodologias que respondam às novas exigências e necessidades socioeconômicas próprias dos diferentes países, o que faz com que os educadores estejam cada vez mais preocupados com o domínio e uso de métodos ativos de ensino-aprendizagem, meros instrumentais que permitam a formação profissional e moral inspirada nos quatro pilares da educação moderna, a saber: a) *aprender a conhecer*, isto é adquirir os instrumentos da compreensão; b) *aprender a fazer*, para poder agir sobre o meio envolvente; c) *aprender a viver juntos*, a fim de participar e cooperar com os outros em todas as atividades humanas e finalmente; d) *aprender a ser*, via essencial que integra as três precedentes, conforme Relatório para a UNESCO, da Comissão Internacional sobre Educação para o Século XXI[157], coordenada por Jacques Delors (Relatório publicado em forma de livro no Brasil, com o título Educação: Um Tesouro a Descobrir UNESCO, MEC, Cortez Editora, São Paulo, 1999).

Diz-se, aí, uma nova perspectiva ou concepção ampliada da Educação, aquela que há de permitir que o ser humano seja capaz de descobrir, reanimar e fortalecer o seu potencial criativo. Isso supõe que se ultrapasse a visão puramente instrumental da Educação, considerada como a via obrigatória para obter certos resultados (saber fazer, aquisição de capacidades diversas, fins de ordens econômicas), e se passe a considerá-la em toda sua plenitude: realização da pessoa que, na sua totalidade aprende a ser.

Paralelamente à evolução das sociedades, das ciências e ao avanço da tecnologia, evidenciam-se mudanças socioeconômicas que, de fato, exigem também mudanças no conteúdo e nos métodos de ensino que devem ser revistos e submetidos a uma constante readequação e melhoria.

Deste modo, o interesse em reestruturar conteúdos e métodos é uma tarefa desafiadora para os professores. Contudo, o ensino jurídico brasileiro moderno vive o seguinte dilema: preparar o aluno para ser bem avaliado no Exame Nacional de Desempenho de Educandos (ENADE)? ou orientamos o processo de ensino-aprendizagem para formar um bom profissional?

A resposta para essa e outras questões é muito simples: elevar a qualidade do ensino. Qualidade do ensino, contudo, significa excelência docente: condições efetivas de aprendizagem que implicam saber *ensinar* a *aprender*, isto é, dominar os métodos e procedimentos que permitem a formação de habilidades e competências.

A qualidade do ensino é, pois, de interesse geral das IES, fator determinante para a formação de futuros profissionais, aqueles que irão desempenhar, com eficiência, determinadas atividades e serviços, usando-se do conhecimento e de habilidades teórico-práticas formadas nas universidades.

Mas, o desempenho profissional eficiente não será possível sem a "organização do pensamento". Por este motivo, ao falar em formação profissional, hão de ser

[157] Informação disponível em: Fonte: http://4pilares.net/text-cont/delors-pilares.htm#EC. Acesso em 02,01,2014.

priorizados os métodos ativos que permitirão o desenvolvimento do espírito crítico-criativo do educando, evitando, assim, a superficialidade e o formalismo, práticas que incidem negativamente na consecução dos objetivos almejados.

O aperfeiçoamento do processo de ensino-aprendizagem universitário implica a idealização de estruturas que permitam a "organização do pensamento" e a edificação do espírito crítico-criativo (inovador). Eis o problema que estimula a presente pesquisa científica, por meio da qual esperamos contribuir para a formação de um profissional mais bem preparado para enfrentar os novos desafios da humanidade.

A excelência acadêmica exige uma nova didática, isto é, uma maneira de ensinar que, com bases científicas, possibilite a edificação de um pensamento crítico-criativo que permita o educando *conhecer*, *saber* e *saber fazer*.

Trata-se do seguinte: o educando, diante dos problemas propostos, não pode continuar a assumir atitude meramente contemplativa. É justamente por isto que no processo de ensino-aprendizagem moderno devem se introduzir métodos que permitam a edificação do pensamento, com o objetivo de "instruir, fazer saber, comunicar conhecimentos ou habilidades, mostrar, guiar, orientar, dirigir, o que aponta o professor como agente principal e responsável pelo ensino".[158]

Neste sentido, duas lições devem ser observadas cuidadosamente. Uma é a *eficiência* e a outra a *produção*. A primeira tem a ver com o domínio das técnicas do ensino pelos professores; a segunda, por sua vez, é indispensável para o educando, o conhecimento como produto da pesquisa e do pensamento crítico: o acesso ao conhecimento.

Dizemos então que para edificar o pensamento crítico-criativo será absolutamente necessário aperfeiçoar o processo de ensino e as pesquisas científicas, com o objetivo de formar profissionais com um alto grau de competência e desempenho teórico-prático. Assim sendo, é necessário que o processo de ensino-aprendizagem desenvolvido objetive a excelência acadêmica e científico-metodológica.

Significamos o ensino-aprendizagem como um processo integrado e qualitativo que há de permitir a formação de estruturas que permitam a organização do pensamento. Falamos, pois, de um processo que envolve diversos fatores, entre os quais se destacam os *sujeitos* (ativos: *professor* e *educando*) o *objeto* ("*o que*" deve ser ensinado: conteúdo) e os métodos ("*como*" deve ser ensinado: metodologia de ensino).

Não é demais, no entanto, afirmar que a eficiência do ensino-aprendizagem há de ser medida com base na formação de pessoas capazes, sujeitos mais bem preparados para novas aprendizagens. Não se trata, pois, de um aumento quantitativo de conhecimentos, mas de uma transformação estrutural da inteligência da pessoa.[159]

Neste sentido, todo processo de ensino-aprendizagem há de contribuir para a formação de um indivíduo capacitado, respeitando os interesses e as necessidades sociais, colocando a escola em primeiro lugar como *Vida* e não como meio de preparação para a vida. O processo de ensino-aprendizagem deve recorrer essencialmente à consolidação da correlação entre a formação integral do educando e o desenvolvimento da sociedade, dialeticidade que exige a integração "docência-pesquisa" na comunidade acadêmica e coloca o processo em estudo em estreita vinculação com os fatores aqui também

---

[158] ABREU, Maria Célia de; MARCOS T. Masetto. *O professor universitário em aula*: Prática e Princípios Teóricos. 8. ed. São Paulo: MG, 1990, p. 6.

[159] DÍAZ Bordenave, Juan e Martins Pereira, Adair. *Estratégias de ensino aprendizagem*. 14. ed. Petrópolis: Vozes, [s.d.], p. 25.

considerados decisivos para a formação integral do educando: o *educador*, o *educando* e os *métodos de ensino*.

É justamente a natureza "edificadora" que torna o ensino-aprendizagem um processo: a) imparcial; b) independente; c) dinâmico e; c) transparente. Tendo-se como objeto as estruturas do pensamento, ensina-se a pesquisar, a inquirir, a duvidar, a criticar e a criar.

Sem dúvidas, aprende-se pesquisando, por este motivo, no processo educativo a pesquisa torna-se uma condição necessária para a edificação do pensamento. A falha da educação moderna está em considerar que por meio do processo de ensino-aprendizagem aprende-se o que é ensinado pelo professor em sala de aula. Quanto a esse aspecto podemos afirmar que quem aprende vai acumulando cultura (conhecimentos), porém, mais importante do que o conhecimento é o desenvolvimento de habilidades que permitam atingir e processar novas informações, pois o volume do que o educando aprende e sala de aula é muito menor do que o volume do que há de ser ensinado.

Portanto, os resultados do processo de ensino-aprendizagem não devem ser reduzidos aos conhecimentos aferidos pelo professor unicamente por meio da fala ou da escrita, pois o processo de ensino é muito mais rico.

Na verdade, o processo de ensino-aprendizagem tornar-se-ia mais eficiente quando desenvolvido, levando em conta os seguintes indicadores: a) as insuficiências e atitudes do educando; b) os objetivos do plano de ensino; c) a concepção zetética do processo de ensino-aprendizagem.

O processo de ensino-aprendizagem tem como meta a formação de um homem novo, íntegro e criativo (inovador). Daí, toda atividade docente há de permitir a formação de um indivíduo capaz de apreender novos conhecimentos e der resolver os problemas nascidos da própria dinâmica social, problemas, que alertam acerca da necessidade de rejeitarmos os métodos tradicionais de ensino, entre os quais destacamos os métodos reprodutivo e autoritário.

Hodiernamente na academia (na universidade) há de ser privilegiado o acesso ao conhecimento (à cultura), à ciência e à consciência. Isto é o que chamamos de "Pedagogia da Convivência", por meio da qual serão inovados novos métodos para uma nova realidade social.

Em consequência, é fundamental desenvolver a potencialidade e o talento do educando. Para isso, o educador há de propiciar a preparação do educando para a vida. Poder-se-ia, com efeito, conceituar a educação como "o processo de atuação sobre o indivíduo a fim de levá-lo a um estado de maturidade que o capacite a se encontrar com a realidade de maneira consciente, equilibrada e eficiente, e nela agir como cidadão participante e responsável".[160]

Pesquisas anteriores revelam a existência de um interesse pela excelência do ensino universitário. Leituras prévias nos permitiram constatar a existência de uma referência bibliográfica, quer nacional quer estrangeira, que nos permitirá o fichamento, a construção de argumentos e a derivação de conclusões.

Destarte, objetivando a construção do marco teórico da pesquisa desenvolveu-se um estudo bibliográfico inicial que nos permitiu o fichamento de importantes critérios,

---

[160] GIUSEPPE Imídeo Nérici. *Metodologia do ensino. Uma introdução.* 4. ed. São Paulo: Atlas, 1992, p. 15.

informações históricas e documentais que nos auxiliarão na redação final do relatório de pesquisa.

Da pesquisa piloto derivaram-se informações que nos permitiram, num primeiro momento, concluir o seguinte:

Primeiro, inexiste um modelo de ensino superior apropriado para a edificação do pensamento crítico e inovador.

Segundo, existe um desconhecimento do significado de conhecimento inovador.

Terceiro, dentre os fatores que incidem na edificação do pensamento crítico (inovador) destacaram-se: o papel do professor, a atitude dos educandos e os métodos de ensino.

Considera-se, assim, importante investigar os fundamentos epistemológicos da "educação moderna", a partir do estudo das teorias históricas e contemporâneas que tem como objeto a análise do "Funcionalismo Educacional".

CAPÍTULO 6
ÉTICA NA ADVOCACIA

Até aqui estudamos o fundamento ético do direito e a relações entre o direito e a moral. Neste capítulo discutir-se-ia o fundamento ético da advocacia, isto é, a deontologia que baliza (ou organiza) a atividade do advogado. O capítulo objetiva destacar a importância das morais do advogado, privilegiando, assim, o estudo dos três diplomas que regulam a ética do advogado, destacando-se, ainda, a função do advogado nas sociedades modernas.

6.1 A profissão do advogado

Em capítulo anterior conceituamos a profissão como uma atividade sócio/individual e cooperada que objetiva a contribuição do ser humano para com o desenvolvimento da sociedade: da dignidade e da cidadania.

A profissão do advogado objetiva a concretização da justiça e não o enriquecimento individual. Mas, certamente, esta não é a concepção que vigora.

A profissão do advogado, como todas as profissões, tem uma função social que não é incompatível com o interesse individual do profissional liberal. Decerto que a compatibilidade entre o interesse individual e social depende da consciência profissional que há de ser socialmente edificada em prol da convivência social.

A profissão do advogado objetiva a resolução de conflito em face da paz social e, por esse motivo, os cursos jurídicos devem privilegiar os mecanismos que propiciem a mediação e a arbitragem e não unicamente a resolução de conflitos judiciais pela via contenciosa. Neste sentido,

> A pesar de os cursos jurídicos, de maneira geral, trabalharem com os estudantes para prepara-los aos conflitos judiciais, devemos ressaltar que o advogado pode também ter papel importante na Mediação e na Arbitragem, com bases nas Leis 9.307/1996 e 13.140/2015 para resolução de conflitos.[161]

Assim, a profissão do advogado há de ser exercida de forma digna e honrosa. Assim, a profissão do advogado há de ser exercida de acordo com as normas: princípios e regras que prescrevem a ética profissional.

O advogado há de proceder a não impor o direito sobre os outros, a vitória ou a derrota são consequências do processo. Assim, o objetivo final de sua atividade é a justiça e a pacificação social.

---

[161] GONZAGA, Alvaro de Azevedo. *Estatuto da Advocacia e Novo Código de Ética e Disciplina da OAB*: comentários. 3. ed. rev., atual. e ampl. Rio de Janeiro: Forense. São Paulo, MÉTODO, 2017, p. 5.

6.2 Os serviços de advocacia: natureza e importância

Os serviços de advocacia são, mais ou menos assim dito de serviços (atividades) especializados de complementação da capacidade processual dos clientes reclamantes e que servem como meio de exigências, conquistas, e concretização de direitos. Mas, propriamente, por ser atividades de prestação de serviços entre advogados e clientes, importa, a seguir, caracterizar sua natureza e importância.

a) Natureza

Atividade de meio ou de fim?

A atividade do advogado é de prestação de serviço, isto é, uma ou várias atividades de fazer que são oriundas de um contrato de mandato, assim prescrito no art. 5º do Estatuto da Advocacia e a Ordem dos Advogados do Brasil (EAOAB).

> Art. 5º O advogado postula, em juízo ou fora dele, fazendo prova do mandato.
>
> § 1º O advogado, afirmando urgência, pode atuar sem procuração, obrigando-se a apresentá-la no prazo de quinze dias, prorrogável por igual período.
>
> § 2º A procuração para o foro em geral habilita o advogado a praticar todos os atos judiciais, em qualquer juízo ou instância, salvo os que exijam poderes especiais.
>
> § 3º O advogado que renunciar ao mandato continuará, durante os dez dias seguintes à notificação da renúncia, a representar o mandante, salvo se for substituído antes do término desse prazo.

Assim, o contrato de prestação de serviços advocatícios é considerado um ato jurídico bilateral que é fonte de obrigações de meio e não de resultado. O advogado representa o seu cliente e postula em juízo por meio de instrumento de mandato que serve como ato provatório de outorga de poderes pelo cliente. Todavia, o advogado poderá postular em juízo sem o referido instrumento, desde que comprovada urgência na prestação jurisdicional, devendo apresentar no prazo de quinze dias prorrogáveis por mais quinze, instrumento que justifique o mandato. Esse instrumento, também, chamado de procuração habilita o advogado para as práticas de todos os atos processuais em qualquer juízo ou instância.

Diz-se, assim, da procuração ad judicia e da procuração ad judicia et extra. A primeira habilita o advogado para a prática de todos os atos e a segunda dá poderes especiais para a práticas de alguns atos, isto é, daqueles outorgados, conforme prescrito no art. 661, § 1º do Código Civil.

Conforme explica Francisco Caseiro Neto[162], foi Demogue[163] quem identificou o contrato de prestação de serviço de advocacia como fonte de obrigação de meio e não de resultado. E não são poucos os que seguem essa trilha de entendimento, ao que tudo indica a mais acertada, como preconizado por Ihering[164] e Eduardo Couture[165], que

---

[162] CASEIRO Neto, Francisco da Silva. *O exercício da advocacia frente ao CDC e ao Novo CPC*: noções essenciais para o jovem advogado. [livro eletrônico] / Francisco da Silva Caseiro Neto. – Rio de Janeiro: Jurismestre, 2018.

[163] René Demogue, *Traité des obligations em général*. Paris: Rousseau, 1923, n. 1.237, p. 540.

associam – com aproximadamente 50 anos de diferença, na Alemanha e no Uruguai – com precisão, a tarefa do advogado à *luta*, sobretudo pelo *direito* que, segundo Couture "não é um fim, mas um meio" de se chegar à "justiça", e, segundo Ihering, à "paz". Aliás, assim sacramentava o aludido jurista alemão: "A paz é o fim que o direito tem em vista, a luta é o meio de que se serve para o conseguir."[166] Inspirados nessas imortais e perenes lições de filosofia do direito, consagrou-se a obrigação como de *meio*, assim entendida pela imensa maioria dos civilistas. Nesse diapasão Maria Helena Diniz, que menciona o dever "de prudência e diligência" na execução do trabalho postulatório.

Contudo, a doutrina civilista histórica ou tradicional considera que o advogado responde pelos danos causados por ação ou omissão voluntária, negligente ou imprudente. Como profissional deve zelar pelos interesses do seu cliente, sendo responsável pelos erros cometidos no desempenho de suas funções.

Em suma, os serviços prestados pelos advogados objetiva defender em juízo a clientes cuja decisão depende da análise, avaliação de provas e deliberação de terceiros (juízes), razão pela qual dificilmente poderão ser concebidas como atividade de resultado (ou fim) e sim como um meio de se chegar a um fim. Eis que, a sentença favorável ao cliente não depende só do trabalho do advogado, mas, também de outros fatores que de ele não dependem e, em última instancia, da decisão do juiz.[167]

b) Importância

Conforme prescrito na Constituição Federal a função do advogado é indispensável à administração da justiça: "*O advogado é indispensável à administração da justiça, sendo inviolável por seus atos e manifestações no exercício da profissão, nos limites da lei*". (Art. 133 da CF[168])

No mesmo sentido, prescreveu-se no Código de Ética e Disciplina da Ordem dos Advogados do Brasil – OAB (RESOLUÇÃO N. 02/2015)[169]: "*Considerando que o advogado é indispensável à administração da Justiça, devendo guardar atuação compatível com a elevada função social que exerce, velando pela observância dos preceitos éticos e morais no exercício de sua profissão*" e no artigo Art. 2º do Estatuto da Advocacia e a Ordem dos Advogados do Brasil (OAB)[170]: "*O advogado é indispensável à administração da justiça*".

Todavia, no art. 2º do citado Código de Ética e Disciplina da OAB se prescreve:

> Art. 2º O advogado, indispensável à administração da Justiça, é defensor do Estado Democrático de Direito, dos direitos humanos e garantias fundamentais, da cidadania, da moralidade, da Justiça e da paz social, cumprindo-lhe exercer o seu ministério em consonância com a sua elevada função pública e com os valores que lhe são inerentes.

---

[164] Rudolf Von Ihering, *A luta pelo direito*, tradução de João de Vasconcelos, Rio de Janeiro: Forense, 1972, p. 21.

[165] Eduardo Couture, *Os mandamentos do advogado*, cit., p. 40.

[166] Rudolf Von Ihering, *A luta pelo direito*, cit., p. 21.

[167] Antonio Cabanillas Sanchez, *Las obligaciones de actividad y de resultado,* Barcelona: Bosch, 1993, p. 30 e 109.

[168] BRASIL. Constituição da República. Disponível em: http://www.planalto.gov.br/ccivil_03/constituicao/constituicao.htm Acesso em 02,01, 2018.

[169] BRASIL. Código de Ética e Disciplina da Ordem dos Advogados do Brasil – OAB (RESOLUÇÃO N. 02/2015). Disponível em: https://www.conjur.com.br/dl/codigo-etica-oab3.pdf Acesso em 02,01,2018.

[170] BRASIL. Estatuto da Advocacia e a Ordem dos Advogados do Brasil (OAB). Disponível em: http://www.planalto.gov.br/ccivil_03/leis/L8906.htm Acesso em 02,01,2018.

Conclui-se assim que o advogado ao postular em nome do cidadão desempenha o importante papel: o de contribuir com a cidadania e a justiça social. Isto é chamado de *múnus público*. Assim sendo, a função do advogado vai além da mera prestação de serviço como profissional liberal.

> Há um sentimento equivocado de que o advogado foi contratado para defender o crime e não o criminoso. É princípio constitucional que alguém para ser condenado tem que enfrentar o devido processo legal. Há presunção de inocência enquanto não se der uma sentença definitiva. Na área criminal, se o réu não tem advogado, o Estado é obrigado a nomear um advogado para ele. Então, não temos porque entender que o advogado criminalista está a serviço do crime. De forma nenhuma. Ele está a serviço de um princípio constitucional que é o sagrado direito de defesa.[171]

Além do caráter indispensável da atividade do advogado considera-se relevante a sua função social, assim, caracterizada no art. 2º do Estatuto da Advocacia e a Ordem dos Advogados do Brasil (OAB):

> Art. 2º O advogado é indispensável à administração da justiça.
>
> § 1º No seu ministério privado, o advogado presta serviço público e exerce função social.
>
> § 2º No processo judicial, o advogado contribui, na postulação de decisão favorável ao seu constituinte, ao convencimento do julgador, e seus atos constituem múnus público.
>
> § 3º No exercício da profissão, o advogado é inviolável por seus atos e manifestações, nos limites desta lei.

Nisto radica a função pública do trabalho do advogado mesmo daqueles que contratados por particulares.

Todavia, o ministério privado do advogado, ou seja, o exercício regular da profissão, possui quatro características, a saber, *indispensabilidade*, *inviolabilidade*, *função social* e *independência*. Diz-se de uma atividade enaltecedora das instituições democráticas e deve sempre ser enaltecido como preponderante para sua manutenção.[172]

6.2.1 As atividades privativas de advocacia

As atividades privativas de advocacia são prescritas no art. 1º do Estatuto da Advocacia e a Ordem dos Advogados do Brasil (EAOAB). Tais atividades, como veremos, demarcam o papel do advogado na sociedade, vejamos.

> Da Atividade de Advocacia
>
> Art. 1º São atividades privativas de advocacia:
> I - a postulação a ~~qualquer~~ órgão do Poder Judiciário e aos juizados especiais; (Vide ADIN 1.127-8)
> II - as atividades de consultoria, assessoria e direção jurídicas.

---

[171] Informação disponível em: https://www.conjur.com.br/2006-jan-29/infracao_punida_oab_reter_verba_cliente?pagina=2. Acesso, 05,02,2018.

[172] GONZAGA, Alvaro de Azevedo. *Estatuto da Advocacia e Novo Código de Ética e Disciplina da OAB*: comentários. 3. ed. rev., atual. e ampl. Rio de Janeiro: Forense. São Paulo, MÉTODO, 2017, p. 10-11.

§ 1º Não se inclui na atividade privativa de advocacia a impetração de habeas corpus em qualquer instância ou tribunal.
§ 2º Os atos e contratos constitutivos de pessoas jurídicas, sob pena de nulidade, só podem ser admitidos a registro, nos órgãos competentes, quando visados por advogados.

O elenco de atividades anteriormente citado caracteriza os limites da atividade do advogado. No inciso I se prescrevem as atividades propriamente jurídicas da advocacia, já no inciso II especifica-se a caracterização do conjunto de atividades extrajudiciais que dependem não unicamente da formação jurídica, como também da obrigatoriedade da inscrição do advogado nos quadros da OAB.

São, pois, atividades privativas de advocacia:

a) A postulação em juízo, como o vocábulo postulação pretende-se significar a petição. Postular significa pedir, solicitar a prestação de algo. Nesse sentido entende-se que o advogado é o único com capacidade processual (postulatória), também regulamentada no art. 103 do Novo Código de Processo Civil: "*lícito à parte postular em causa própria quando tiver habilitação legal*".

b) Assessoria, Consultoria, Direção e Gerência Jurídica, são atividades privativas dos advogados que não podem ser exercidas por bacharel ou estudantes de direitos (estagiários), cujo exercício caracteriza atividade ilegais da profissão conforme artigo 47 da Lei de Contravenções Penais.

Igualmente, prescreve-se que toda pessoa jurídica deve ter seus atos constitutivos assinados por advogado. Neste sentido, para que o contrato social surta seus efeitos, o advogado deverá acompanhar e subscrever o instrumento, somente tendo seu registro deferido pela Junta Comercial. Assim, considera-se nulo o ato na ausência na atuação de advogado, conforme art. 114 da Lei de Registros Públicos (incisos e parágrafo único), com exceção da micro e pequenas empresas, conforme Lei Complementar 123/2006, por meio da qual dispensa-se a presença de advogado para a constituição.

Ainda que, para alguns atos extrajudiciais não se exija a capacidade postulatória, vê-se que em alguns casos a lei exige a presença de advogado para que tais atos surtam efeitos legais, tais são, por exemplo, em inventários, separações e divórcios extrajudiciais, conforme art. 610 e 733 do Novo Código de Processo de 2015, tendo como fundamento a Resolução 35/2017 do Conselho Nacional de Justiça.

Como visto, não se inclui na atividade privativa de advocacia a impetração de habeas corpus em qualquer instância ou tribunal, em razão da ADIn 1.127-8, por meio da qual o Supremo Tribunal Federal entendeu tornar dispensável o advogado em oito hipóteses:

- **Habeas Corpus**, pois no texto constitucional já se resguardou como garantia fundamental e cláusula pétrea que todo e qualquer cidadão poderá impetrar habeas corpus, em seu favor ou de outrem, bem como o Ministério Público (Vide, art. 5º, LXVIII CF e Art. 654 do Código de Processo Penal).

- **Juizados Especiais de Pequenas Causas e Juizados Especiais Federais**. No mesmo sentido é possível a postulação sem a necessidade de advogados. No caso dos Juizado Especial de Pequenas Causas, regulado pela Lei 9.099/1995, poderá a parte comparecer em juízo para propor demanda de até 20 salários mínimos (art. 9º). Já no Juizado Especial Federal, regulado pela Lei 10.259/2001, poderá se propor demanda de até 60 salários mínimos (art. 10) sem a presença de advogado.

Lembra-se que nos Juizados Especiais de Pequenas Causas pode-se pleitear valores de até 40 salários mínimos, neste caso precisa-se da presença de advogados. No mesmo sentido nos Juizados Especiais Criminais, inclusive federais, a presença de advogado é sempre obrigatória, conforme prescrito no art. 68 da Lei 9.099/1995 e do já estabelecido pelo STF na ADIn 3.168/DF.

6.3 A ética na advocacia

Se existe uma ética aplicada às profissões: ética médica, ética jornalística etc. também existe uma ética na advocacia, isto é, uma ética que define a moral que baliza a atividade do advogado, em relação aos seus colegas, aos seus constituintes, ao judiciário e à parte contrária.

Com efeito, a atividade do advogado é uma atividade profissional que, desenvolvida de maneira estável e horada há de estar ao serviço da sociedade. Podemos dizer que a ética na advocacia objetiva a concretização da dignidade, a inclusão jurídica e a cidadania, enfim, a justiça.

> Art. 31. O advogado deve proceder de forma que o torne merecedor de respeito e que contribua para o prestígio da classe e da advocacia.
>
> § 1º O advogado, no exercício da profissão, deve manter independência em qualquer circunstância.
>
> § 2º Nenhum receio de desagradar a magistrado ou a qualquer autoridade, nem de incorrer em impopularidade, deve deter o advogado no exercício da profissão.

Com efeito, a ética trazida à tona no art. 31 do Estatuto tem como objetivo a concretização da justiça.

Decerto que o exercício de toda profissão pressupõe a participação do ser humano na sociedade. A profissão é o veículo que permite satisfazer as necessidades sociais e muitas vezes supre ou complementar a ausência do Estado. De fato, a ética das profissões resulta da divisão do trabalho na sociedade em face do bem comum. Logo, a própria sociedade é garantidora das profissões, pois, afinal, delas precisa. Elas, as profissões, são expressão da solidariedade e do bem-estar convencionado e nisto radica o caráter ético das profissões.

A natureza ética do trabalho do advogado e dos demais profissionais do direito historicamente tem sido objeto de análise e avaliação. Pode-se dizer que desde as origens da profissão, os advogados têm tido como preferência a observância do trabalho ético, respeitando-se as formas, condutas ou comportamento impostas pela ordem cultural, social, econômica e política de cada período e lugar.

As organizações e ordens dos advogados dos diferentes países têm desempenhado um importante papel no estabelecimento e respeito da ética da profissão, atreves da aplicação de medidas coativas às violações ocorridas durante o exercício profissional. Assim se crio em Brasil o Código de Ética e Disciplina que regula os deveres dos advogados para com a comunidade, o constituinte, o outro profissional e, ainda, a publicidade, a recusa do patrocínio, o dever de assistência jurídica, o dever geral de urbanidade e os respectivos procedimentos disciplinares.

Verifica-se que a função que desempenha cada advogado na sociedade deve estar caraterizada pela honradez, pela lealdade aos princípios, pelo comportamento exemplar, o respeito à lei e aos interesses particulares e sociais.

Igualmente a função do advogado tem a ver com a contribuição ao desenvolvimento de uma consciência profissional capaz de velar pelo estabelecimento da ordem social, do respeito e da paz social.

O advogado, no desempenho das suas funções, deve agir com diligência e responsabilidade. Cada advogado deve assessorar seus representados, conforme à lei à moralidade.

O advogado, no exercício da profissão, deve manter discrição nos assuntos nos quais participa, deve agir com independência.

Em suma, o advogado deve-se privilegiar sua superação científica e profissional, com o intuito de garantir a qualidade do seu serviço.

6.3.1 As morais da advocacia

A moralidade do advogado é definida pelas morais da advocacia, que por sua vez descansa no respeito e a observação dos valores morais, um deles, ou tal vez o principal deles é a verdade.

Então: o advogado pode mentir?

O advogado tem que observar, na sua estratégia de defesa, a versão do réu, a qual deve ser admitida e respeitada. Contudo, a primeira verdade que deve ser considerada é a do cliente, a segunda é do acusador ou da defesa quando há situação de oposição, a terceira é da prova e a quarta é da sentença. O advogado tem que trabalhar com esse ambiente de verdades e saber conduzi-la de maneira adequada e oportuna. O advogado deve defender o cliente, senão exerceria a função de juiz.[173]

O fundamento ético do trabalho do advogado descansa na honestidade e na honradez profissional, valores representativos da confiança dos seus representados.

Vinculados a esses valores éticos encontram-se os diversos deveres expressos no "decálogo"[174] o advogado, a saber:

1- Recusar o patrocínio de causas contrárias à justiça, ao decoro ou à própria consciência.

2- Não onerar o cliente com gastos excessivos ou supérfluos.

3- Não se utilizar, nos processos, de meios ilícitos ou injustos.

4- Tratar de cada caso como se fosse o seu próprio.

5- Não poupar tempo ou trabalho na defesa de seus clientes.

6- Não aceitar trabalho além do que seu tempo lhe permita.

---

173 Informação disponível em: https://www.conjur.com.br/2006-jan-29/infracao_punida_oab_reter_verba_cliente?pagina=2. Acesso, 05,02,2018.

174 ACQUAVIVA Marcus Cládio. *Vademecum do cotidiano forense. O livro pessoal do advogado.* Decálogo do Advogado: elaborado por Santo Ivo, padroeiro da classe. São Paulo: Jurídica Brasileira, 1998.

7- Amar a justiça e a honra como as meninas de seus olhos.

8- Indenizar seu cliente dos prejuízos que, por desídia, lhe causar.

9- Ser, sempre, veraz, sincero e coerente.

10- Implorar a DEUS auxílio para o êxito de suas causas, pois ele é o primeiro protetor da justiça.

Do ponto de vista normativo, se estabelece nos artigos 31 e seguintes do Estatuto da Advocacia que: "*o advogado deve proceder de forma que o torne merecedor de respeito e que contribua para o prestigio da classe e da advocacia*".

Assim, considera-se que os advogados são portadores de valores morais e éticos que estão regidos pela equidade, a igualdade jurídica, a justiça, e a solidariedade humana.

Vale consignar que os valores nas pessoas decorrem de duas experiências: a experiência da superação de si mesmo, que consiste em realizar ações coerentes, dirigidas para o auto/crescimento, e a experiência de expansão, o reconhecimento pela pessoa de que ela é mais do que faz.[175]

O advogado durante o desempenho do seu trabalho deve zelar pelo respeito dos direitos dos demais, o respeito à propriedade, à legalidade, à justiça, participando da resolução dos conflitos com discrição, honestidade, honradez, equidade, imparcialidade, responsabilidade, diligência, respeito, modéstia, humildade e independência profissional.

No mesmos sentido, alguns outros valores fazem parte do código moral da advocacia, dentre eles: a) urbanidade e; b) lealdade; c) respeito e; d) dignidade.

a) Urbanidade, conforme preceituado no artigo 28 do Código de Ética/2015, refere-se à correta atuação profissional, proteção ao cliente, o emprego de linguagem escorreita e polida, bem como a observância da boa técnica jurídica.

b) Lealdade, em relação aos seus clientes, a quem não deves abandonar a não ser que percebas que é indigno de teu patrocínio. Leal para com o adversário, ainda quando ele seja desleal contigo. Leal para com o juiz, que ignora os fatos e deve confiar no que tu lhe dizes; e que, mesmo quanto ao direito, às vezes tem que confiar no que tu lhe invocas."[176], em relação com o a parte contrária. Leal com o promotor de justiça e com as autoridades em geral. Tais morais tornam-se evidentes nos artigos 27 a 29 do Código de Ética Profissional, de onde resulta, acima de tudo, o *respeito recíproco*, a *dignidade recíproca*, a *valorização recíproca*, a *discrição* e *independência.*

c) Respeito, assim, prescrito no art. 27 do CED, o advogado observará, nas suas relações com os colegas de profissão, agentes políticos, autoridades, servidores públicos e terceiros em geral, o dever de urbanidade, tratando a todos com **respeito** e consideração, ao mesmo tempo em que preservará seus direitos e prerrogativas, devendo exigir igual tratamento de todos com quem se relacione.

d) Dignidade, em defesa da profissão considerando-se como imperativos de uma correta atuação profissional o emprego de linguagem escorreita e polida, bem como a

---

[175] JORDÃO Emerenciano, Maria do Socorro. *Reflexões sobre o Homem e sua Educação*. Revista Epistéme. Olimpika Editora Pedagógica, São Paulo, 1996, p 138.

[176] Eduardo Couture, *Os mandamentos do advogado*, cit., p. 45.

observância da boa técnica jurídica. Assim, o advogado que se valer do concurso de colegas na prestação de serviços advocatícios, seja em caráter individual, seja no âmbito de sociedade de advogados ou de empresa ou entidade em que trabalhe, dispensar-lhes-á tratamento condigno, que não os torne subalternos seus nem lhes avilte os serviços prestados mediante remuneração incompatível com a natureza do trabalho profissional ou inferior ao mínimo fixado pela Tabela de Honorários que for aplicável. (Artigos 28 e 29 do CED.

6.3.1.1 Distinção entre legalidade, moralidade e justiça

Nem tudo o que é legal é moral. Alguns atos praticados dentro da legalidade resultam imorais e, portanto, nada têm a ver com a justiça. Isto acontece muito na política e também no exercício da advocacia.

Advogados corruptos se escudam na legalidade. Ardilosamente almejam encobrir a injustiça com falsos argumentos. Por esse motivo contamos com uma estrutura ético-legal que defino como um microssistema deontológico para o exercício da advocacia, constituído de um conjunto de normas prescritas, essencialmente, em três importantes diplomas anteriormente citados e que, a seguir, merecem ser comentados, tais são:

a) o Estatuto da Advocacia e da Ordem dos Advogados do Brasil – EAOAB (Lei n. 8.906 de 4.7.1994);

b) o Regulamento Geral do Estatuto da Ordem dos Advogados do Brasil – RGEOAB, expedido pelo Conselho Federal da Ordem dos Advogados do Brasil, em atenção aos artigos 54, V e 78 da supra aludida Lei n. 8.906/94; e

c) o Código de Ética e Disciplina da OAB – CEDOAB, aprovado e editado também pelo Conselho Federal, em 2015, revogando o anterior de 1995, em atenção aos artigos 33 e 54 V do Estatuto.

Devido à importância desses diplomas serão devidamente citados e comentados no decorrer do presente estudo e, ainda, serão inseridos com anexos ao presente trabalho.

O Estatuto da Advocacia é, certamente, uma lei federal que define a atividade do advogado na forma regulamentar e se aplica a todos os integrantes no âmbito da União Federal, dos Estados, Municípios, Distrito Federal e das entidades da administração direta e fundacional,

Independentemente das discussões acerca do alcance do Código de Ética e Disciplina, como é o caso dos defensores públicos, discussão que resulta da análise do art. 4º, § 6º, da Lei Complementar 80/1994, com a redação dada pela Lei Complementar 132/2009, derivando disso a consideração de que a capacidade postulatória para o Defensor Público decorre exclusivamente de sua nomeação e posse no cargo público.[177]

Em verdade, cada grupo humano organiza sua forma de agir observando determinados valores e convicções histórico-culturais. Assim, ensina Norberto Bobbio[178],

---

[177] GONZAGA, Alvaro de Azevedo. *Estatuto da Advocacia e Novo Código de Ética e Disciplina da OAB*: comentários. 3. ed. rev., atual. e ampl. Rio de Janeiro: Forense. São Paulo, MÉTODO, 2017, p. 13.
[178] BOBBIO, Norberto. *Teoria da norma jurídica*. Trad. Fernando Pavan Baptista e Ariani Bueno Sudatti. Bauru, SP: EDIPRO, 2001, p. 25 - 26.

a nossa vida se desenvolve em um mundo de normas. Acreditamos ser livres, mas na realidade, estamos envoltos em uma rede muito espessa de regras de condutas que, desde o nascimento até a morte, dirigem nesta ou naquela direção as nossas ações. A maior parte destas regras já se tornou tão habituais que não nos apercebemos mais da sua presença. Mas, além das normas jurídicas, existem outros preceitos diversos: religiosos, regras morais, sociais, costumeiras etc.

Contudo, afirma Maria Cecília Coutinho[179], cada organização, procurando homogeneidade na forma de conduzir questões específicas e próprias da sua atividade, cria um sistema de normas (códigos). Isto porque valores individuais podem ou não coincidir ou conflitar com os valores da organização, que caracterizam a cultura empresarial. Dessa forma, é fundamental a existência de padrões e políticas uniformes para que os empregados possam saber, em qualquer circunstancias, qual a conduta adequada e apropriada.

Conforme explica a citada autora, os códigos de ética não têm a pretensão de solucionar os dilemas éticos, mas fornecer critérios ou diretrizes para que as pessoas encontrem formas éticas de se conduzir. Da mesma forma que os códigos relativos às profissões, devem ter um sentido regulamentador.

Neste sentido, definindo o que é legal (por ser moral), moral e, finalmente, o que é justo.

O código de ética, além de possibilitar um trabalho harmonioso, deve servir também como proteção dos interesses públicos e dos profissionais que contribuem de alguma forma para a organização social. De qualquer forma, os códigos de ética servem para reforçar a eficácia jurídica das normas vigorantes. Há, contudo, uma necessidade de regras escritas quando falta consciência moral.

6.4 Da inscrição na OAB

Conforme prescrito no Art. 3º do EAOAB, "o exercício da atividade de advocacia no território brasileiro e a denominação de advogado são privativos dos inscritos na Ordem dos Advogados do Brasil (OAB)". Isto significa que somente os bacharéis aprovados no Exame Nacional Unificado (Exame da OAB) podem requerer a inscrição nas seccionais.

Por conseguinte, o exercício clandestino da atividade advocatícia, por pessoa não habilitada implica em sanções legais, tanto na esfera criminal como civil e disciplinar.

Resumindo, o formado em direito, aprovado no exame da OAB deve proceder a sua inscrição no Conselho Seccional da OAB para poder exercer suas funções legalmente, além de cumprir com todos os requisitos indispensáveis para sua efetivação constates no art. 8º do EAOAB, a saber:

> Art. 8º Para inscrição como advogado é necessário:
>
> I - capacidade civil;
>
> II - diploma ou certidão de graduação em direito, obtido em instituição de ensino oficialmente autorizada e credenciada;

---

[179] ARRUDA, Maria Cecília Coutinho de, e outros. *Fundamentos de ética empresarial e econômica*. 2. ed. São Paulo: Atlas, 2003, p. 64 - 66.

> III - título de eleitor e quitação do serviço militar, se brasileiro;
>
> IV - aprovação em Exame de Ordem;
>
> V - não exercer atividade incompatível com a advocacia;
>
> VI - **idoneidade moral**;
>
> VII - prestar compromisso perante o conselho.
>
> § 1º O Exame da Ordem é regulamentado em provimento do Conselho Federal da OAB.
>
> § 2º O estrangeiro ou brasileiro, quando não graduado em direito no Brasil, deve fazer prova do título de graduação, obtido em instituição estrangeira, devidamente revalidado, além de atender aos demais requisitos previstos neste artigo.
>
> § 3º A inidoneidade moral, suscitada por qualquer pessoa, deve ser declarada mediante decisão que obtenha no mínimo dois terços dos votos de todos os membros do conselho competente, em procedimento que observe os termos do processo disciplinar.
>
> § 4º Não atende ao requisito de idoneidade moral aquele que tiver sido condenado por crime infamante, salvo reabilitação judicial.

Como consequência, são nulos os atos privativos de advogados praticados por pessoa não inscrita na OAB, sem prejuízo das sanções civis, penais e administrativas. São também nulos os atos praticados por advogado impedido - no âmbito do impedimento - suspenso, licenciado ou que passar a exercer atividade incompatível com a advocacia. (Art. 4º do EAOAB)

A nulidade descrita no artigo 4º do EAOAB pode ser declarada de ofício, pode ser provocada por qualquer interessado ou pelo Ministério Público. Todavia, a nulidade é imprescritível, não convalescendo com o tempo.

6.5 Do Estagiário

Considera-se estagiário aquele estudante de direito que cursa o 4º ou 5º ano de Faculdade de Direito e que está devidamente inscrito nos quadros da OAB. A atividade de estágio não é profissionalizante, isto é, não tem como objetivo profissionalizar o estudante, mas se destina a sua instrução. Sendo assim, uma continuação do processo educativo universitário.

O estagiário de advocacia, regularmente inscrito, pode praticar os atos próprios das atividades privativas dos advogados, em conjunto com advogado e sob responsabilidade deste. (Art. 3º, § 2º do EAOAB)

Entende-se, assim, que o estagiário nunca agirá sozinho, ainda que autorizado pelo advogado, de modo que a responsabilidade pelos atos praticados pelo estagiário sempre será do advogado que o acompanha e o instrui.

Ao se identificar, o estagiário deve sempre destacar a categoria estagiário justo à petição ou documentos, ou seja, o número de sua inscrição seguia de "- E", para dar a conhecer que não se trata de advogado. O não comprimento desta orientação pode acarretar infração disciplinar, mas quem responde é o advogado orientador de acordo com a infração e o disposto no Código de Ética e Disciplina. O estagiário, no máximo, recebe a pena de censura.[180]

---

[180] GONZAGA, Alvaro de Azevedo. *Estatuto da Advocacia e Novo Código de Ética e Disciplina da*

Resumindo, o estagiário poderá desenvolver as seguintes atividades: a) retirar e devolver autos em cartórios; b) obter certidões de processo em curso ou findos; participar de atos extrajudiciais quando autorizado ou substabelecido pelo advogado (como reunião de condomínio) e assinar petição de juntada sozinho, seguindo as possibilidades previstas no art. 29 do Regulamento Geral do Estatuto da Advocacia e da OAB (REGOAB).

> Art. 29. Os atos de advocacia, previstos no Art. 1º do Estatuto, podem ser subscritos por estagiário inscrito na OAB, em conjunto com o advogado ou o defensor público.
>
> § 1º O estagiário inscrito na OAB pode praticar isoladamente os seguintes atos, sob a responsabilidade do advogado:
>
> I – retirar e devolver autos em cartório, assinando a respectiva carga;
>
> II – obter junto aos escrivães e chefes de secretarias certidões de peças ou autos de processos em curso ou findos;
>
> III – assinar petições de juntada de documentos a processos judiciais ou administrativos.
>
> § 2º Para o exercício de atos extrajudiciais, o estagiário pode comparecer isoladamente, quando receber autorização ou substabelecimento do advogado.

Tais atos não objetivam o exercício da atividade profissional, mas tem como intuito a função pedagógica.

Mesmo sendo prática comum, o estagiário não pode despachar com o juiz, sendo este uma atividade própria do advogado. Igualmente, o estagiário não pode figurar em publicidade do escritório ou no nome da sociedade, sob pena de infração disciplinar, uma vez que apenas advogados podem constituir sociedade.[181]

Todavia, para inscrição como estagiário é necessário preencher os requisitos mencionados nos incisos I, III, V, VI e VII do art. 8º do EAOAB, a saber, capacidade civil, título de eleitor e quitação com o serviço militar, não exercer atividade incompatível com a advocacia, idoneidade moral, prestar compromisso com o Conselho Seccional, conforme prescrito no art. 9º do mesmo instrumento.

> Art. 9º Para inscrição como estagiário é necessário:
>
> I - preencher os requisitos mencionados nos incisos I, III, V, VI e VII do art. 8º;
>
> II - ter sido admitido em estágio profissional de advocacia.
>
> § 1º O estágio profissional de advocacia, com duração de dois anos, realizado nos últimos anos do curso jurídico, pode ser mantido pelas respectivas instituições de ensino superior pelos Conselhos da OAB, ou por setores, órgãos jurídicos e escritórios de advocacia credenciados pela OAB, sendo obrigatório o estudo deste Estatuto e do Código de Ética e Disciplina.
>
> § 2º A inscrição do estagiário é feita no Conselho Seccional em cujo território se localize seu curso jurídico.
>
> § 3º O aluno de curso jurídico que exerça atividade incompatível com a advocacia pode frequentar o estágio ministrado pela respectiva instituição de ensino superior, para fins de aprendizagem, vedada a inscrição na OAB.

OAB: comentários. 3. ed. rev., atual. e ampl. Rio de Janeiro: Forense. São Paulo, MÉTODO, 2017, p. 14.

[181] GONZAGA, Alvaro de Azevedo. *Estatuto da Advocacia e Novo Código de Ética e Disciplina da OAB*: comentários. 3. ed. rev., atual. e ampl. Rio de Janeiro: Forense. São Paulo, MÉTODO, 2017, p. 14.

> § 4º O estágio profissional poderá ser cumprido por bacharel em Direito que queira se inscrever na Ordem.

6.6 Do licenciamento e cancelamento de inscrição

Considera-se licenciado o advogado que pediu afastamento, e não definitivo, da atividade, com a interrupção do pagamento da anuidade, de acordo como o estabelecido no art. 12 do EAOAB.

> Art. 12. Licencia-se o profissional que:
>
> I - assim o requerer, por motivo justificado;
>
> II - passar a exercer, em caráter temporário, atividade incompatível com o exercício da advocacia;
>
> III - sofrer doença mental considerada curável.

O advogado poderá licenciar-se do cargo ou função devido a algum motivo e, seja ele qual for, o EAOAB não afasta a incompatibilidade para a advocacia, que permanecerá ativa durante o tempo do afastamento. Isto ocorre porque, com frequência, o afastamento é temporário e enseja que um dia o ocupante do cargo voltará a exercê-lo. [182]

6.7 Do impedimento e da incompatibilidade para o exercício da advocacia

Existem impedimentos e incompatibilidades para o exercício da advocacia. Assim, por exemplo, é fundamental que o advogado não exerça outras atividades, tais como: a) não pode ser juiz e advogado, oficial de justiça e advogado, promotor e advogado, policial militar (incluindo bombeiros) na ativa e advogado etc. De fato, esta vedação visa excluir toda incompatibilidade que coloque em risco a justiça.

Considera-se impedido o advogado que tem restrições ao exercício da advocacia contra determinada pessoa de direto público devido o fato de possuir uma das condições prescritas no art. 30 do EAOAB.

> Art. 30. São impedidos de exercer a advocacia:
>
> I - os servidores da administração direta, indireta e fundacional, contra a Fazenda Pública que os remunere ou à qual seja vinculada a entidade empregadora;
>
> II - os membros do Poder Legislativo, em seus diferentes níveis, contra ou a favor das pessoas jurídicas de direito público, empresas públicas, sociedades de economia mista, fundações públicas, entidades paraestatais ou empresas concessionárias ou permissionárias de serviço público.
>
> Parágrafo único. Não se incluem nas hipóteses do inciso I os docentes dos cursos jurídicos.

Considera-se incompatível o advogado que passa a exercer cargo que impeça o exercício da advocacia, como por exemplo, a magistratura, sendo definitivo, assim prescrito no art. 28 do EAOAB.

---

[182] GONZAGA, Alvaro de Azevedo. *Estatuto da Advocacia e Novo Código de Ética e Disciplina da OAB*: comentários. 3. ed. rev., atual. e ampl. Rio de Janeiro: Forense. São Paulo, MÉTODO, 2017, p. 106.

Art. 28. A advocacia é incompatível, mesmo em causa própria, com as seguintes atividades:

I - chefe do Poder Executivo e membros da Mesa do Poder Legislativo e seus substitutos legais;

II - membros de órgãos do Poder Judiciário, do Ministério Público, dos tribunais e conselhos de contas, dos juizados especiais, da justiça de paz, juízes classistas, bem como de todos os que exerçam função de julgamento em órgãos de deliberação coletiva da administração pública direta e indireta;

III - ocupantes de cargos ou funções de direção em Órgãos da Administração Pública direta ou indireta, em suas fundações e em suas empresas controladas ou concessionárias de serviço público;

IV - ocupantes de cargos ou funções vinculados direta ou indiretamente a qualquer órgão do Poder Judiciário e os que exercem serviços notariais e de registro;

V - ocupantes de cargos ou funções vinculados direta ou indiretamente a atividade policial de qualquer natureza;

VI - militares de qualquer natureza, na ativa;

VII - ocupantes de cargos ou funções que tenham competência de lançamento, arrecadação ou fiscalização de tributos e contribuições parafiscais;

VIII - ocupantes de funções de direção e gerência em instituições financeiras, inclusive privadas.

§ 1º A incompatibilidade permanece mesmo que o ocupante do cargo ou função deixe de exercê-lo temporariamente.

§ 2º Não se incluem nas hipóteses do inciso III os que não detenham poder de decisão relevante sobre interesses de terceiro, a juízo do conselho competente da OAB, bem como a administração acadêmica diretamente relacionada ao magistério jurídico.

De acordo com o EAOAB, art. 27, a incompatibilidade determina a proibição total, e o impedimento a proibição parcial do exercício da advocacia. Ambas as causas de proibição do exercício da advocacia, igualmente, estão diferenciadas nos arts. 11 e 12 do próprio Estatuto:

Art. 11. Cancela-se a inscrição do profissional que:

I - assim o requerer;

II - sofrer penalidade de exclusão;

III - falecer;

IV - passar a exercer, em caráter definitivo, atividade incompatível com a advocacia;

V - perder qualquer um dos requisitos necessários para inscrição.

§ 1º Ocorrendo uma das hipóteses dos incisos II, III e IV, o cancelamento deve ser promovido, de ofício, pelo conselho competente ou em virtude de comunicação por qualquer pessoa.

§ 2º Na hipótese de novo pedido de inscrição - que não restaura o número de inscrição anterior - deve o interessado fazer prova dos requisitos dos incisos I, V, VI e VII do art. 8º.

§ 3º Na hipótese do inciso II deste artigo, o novo pedido de inscrição também deve ser acompanhado de provas de reabilitação.

Art. 12. Licencia-se o profissional que:

> I - assim o requerer, por motivo justificado;
>
> II - passar a exercer, em caráter temporário, atividade incompatível com o exercício da advocacia;
>
> III - sofrer doença mental considerada curável.

No caso da incompatibilidade o advogado continua com sua carteira profissional e seu registro juto aos quadros do Conselho Seccional, mas estará impossibilitado de atuar como profissional da área. Nesta diferenciação não importa saber se o advogado é impedido ou incompatível, mas se pode ou não advogar. Se pode advogar com restrições ou se não pode advogar em hipótese nenhuma. Desta forma é possível separar o impedido do incompatível e não se perder a questão. Como visto no art. 28 do citado Estatuto a advocacia é incompatível, mesmo em causa própria. É importante observar que a incompatibilidade não se destina apenas aos clientes. Deve-se considerar que a incompatibilidade não se refere ao sujeito e sim ao cargo exercido.[183]

Outra questão importante é a suspensão:

> Art. 37. A suspensão é aplicável nos casos de:
>
> I - infrações definidas nos incisos XVII a XXV do art. 34;
>
> II - reincidência em infração disciplinar.
>
> § 1º A suspensão acarreta ao infrator a interdição do exercício profissional, em todo o território nacional, pelo prazo de trinta dias a doze meses, de acordo com os critérios de individualização previstos neste capítulo.
>
> § 2º Nas hipóteses dos incisos XXI e XXIII do art. 34, a suspensão perdura até que satisfaça integralmente a dívida, inclusive com correção monetária.
>
> § 3º Na hipótese do inciso XXIV do art. 34, a suspensão perdura até que preste novas provas de habilitação.

Considera-se suspenso o advogado que sofreu como punição disciplinar a impossibilidade temporária – e não definitiva – de desempenhar a advocacia conforme prescrito no art. 37 do EAOAB acima citado.

6.8 Da sociedade de advogados

Conforme prescrito no art. 15 do EAOAB os advogados podem constituir sociedade, sendo que estas sociedades deverão ser formadas unicamente por advogados. Logo, no contrato social deverão contar apenas os nomes dos advogados constituintes.

> Art. 15. Os advogados podem reunir-se em sociedade simples de prestação de serviços de advocacia ou constituir sociedade unipessoal de advocacia, na forma disciplinada nesta Lei e no regulamento geral.
>
> § 1º A sociedade de advogados e a sociedade unipessoal de advocacia adquirem personalidade jurídica com o registro aprovado dos seus atos constitutivos no Conselho Seccional da OAB em cuja base territorial tiver sede.
>
> § 2º Aplica-se à sociedade de advogados e à sociedade unipessoal de advocacia o Código de Ética e Disciplina, no que couber.
>
> § 3º As procurações devem ser outorgadas individualmente aos advogados e indicar a sociedade de que façam parte.

---

[183] GONZAGA, Alvaro de Azevedo. *Estatuto da Advocacia e Novo Código de Ética e Disciplina da OAB*: comentários. 3. ed. rev., atual. e ampl. Rio de Janeiro: Forense. São Paulo, MÉTODO, 2017, p. 104-105.

> § 4º Nenhum advogado pode integrar mais de uma sociedade de advogados, constituir mais de uma sociedade unipessoal de advocacia, ou integrar, simultaneamente, uma sociedade de advogados e uma sociedade unipessoal de advocacia, com sede ou filial na mesma área territorial do respectivo Conselho Seccional.
>
> § 5º O ato de constituição de filial deve ser averbado no registro da sociedade e arquivado no Conselho Seccional onde se instalar, ficando os sócios, inclusive o titular da sociedade unipessoal de advocacia, obrigados à inscrição suplementar.
>
> § 6º Os advogados sócios de uma mesma sociedade profissional não podem representar em juízo clientes de interesses opostos.
>
> § 7º A sociedade unipessoal de advocacia pode resultar da concentração por um advogado das quotas de uma sociedade de advogados, independentemente das razões que motivaram tal concentração.

Considera-se, assim, a sociedade de advogados como uma sociedade civil regida pelas regras estabelecidas para as Sociedades Simples no Código Civil brasileiro, art. 997 e seguintes). Em todo caso o registro deve ser realizado no Conselho Seccional averbando no contrato social. Nesse caso, todos os sócios devem promover a inscrição por força do Provimento 112/2006 do Conselho Federal da OAB.

Chama a atenção uma rara figura "sociedade unipessoal" reconhecida no art. Anterior. A Câmara dos Deputados, em 10 de dezembro de 2015, aprovou proposta que permite a criação e manutenção da denominada sociedade unipessoal, que deve, por obvio, observar os mesmos preceitos destinados à sociedade de advogados já disciplinados no EAOAB e, também, em relação ao CED e ao REGOAB. A Lei 13.247, de 12 de janeiro de 2016 que passou a prever a possibilidade de advogado constituir sociedade unipessoal, sem a necessidade de se reunir com outros advogados, de modo a aproveitar melhor, inclusive, os benefícios já existentes às empresas individuais disciplinadas no Código Civil.[184]

Por obvio, lembra Francisco Caseiro Neto[185], as sociedades têm personalidade jurídica própria[186], por essência *sociedade civil prestadora de serviços*, os advogados que a compõem somarão os esforços e conhecimentos técnicos para o desenvolvimento dos trabalhos. E o próprio Estatuto, em seu artigo 17, no que é acompanhado pelo artigo 40 do mencionado Regulamento Geral, alerta para a responsabilidade solidária e ilimitada, apurada mediante verificação de dolo ou culpa dos advogados que a compõem, *com ela*, *entre si*, e *com os associados*[187], pelos atos ou omissões no exercício da advocacia, que porventura e desafortunadamente venham a causar danos diretamente ao cliente, *verbis*:

---

184 GONZAGA, Alvaro de Azevedo. *Estatuto da Advocacia e Novo Código de Ética e Disciplina da OAB*: comentários. 3. ed. rev., atual. e ampl. Rio de Janeiro: Forense. São Paulo, MÉTODO, 2017, p. 74.

185 CASEIRO Neto, Francisco da Silva. *O exercício da advocacia frente ao CDC e ao Novo CPC*: noções essenciais para o jovem advogado. [livro eletrônico] / Francisco da Silva Caseiro Neto. – Rio de Janeiro: Jurismestre, 2018.

186 "[...] a sociedade de advogados não é uma empresa privada da forma concebida e regrada pelo Código Civil, mas pela Lei n. 8.906/94, com natureza jurídica *sui generis* [...]. (Proc. E-2.164/2000, Rel. José Roberto Bottino)." (Robison Baroni, *Cartilha de ética profissional do advogado*, 4. ed. rev. e atual., São Paulo: LTr, 2001, p. 163).

187 Associados são advogados autônomos que se ligam, sem vínculo empregatício, a estas sociedades, para auxílio nos serviços e participação nos lucros, na forma do artigo 39 do Regulamento Geral, ressaltada a importância da formalização desse vínculo, mediante averbação na OAB, *verbis*: "Artigo 39 - A sociedade de advogados pode associar-se com advogados, sem vínculo de emprego, para participação nos resultados. Parágrafo único - Os contratos referidos neste artigo são averbados no registro da sociedade de advogados."

> Estatuto da Advocacia da OAB:
>
> Artigo 17 - Além da sociedade, o sócio responde subsidiária e ilimitadamente pelos danos causados aos clientes por ação ou omissão no exercício da advocacia, sem prejuízo da responsabilidade disciplinar em que possa ocorrer.
>
> Regulamento Geral do EAOAB:
>
> Artigo 40 - Os advogados sócios e os associados respondem subsidiária e ilimitadamente pelos danos causados diretamente ao cliente, nas hipóteses de dolo ou culpa e por ação ou omissão, no exercício dos atos privativos da advocacia, sem prejuízo da responsabilidade disciplinar em que possam incorrer.

Os sócios e, também no caso da sociedade unipessoal, respondem, de forma ilimitada e subsidiária, pelos danos causados aos clientes. Nesse sentido, ataca-se os bens das sociedades, sendo que o advogado responderá unicamente com seus bens particular caso os bens da sociedade não sejam suficientes, seguindo-se as regras do art. 389 do Código Civil.

6.9 O advogado empregado

Como explicado, a atividade do advogado e aquelas desenvolvidas pelas sociedades de advogados não são consideradas atividades empresariais. Eis que, por serem considerados profissionais liberais, procura-se diferenciar as atividades dos advogados das atividades mercantis.

> Art. 18. A relação de emprego, na qualidade de advogado, não retira a isenção técnica nem reduz a independência profissional inerentes à advocacia.
>
> Parágrafo único. O advogado empregado não está obrigado à prestação de serviços profissionais de interesse pessoal dos empregadores, fora da relação de emprego.

Contudo, a condição especificamente técnica do advogado não o impede de constituir relação de emprego. O fato de o advogado estar empregado em escritório de advocacia, em empresas do setor privado ou público e mesmo aqueles que exercem o cargo de direção jurídica, não lhe retira as prerrogativas da profissão de advogado ou sua independência no exercício da sua atividade. Cumpre, portanto, com todos os requisitos do art. 3º da CLT, sendo que para todos os efeitos, mas os advogados empregados possuem mais direitos graças ao EAOAB, como a isenção técnica, não prestar serviços fora do objeto do controle ou com relação aos seus honorários. Todavia, por possuir assinatura em sua Carteira de Trabalho e Previdência Social (CTPS), o advogado goza de direitos previdenciários como empregados, tratados no regime geral de Previdência Social, cabendo ao empregador realizar os descontos necessários.[188]

Como bem explica Casseiro Neto[189], submetido ao regime da Consolidação das Leis do Trabalho e ao sindicato respectivo (além da indispensável filiação à Ordem), não será o regime de subordinação e dependência do contrato de trabalho que haverá de

---

188 GONZAGA, Alvaro de Azevedo. *Estatuto da Advocacia e Novo Código de Ética e Disciplina da OAB*: comentários. 3. ed. rev., atual. e ampl. Rio de Janeiro: Forense. São Paulo, MÉTODO, 2017, p. 82-83.

189 CASEIRO Neto, Francisco da Silva. *O exercício da advocacia frente ao CDC e ao Novo CPC*: noções essenciais para o jovem advogado. [livro eletrônico] / Francisco da Silva Caseiro Neto. – Rio de Janeiro: Jurismestre, 2018.

comprometer a independência do advogado no exercício da profissão, bem como fixar-lhe obrigatoriedade de atendimento aos assuntos particulares das pessoas dos empregadores. Em todos os contornos que se possa vislumbrar para a atividade advocatícia, isso é assegurado também pelo próprio Estatuto, em seu artigo 18, *caput*. No mesmo sentido, continua o citado autor, não poderá haver, em contrapartida, comprometimento da obediência ao Código de Ética Profissional, bem como deverá haver responsabilidade pelo exercício da atividade, postulatória ou não.

O advogado, quando empregado também está protegido pelas regras dos artigos 11 a 14 do Regulamento Geral, onde prescreve-se a representatividade do sindicato, federação ou confederação, nas convenções coletivas com os sindicatos patronais, nos acordos coletivos com a própria empresa empregadora, ou nos dissídios coletivos da Justiça do Trabalho.

> Art. 11. Compete a sindicato de advogados e, na sua falta, a federação ou confederação de advogados, a representação destes nas convenções coletivas celebradas com as entidades sindicais representativas dos empregadores, nos acordos coletivos celebrados com a empresa empregadora e nos dissídios coletivos perante a Justiça do Trabalho, aplicáveis às relações de trabalho.
>
> [...]
>
> 14. Os honorários de sucumbência, por decorrerem precipuamente do exercício da advocacia e só acidentalmente da relação de emprego, não integram o salário ou a remuneração, não podendo, assim, ser considerados para efeitos trabalhistas ou previdenciários. Parágrafo único. Os honorários de sucumbência dos advogados empregados constituem fundo comum, cuja destinação é decidida pelos profissionais integrantes do serviço jurídico da empresa ou por seus representantes. [...]

Quanto à jornada de trabalho regula-se o seguinte:

> Art. 19. O salário mínimo profissional do advogado será fixado em sentença normativa, salvo se ajustado em acordo ou convenção coletiva de trabalho.
>
> Art. 20. A jornada de trabalho do advogado empregado, no exercício da profissão, não poderá exceder a duração diária de quatro horas contínuas e a de vinte horas semanais, salvo acordo ou convenção coletiva ou em caso de dedicação exclusiva.
>
> § 1º Para efeitos deste artigo, considera-se como período de trabalho o tempo em que o advogado estiver à disposição do empregador, aguardando ou executando ordens, no seu escritório ou em atividades externas, sendo-lhe reembolsadas as despesas feitas com transporte, hospedagem e alimentação.
>
> § 2º As horas trabalhadas que excederem a jornada normal são remuneradas por um adicional não inferior a cem por cento sobre o valor da hora normal, mesmo havendo contrato escrito.
>
> § 3º As horas trabalhadas no período das vinte horas de um dia até as cinco horas do dia seguinte são remuneradas como noturnas, acrescidas do adicional de vinte e cinco por cento.
>
> Art. 21. Nas causas em que for parte o empregador, ou pessoa por este representada, os honorários de sucumbência são devidos aos advogados empregados.
>
> Parágrafo único. Os honorários de sucumbência, percebidos por advogado empregado de sociedade de advogados são partilhados entre ele e a empregadora, na forma estabelecida em acordo.

Assim, ensina Casseiro[190] que, se o regime for de dedicação exclusiva, as horas extras serão as que excederem a jornada de 8 horas, e se o regime não for de dedicação exclusiva, a jornada não poderá exceder 4 horas. Em qualquer caso, os honorários da sucumbência das ações em que o advogado postular em nome de seu empregador[191] pertencerá ao quadro de advogados da empresa, que haverão de rateá-los, a seu critério. Tais verbas não comporão e nem poderão compor as verbas salariais.

6.10 Honorários advocatícios

Honorário é a compensação econômica recebida pelo advogado em retribuição aos serviços prestados. Nos serviços prestados pelos advogados o honorário se considera como a remuneração devida pelo exercício da profissão, entendidas por nobres e dignas, pela utilidade social e pelo esforço intelectual que requer seu desempenho.

Os honorários dos advogados são, assim, regulamentados no EAOAB:

> Art. 22. A prestação de serviço profissional assegura aos inscritos na OAB o direito aos honorários convencionados, aos fixados por arbitramento judicial e aos de sucumbência.
>
> § 1º O advogado, quando indicado para patrocinar causa de juridicamente necessitado, no caso de impossibilidade da Defensoria Pública no local da prestação de serviço, tem direito aos honorários fixados pelo juiz, segundo tabela organizada pelo Conselho Seccional da OAB, e pagos pelo Estado.
>
> § 2º Na falta de estipulação ou de acordo, os honorários são fixados por arbitramento judicial, em remuneração compatível com o trabalho e o valor econômico da questão, não podendo ser inferiores aos estabelecidos na tabela organizada pelo Conselho Seccional da OAB.
>
> § 3º Salvo estipulação em contrário, um terço dos honorários é devido no início do serviço, outro terço até a decisão de primeira instância e o restante no final.
>
> § 4º Se o advogado fizer juntar aos autos o seu contrato de honorários antes de expedir-se o mandado de levantamento ou precatório, o juiz deve determinar que lhe sejam pagos diretamente, por dedução da quantia a ser recebida pelo constituinte, salvo se este provar que já os pagou.
>
> § 5º O disposto neste artigo não se aplica quando se tratar de mandato outorgado por advogado para defesa em processo oriundo de ato ou omissão praticada no exercício da profissão.

Como visto, regulamenta-se a possibilidade da obtenção de honorários pelo exercício da advocacia prestados por advogado inscritos na OAB e o direito aos honorários convencionados entre ele e o cliente e os honorários sucumbenciais devidos pela parte vencida, fixados em sentença.[192]

Neste ponto, o parâmetro a ser seguido é a Tabela da Ordem fixada pelo Conselho Seccional, como prescrito no § 6º do art. 48 do CED: *Deverá o advogado*

---

190 CASEIRO Neto, Francisco da Silva. *O exercício da advocacia frente ao CDC e ao Novo CPC*: noções essenciais para o jovem advogado. [livro eletrônico] / Francisco da Silva Caseiro Neto. – Rio de Janeiro: Jurismestre, 2018.

191 A exemplo das verbas sucumbenciais dos advogados públicos, como já visto.

192 *Pactuados* são os honorários fixados entre as partes, entre o cliente e o advogado. *Sucumbenciais (ou sucumbência)* são os honorários devidos pela parte que sucumbe (perde), ao advogado que vence (não à parte vencedora) e fixado na sentença entre 10% a 20% ou com base noutro valor estipulado pelo juiz. *Arbitrados judicialmente* são oriundos de controvérsia entre as partes sobre o valor devido de honorários ao advogado, o juiz decide considerando o zelo e o trabalho desempenhado pelo advogado.

observar o valor mínimo da Tabela de Honorários instituída pelo respectivo Conselho Seccional onde for realizado o serviço, inclusive aquele referente às diligências, sob pena de caracterizar-se aviltamento de honorários. Todavia, a cobrança acima da tabela é aceitável pelo CED levando em conta a hipótese da complexidade da causa, trabalhos análogos desempenhados e o sucesso em outras demandas. Também, é bom observar que cada Estado tem seu próprio valor de honorários mínimos fixados da maneira diferente.

O CED elenca vários indicadores que devem ser observados no processo de fixação dos honorários profissionais:

> Art. 49. Os honorários profissionais devem ser fixados com moderação, atendidos os elementos seguintes:
>
> I - a relevância, o vulto, a complexidade e a dificuldade das questões versadas;
>
> II - o trabalho e o tempo a ser empregados;
>
> III - a possibilidade de ficar o advogado impedido de intervir em outros casos, ou de se desavir com outros clientes ou terceiros;
>
> IV - o valor da causa, a condição econômica do cliente e o proveito para este resultante do serviço profissional;
>
> V - o caráter da intervenção, conforme se trate de serviço a cliente eventual, frequente ou constante;
>
> VI - o lugar da prestação dos serviços, conforme se trate do domicílio do advogado ou de outro;
>
> VII - a competência do profissional;
>
> VIII - a praxe do foro sobre trabalhos análogos.

Mesmo na Advocacia dativa, o advogado tem direito a honorários, a serem pagos pelo Estado, como prescrito no § 1º do citado artigo.

Este sentido a Súmula 450 do STF determina: "São devidos honorários de advogados sempre que vencedor o beneficiário de justiça gratuita". Lembra-se que na justiça gratuita encontram-se pessoas carentes (pobres ou hipossuficientes) e impossibilitadas de arcar com as custas do processo, aspecto também regulado no art. 82 do NCPC.

Como bem observa Francisco Caseiro Neto[193], se o patrocínio da causa não estiver vinculado a Convênio junto à OAB, e não tendo sido o causídico nomeado por juiz, o advogado poderá celebrar contrato de honorários *ad exitum*, ou seja, o cliente hipossuficiente só pagará se vencer.

Por outro lado, continua o citado autor, embora o art. 35 do CEDA recomende a feitura de contrato escrito "contendo todas as especificações e forma de pagamento, inclusive no caso de acordo", pode ocorrer que não haja estipulação ou acordo por escrito, quando, então, aplica-se o § 2º do próprio art. 22, assim, na falta de estipulação ou de acordo, os honorários são fixados por arbitramento judicial, em remuneração compatível com o trabalho e o valor econômico da questão, não podendo ser inferiores aos estabelecidos na tabela organizada pelo Conselho Seccional da OAB".[194]

---

[193] CASEIRO Neto, Francisco da Silva. *O exercício da advocacia frente ao CDC e ao Novo CPC*: noções essenciais para o jovem advogado. [livro eletrônico] / Francisco da Silva Caseiro Neto. – Rio de Janeiro: Jurismestre, 2018.

[194] ACQUAVIVA Marcus Cládio. *Vademecum do cotidiano forense. O livro pessoal do advogado*. São Paulo: Jurídica Brasileira, 1998, p 111.

6.11 Direitos e deveres do advogado

a) Direitos do advogado

Assim, no seu ministério privado, o advogado presta serviço público e exerce função social. Do ponto de vista do desempenho das suas funções vários são os direitos do advogado, elencados no art. 7º do Estatuto da Advocacia e a Ordem dos Advogados do Brasil (OAB), entre outros:

a) exercer, com liberdade, a profissão em todo o território nacional;

b) inviolabilidade de seu escritório ou local de trabalho, bem como de seus instrumentos de trabalho, de sua correspondência escrita, eletrônica, telefônica e telemática, desde que relativas ao exercício da advocacia;

c) comunicar-se com seus clientes, pessoal e reservadamente, mesmo sem procuração, quando estes se acharem presos, detidos ou recolhidos em estabelecimentos civis ou militares, ainda que considerados incomunicáveis;

d) ter a presença de representante da OAB, quando preso em flagrante, por motivo ligado ao exercício da advocacia, para lavratura do auto respectivo, sob pena de nulidade e, nos demais casos, a comunicação expressa à seccional da OAB;

e) não ser recolhido preso, antes de sentença transitada em julgado, senão em sala de Estado Maior, com instalações e comodidades condignas, e, na sua falta, em prisão domiciliar;

f) ingressar livremente:

- nas salas de sessões dos tribunais, mesmo além dos cancelos que separam a parte reservada aos magistrados;

- nas salas e dependências de audiências, secretarias, cartórios, ofícios de justiça, serviços notariais e de registro, e, no caso de delegacias e prisões, mesmo fora da hora de expediente e independentemente da presença de seus titulares;

- em qualquer edifício ou recinto em que funcione repartição judicial ou outro serviço público onde o advogado deva praticar ato ou colher prova ou informação útil ao exercício da atividade profissional, dentro do expediente ou fora dele, e ser atendido, desde que se ache presente qualquer servidor ou empregado;

- em qualquer assembléia ou reunião de que participe ou possa participar o seu cliente, ou perante a qual este deva comparecer, desde que munido de poderes especiais;

g) permanecer sentado ou em pé e retirar-se de quaisquer locais indicados no inciso anterior, independentemente de licença;

h) dirigir-se diretamente aos magistrados nas salas e gabinetes de trabalho, independentemente de horário previamente marcado ou outra condição, observando-se a ordem de chegada;

i) usar da palavra, pela ordem, em qualquer juízo ou tribunal, mediante intervenção sumária, para esclarecer equívoco ou dúvida surgida em relação a fatos, documentos ou afirmações que influam no julgamento, bem como para replicar acusação ou censura que lhe forem feitas;

j) reclamar, verbalmente ou por escrito, perante qualquer juízo, tribunal ou autoridade, contra a inobservância de preceito de lei, regulamento ou regimento;

k) falar, sentado ou em pé, em juízo, tribunal ou órgão de deliberação coletiva da Administração Pública ou do Poder Legislativo;

l) examinar, em qualquer órgão dos Poderes Judiciário e Legislativo, ou da Administração Pública em geral, autos de processos findos ou em andamento, mesmo sem procuração, quando não estejam sujeitos a sigilo, assegurada a obtenção de cópias, podendo tomar apontamentos;

m) examinar, em qualquer instituição responsável por conduzir investigação, mesmo sem procuração, autos de flagrante e de investigações de qualquer natureza, findos ou em andamento, ainda que conclusos à autoridade, podendo copiar peças e tomar apontamentos, em meio físico ou digital;

n) ter vista dos processos judiciais ou administrativos de qualquer natureza, em cartório ou na repartição competente, ou retirá-los pelos prazos legais;

o) retirar autos de processos findos, mesmo sem procuração, pelo prazo de dez dias;

p) ser publicamente desagravado, quando ofendido no exercício da profissão ou em razão dela, etc.

Incluem-se, igualmente, os direitos da advogada (Art. 7º-A)

a) gestante:

- entrada em tribunais sem ser submetida a detectores de metais e aparelhos de raios X;

- reserva de vaga em garagens dos fóruns dos tribunais;

b) lactante, adotante ou que der à luz, acesso a creche, onde houver, ou a local adequado ao atendimento das necessidades do bebê;

c) gestante, lactante, adotante ou que der à luz, preferência na ordem das sustentações orais e das audiências a serem realizadas a cada dia, mediante comprovação de sua condição;

f) adotante ou que der à luz, suspensão de prazos processuais quando for a única patrona da causa, desde que haja notificação por escrito ao cliente.

Os direitos previstos à advogada gestante ou lactante aplicam-se enquanto perdurar, respectivamente, o estado gravídico ou o período de amamentação. Os direitos assegurados nos incisos II e III deste artigo à advogada adotante ou que der à luz serão concedidos pelo prazo previsto no art. 392 do Decreto-Lei nº 5.452, de 1º de maio de 1943 (Consolidação das Leis do Trabalho). Já, o direito assegurado no inciso IV deste artigo à advogada adotante ou que der à luz será concedido pelo prazo previsto no § 6º do art. 313 da Lei nº 13.105, de 16 de março de 2015 (Código de Processo Civil).

Existe um elenco de direitos básicos do advogado destacando-se a liberdade do advogado no exercício das suas funções.

Conforme explica Caseiro Neto[195], as prerrogativas da advocacia coroam a *liberdade* e *independência* do advogado. Servem de instrumento regulador entre o

---

[195] CASEIRO Neto, Francisco da Silva. *O exercício da advocacia frente ao CDC e ao Novo CPC*: noções essenciais para o jovem advogado. [livro eletrônico] / Francisco da Silva Caseiro Neto. – Rio de Janeiro:

exercício regular do direito do profissional e o abuso das autoridades com quem ele se depara diariamente. O Estatuto vai apontando a direção segura a ser seguida pelos advogados, nesse particular. Confere-lhe *liberdade*, *inviolabilidade* e *imunidade*, dosadas e sintonizadas ao bom senso e aos demais valores deontológicos que consagra. A própria Constituição, em seu artigo 133, preconiza ser o advogado "[...] inviolável por seus atos e manifestações no exercício da profissão, nos limites da lei". A *liberdade* está presente em todo o itinerário profissional do advogado. Desdobra-se em outros valores, como a *inviolabilidade* do *escritório* ou da *casa* do advogado, preservando a incolumidade do sigilo profissional, podendo mesmo recusar-se a depor sobre fatos que lhe tenham sido confiados pelo cliente e mantendo inacessíveis seus arquivos, correspondências, conversas telefônicas, *e-mails* e alfarrábios, salvo por ordem judicial. Consagra-lhe o Estatuto, também, a *imunidade*, sem excessos, concernentes às *palavras* empregadas e aos *atos* praticados, isentando-o dos crimes de *injúria* e *difamação*, além de consagrar-lhe a obrigatoriedade de prisão em sala de Estado Maior, ou algo similar, e a informação à OAB, no caso de lavratura de prisão em flagrante, no exercício da profissão.[196]

O advogado, no exercício regular de suas funções, tem ainda a inviolabilidade por seus atos praticados e manifestações realizadas, sempre se abalizando de acordo como os preceitos legais em vigor. [197]

b) Deveres do advogado

A postulação em juízo é sempre com vista a buscar o melhor interesse do seu cliente, utilizando-se para tanto de todos os meios lícitos e idôneos para convencer ou persuadir o julgador sore o pleito realizado. Deve, portanto, o advogado agir com prudência e contribuir para o bom desenvolvimento do processo judicial ou administrativo na defesa dos interesses dos clientes, sem nunca deixar de seguir o ordenamento jurídico e a ética indispensável à profissão.[198]

A advocacia, do ponto de vista moral, é disciplinada pelo Código de Ética e Disciplina da OAB, onde, ser preceituam, de forma específica, os deveres do advogado, a saber:

1- Preservar, em sua conduta, a honra, a nobreza e a dignidade da profissão, zelando pelo seu caráter de essencialidade e indispensabilidade;

2- Atuar como destemor, independência, honestidade, decoro, veracidade, lealdade, dignidade e boa-fé;

3- Velar por sua reputação pessoal e profissional;

4- Empenhar-se, permanentemente, em seu aperfeiçoamento pessoal e profissional;

Jurismestre, 2018.

[196] Foi confirmada pelo Supremo Tribunal Federal, através da ADIN n. 1.127-8, a exigência de representante da OAB para acompanhamento da busca e apreensão e para o acompanhamento da prisão em flagrante. Mas suspensa em definitivo, através da mesma ADIN, o reconhecimento e controle da OAB, no tocante à dignidade das instalações prisionais destinadas aos advogados.

[197] GONZAGA, Alvaro de Azevedo. *Estatuto da Advocacia e Novo Código de Ética e Disciplina da OAB*: comentários. 3. ed. rev., atual. e ampl. Rio de Janeiro: Forense. São Paulo, MÉTODO, 2017, p. 11.

[198] GONZAGA, Alvaro de Azevedo. *Estatuto da Advocacia e Novo Código de Ética e Disciplina da OAB*: comentários. 3. ed. rev., atual. e ampl. Rio de Janeiro: Forense. São Paulo, MÉTODO, 2017, p. 11-12.

5- Contribuir para o aprimoramento das instituições, do Direito e das leis;

6- Estimular a conciliação entre os litigantes, prevenindo, sempre que possível, a instauração de litígios;

7- Aconselhar o cliente a não ingressar em aventura judicial;

8- Abster-se de: a) utilizar-se de influência indevida, em seu benefício ou do cliente; b) patrocinar interesses ligados a outras atividades estranhas à advocacia, em que também atue; c) vincular o seu nome a empreendimentos de cunho manifestamente duvidoso; d) emprestar concurso aos que atendem contra a ética, a moral, a honestidade a dignidade da pessoa humana; e) entender-se diretamente com a parte adversa que tenha patrono constituído, sem o assentimento deste;

9- Pugnar pela solução dos problemas da cidadania e pela efetivação dos seus direitos individuais, coletivos e difusos, no âmbito da comunidade.

Todavia, é um dever do advogado explicar ao seu cliente, de forma clara e inequívoca, sobre todos os riscos e dificuldades, sem incentivar aventuras jurídicas, de acordo com o previsto no art. 29 do CED. O advogado pode recusar um mandato se apresentar um justo motivo ou se por alguma razão tiver impedimento ético com relação ao fato ou ato que deva desempenhar conforme art. 22 do mesmo diploma.

6.12 Da propaganda

A atividade da advocacia é incompatível, não se confunde, com a empresarial. O serviço do advogado não tem como objeto a comercialização. Nesse sentido, conforme o artigo 1º, § 3º do Estatuto da Advocacia e a Ordem dos Advogados do Brasil (OAB). "*É vedada a divulgação de advocacia em conjunto com outra atividade*".

Diz-se, assim, de uma importante vedação para divulgação da advocacia com outras atividades. De fato, a vedação ao exercício em conjunto com outras atividades é total e procura privilegiar a profissão, não importando se a outra atividade tenha natureza civil, comercial, público, privada ou mesmo não lucrativa. Assim, por exemplo, não se pode exercer no mesmo espaço profissão conjunta coma a advocacia. O profissional pode ser médico e advogado, contador e advogado, engenheiro e advogado, mas não no mesmo espaço, motivo pelo qual a identificação deve ser clara e inequívoca de que se trata tão somente de escritório de advocacia.[199]

Quanto à captação da clientela, explica Caseiro Neto[200], é preocupação do Estatuto e do Código Ética e Disciplina Profissional, as formas através das quais o advogado capta clientela ou angaria causas. Por isso, estabelecem um primado, no sentido de que o advogado *deve ser procurado*, e *não procurar* o cliente. Baseado nessas premissas é que esses diplomas legais apresentam limites para a publicidade e para o próprio exercício profissional da advocacia. Deve-se atentar às formas mais comuns de captação de clientela e angariação de causas apresentadas na coletânea de

[199] GONZAGA, Alvaro de Azevedo. *Estatuto da Advocacia e Novo Código de Ética e Disciplina da OAB*: comentários. 3. ed. rev., atual. e ampl. Rio de Janeiro: Forense. São Paulo, MÉTODO, 2017, p. 7.
[200] CASEIRO Neto, Francisco da Silva. *O exercício da advocacia frente ao CDC e ao Novo CPC*: noções essenciais para o jovem advogado. [livro eletrônico] / Francisco da Silva Caseiro Neto. – Rio de Janeiro: Jurismestre, 2018.

ementas do Tribunal de Ética Deontológica I da Ordem dos Advogados do Brasil – Secção de São Paulo de Robison Baroni.[201]

Esta doutrina guarda relação com o prescrito no artigo 39 do Código de Ética e Disciplina de 2015: "A publicidade profissional do advogado tem caráter meramente informativo e deve primar pela discrição e sobriedade, não podendo configurar captação de clientela ou mercantilização da profissão".

Como o Tribunal reprime advogados que distribuem folhetos?

> O Tribunal identifica o advogado e inicia um processo disciplinar contra ele. Começa com a censura, e na reincidência há a suspensão. Esse processo é uma evolução. Há uma graduação de penas que pode chegar até à exclusão do advogado. A legislação nos dá um grande poder que é o de suspender o advogado. Por isso mesmo, o Tribunal tem que observar o devido processo legal que compreende notificação, defesa, provas, alegações finais, julgamento e duas fases recursais. O processo disciplinar pode demorar de dois a três anos para ser concluído.[202]

Decerto, com o Novo Código de Ética e Disciplina, aprovado pelo Conselho Federal da OAB em 4 de novembro de 2015, almeja-se evitar a comercialização da advocacia e eliminar a chamada venda casada.

Em suma, a questão da publicidade deve ser tratada, segundo as diretrizes do Código de Ética, para evitar que o advogado ultrapasse os limites do direito que ele tem de se identificar e não de captar clientela com falsas promessas.

---

[201] "E-768 - Mala direta; E-488 - Cartas digitadas a terceiros; E-764 - Orientação jurídica - Nome do advogado; E-404 - Circulares; E-742 - Indicação de colega para consultas; E-759 - Nome em boletins escolares; E-780 - Nome nas portas laterais de veículo; E-796 e 693 - Várias especialidades; E-833 - Excesso no conteúdo da publicidade; E-789 - Anúncio de liberação de valores; E-764 - Fornecimento de textos legais com nome; E-843 - Carta de imobiliária oferecendo serviço de advogado; E-722 - Publicidade de atos procedimentais; E-761 - Atos de sugestão; E-800 - Título "advogado da família"; E-785 - Rodapé de petições; anúncio de aptidões; E-786 - Convênio com prestadoras de serviços; E-1.148 - Apresentação de folders; E-1.266 - Oferta do "café da manhã"; E-1.267 - Convênios jurídicos; E-1.295 – "Linha 900"; E-1.608/97 - "Serviço de bip"; E-1637/98 - Serviço de orientação jurídica". (*Julgados do Tribunal de Ética da OAB/SP*, v. V e VI, publicação do Departamento Editorial da OAB/SP). (Robison Baroni, *Cartilha de ética profissional do advogado*, cit., p. 96-98).

[202] Informação disponível em: https://www.conjur.com.br/2006-jan-29/infracao_punida_oab_reter_verba_cliente?pagina=2. Acesso, 05,02,2018.

CAPÍTULO 7
RESPONSABILIDADE JURÍDICA DO ADVOGADO

Cuidar-se-ia, neste capítulo, da responsabilidade jurídica do advogado como profissional liberal. Importa, assim, caracterizar a relação jurídica da qual é oriunda toda e qualquer responsabilidade jurídica e das questões que demarcam as consequências do não cumprimento das obrigações que derivam do ato jurídico bilateral (contrato) estabelecido entre o advogado e seu cliente. Decerto que a responsabilidade jurídica do advogado é também consequência das diversas relações e conflitos jurídicos e morais nascidos da relação estabelecida entre o advogado e seus clientes, mas também entre eles e seus colegas, magistrados, promotores etc. relações que são próprias do mundo jurídico, isto é, das morais do advogado anteriormente estudada.

7.1 Responsabilidade jurídica do advogado

Tratamos anteriormente das questões imorais que distorcem o sentido da atividade do advogado, a saber, corrupção e falta de responsabilidade social dominam hoje o mundo jurídico, problemática esta que alerta acerca da necessidade de um despertar para a consciência moral dos advogados. Podemos diz-se, assim, que o mundo jurídico enfrenta dois grandes problemas, nem sempre adequadamente resolvidos:

Primeiro, acatar o que por lei deve ser feito, ainda que o prescrito contrarie os interesses particulares do advogado (e do seu cliente).

Segundo, fazer predominar os interesses individuai: lucros (ganhos), sobre a verdade e a justiça.

Colocar em primeiro plano, os interesses individuais do advogado e seu cliente é uma questão que deve ser melhor avaliada. E nessa questão deve-se insistir se quisermos realmente fazer justiça.

A respeito da responsabilidade dos advogados prescreve-se nos artigos 32 e 33 do Estatuto:

> Art. 32. O advogado é responsável pelos atos que, no exercício profissional, praticar com dolo ou culpa.
>
> Parágrafo único. Em caso de lide temerária, o advogado será solidariamente responsável com seu cliente, desde que coligado com este para lesar a parte contrária, o que será apurado em ação própria.
>
> Art. 33. O advogado obriga-se a cumprir rigorosamente os deveres consignados no Código de Ética e Disciplina.
>
> Parágrafo único. O Código de Ética e Disciplina regula os deveres do advogado para com a comunidade, o cliente, o outro profissional e, ainda, a publicidade, a recusa do patrocínio, o dever de assistência jurídica, o dever geral de urbanidade e os respectivos procedimentos disciplinares.

A disposição anterior complementa o anteriormente doutrinado acerca das consequências da imoralidade e da ilegalidade, derivando disso a responsabilidade do advogado pelos atos praticados.

Cabe lembrar que a obrigação do advogado é de meio e não de fim, mas tem a obrigação de informar o seu cliente sobre os riscos do processo e os possíveis resultados. Nesse sentido, todos os atos praticados engendram responsabilidade, respondendo solidariamente pelos danos causados em razão de atos contrário à moralidade e à legalidade.

Entende-se por lide temerária aquela em que a parte, sem justa causa ou interesse jurídico, move toda a máquina do Judiciário e causa danos a terceiros, seja por imprudência, negligencia, erro grosseiro ou culpa grave. Em se comprovando o conluio consciente entre advogado e cliente para prejudicar a outra parte, os dois respondem por seus atos, salvo se restar demonstrado que o cliente omitiu acintosamente informações de seu advogado, levando-o a erro. Todavia, na esfera Cível, a lide temerária é chamada de litigância de má-fé e está disciplinada no art. 79 do NCPC. O juiz, ao condenar o litigante, estipulará multa com base no valor da causa, não sendo inferior a 1% e não superior a 10%, que servirá como indenização à outra parte em função de prejuízos ocasionados, tendo de arcar ainda com os honorários advocatícios e qualquer outra despesa que tenha efetuado.[203]

7.1.1 O conceito de responsabilidade jurídica

Com muita frequência se define a responsabilidade jurídica como uma "sanção" que qualquer sistema de direito impõe aos infratores da lei, ou melhor uma "sanção imposta pelo Direito ao autor de um ato lesivo à ordem jurídica"[204]. Certamente, todo sistema de direito tecnicamente se estrutura sob um conjunto de normas que têm por finalidade ordenar a vida em sociedade, para o qual se estabelecem sanções que, segundo o caso, poderão ter naturezas diversas, podendo ser, entre outras: civil ou penal, procurando-se no mundo das regras jurídicas os critérios relativos à responsabilidade.

O termo responsabilidade etimologicamente deriva do verbo *respondere*, significando a garantia que se confere às coisas por meio de uma ou várias pessoas. Do ponto de vista estrutural, a responsabilidade, historicamente, foi considerada como uma relação de obrigação pela qual as pessoas devem responder pelos danos causados direta ou indiretamente, ou pela execução de ações prejudiciais a terceiros.

Segundo lições de Luis Díez-Picazo a responsabilidade significa a sujeição de uma pessoa que vulnera um dever de conduta imposto em interesse de outro sujeito, do qual deriva a obrigação de reparar o dano produzido.[205]

Estudos teórico-doutrinários revelam que existem duas maneiras de classificar a responsabilidade:

---

[203] GONZAGA, Alvaro de Azevedo. *Estatuto da Advocacia e Novo Código de Ética e Disciplina da OAB*: comentários. 3. ed. rev., atual. e ampl. Rio de Janeiro: Forense. São Paulo, MÉTODO, 2017, p. 7.

[204] BASTOS, Celso Ribero. *Curso de Direito Constitucional.* São Paulo: Malheiros Editores, 1995, p. 291.

[205] DÍEZ-PICAZO, Luis e Antonio Gullón. *Instituciones del Direito Civil.* Madrid: Tecnos, vol 1, 1995, p 820.

a) a *responsabilidade contratual*; com a qual representa-se a violação de um dever que tem como causa o contrato;

b) a *responsabilidade extracontratual* (*aquiliana*); com a qual expressa-se a hipótese do surgimento de um dano pela violação de um dever *neminem laedere* (de abstenção de um comportamento lesivo para os demais), incluindo-se dentro desta última classificação à derivada dos crimes.

Historicamente se reconhece que a responsabilidade extracontratual foi a primeira forma de expressão da responsabilidade jurídica. No direito romano, por exemplo, as obrigações dividiram-se em quatro classes, a saber, aquelas oriundas dos contratos, dos quase contratos, dos delitos e dos quase delitos.

Assim, a obrigação derivada do dano incluía todos os casos de crimes culposos e se fundamentava na *Lex Aquilia*, que serviu para estruturar um sistema mais ou menos teórico sobre a responsabilidade civil.[206]

Diz-se que no direito primitivo romano a responsabilidade foi o resultado da vingança pelas próprias mãos, segundo se conhece das disposições da lei do Talião, como se observou na Lei das XII Tábuas[207]. Num período histórico posterior se logrou modificar esse direito com a *Lex Aquilia de damno*, estabelecendo-se as bases para o ressarcimento dos danos (responsabilidade pecuniária).

No período medieval separou-se o dolo da culpa, distinguindo-se, assim, a responsabilidade civil da penal. Na posterior evolução do direito e, devido à expansão e modernização da economia e o avanço da tecnologia, foram surgindo relações jurídicas diversas e, como consequência, riscos inevitáveis que a ordem vigente deveria prescrever e sancionar. De fato, a inovação tecnológica gerou consequências (danos) para as quais devia existir um remédio jurídico.

No contexto da teoria do dano, os avanços da economia industrial aceleraram a discussão acerca da seguinte questão: *a quem* atribuir a responsabilidade? ou "*quem*" deveria suportar a obrigação de ressarcir os danos causados por acidentes provocados pelo funcionamento de máquinas ou engenhos?

Decerto que, a responsabilidade por estes tipos de acidentes, causados sem culpa do agente, mas derivados do simples funcionamento das máquinas, colocou os juristas ante o problema de ter que determinar se se proibia a atividade causadora do dano, ou bem se ressarcia o custo da lesão; e se esta última era a solução, que critérios deveriam ser utilizados para atribuir a alguém a culpa e a obrigação de indenizar.

Surgiria, assim, a teoria da responsabilidade objetiva (responsabilidade sem culpa), na qual o dano não se atribui a um sujeito segundo sua participação, mas segundo os critérios derivados do risco da utilização de substâncias e máquinas potencialmente perigosas.

Dessa forma, a responsabilidade se socializou, por meio da inclusão dos sujeitos já identificados como causadores indiretos do risco ou dano; e que, obtendo um benefício com determinada atividade econômica (prejudicial), deviam suportar as cargas desta e, portanto, ressarcir os danos provocados. Os maiores problemas surgiram com os acidentes causados nas ferrovias, já fossem derivados incêndios provocados pelas

---

[206] VALPUESTA Fernandez, María R.e outros. *Direito de Obrigações e Contratos*. Valência: Tirant lo Blanch, 1995, p 472.

[207] BONFANTE, Pietro. *História del Direito Romano*. Madrid: Revista de Direito Privado, vol 1, 1944. "FRAGMENTOS DA LEI DAS XII TÁBUAS: TÁBUA VIII (*De juribus praediorum*)".

chispas que saiam das máquinas ao passar pelas zonas de matérias inflamáveis (bosques, semeados de trigo, etc.), ou de acidentes mortais. De qualquer sorte, os sujeitos que tinha causado o risco, deveriam administra-lo, criando-se assim, na doutrina jurídica, um critério de imputação baseado não na ação proibida, mas na assunção das consequências de uma atividade, ainda que não necessariamente empresarial, arriscada.[208]

A socialização do risco teve lugar por meio de mecanismos de mercado, trasladando-se o mesmo da empresa ao público, através de manobras de preços. Nos preços dos produtos apareceria incluído o risco que se devia cobrir, naqueles casos em que se gerara um dano. Portanto, quando o cidadão adquiria o produto ou pagava um serviço, estava pagando também a parte correspondente ao custo de um sistema de ressarcimento de danos. Assim, mediante esta fórmula se subsidia a empresa, entendendo-se que a mesma não oferecia nenhum incentivo para evitar o dano, fabricar produtos danosos ou produzir dano ambiental.

De qualquer sorte, no fundo dessa discussão predominou a regra que ainda rege na sociedade moderna: "a responsabilidade deve ter sempre como fim o ressarcimento; assim, todos os danos sempre devem ser compensados".

Na verdade, seria, como maior frequência, muito difícil poder delimitar os danos, pela existência de diversos critérios de seleção ou de política jurídica. Ante essa problemática se compensavam só aqueles dano que derivavam da culpa do agente (critério tradicional), ou que se produziam por riscos das empresas (critério da responsabilidade objetiva); ou bem se considerou um sistema misto que incluía os dois tipos de fundamentos.[209]

7.2 Responsabilidade civil

A responsabilidade civil, dentro da teoria do direito, tem uma importância extraordinária, pois com ela se busca o restabelecimento de um equilíbrio entre uma violação e uma indenização, aplicando-se a lei dialética de "causa e feito" à sociedade e ao direito, expressadas através das categorias: "ato jurídico ilícito" - "ressarcimento do dano" - "sanção jurídica". Diversos autores afirmam que a responsabilidade civil se logra através da aplicação de medidas que obrigam a reparar o dano "moral" ou "patrimonial" causados a terceiros, como resultado de uma ação ou omissão provocada por pessoas, animais e coisas.

Em essência, a finalidade que se busca com o reconhecimento da responsabilidade civil é a de poder compensar juridicamente os danos. Teoricamente, a responsabilidade civil apresenta as seguintes características:

- ser exigida de acordo com a gravidade do dano causado, e não segundo a conduta ou a imputabilidade.

- ser transmissível a terceiras pessoas (incluindo aos herdeiros) sempre que as dívidas ou obrigações não sejam personalíssimas.

---

[208] VALPUESTA Fernandez, María R.e outros. *Direito de Obrigações e Contratos*. Valência: Tirant lo Blanch, 1995, p 473.
[209] Ibid., pp 474-475.

Evidentemente, o legislador brasileiro considerou como requisitos deste tipo de responsabilidade ("obrigação de reparar o dano") os seguintes:

a) A existência de uma ação ou omissão (ato lícito ou ilícito);

b) A violação de um direito causando prejuízos.

No primeiro quesito é importante distinguir o fato do ato jurídico, distinção da qual se compreenderá que só o ato deve ser considerado voluntário. Considere-se também a negligência e a imprudência como atos que ainda involuntários são culposos, e onde o causador do mesmo deveu prever as consequências previsível de suas ações. Aqui o dolo e a culpa atuam como consequências incidentais e voluntárias.

Noutra ordem, o caráter lícito ou ilícito dos atos jurídicos é causa da obrigação de ressarcir os danos. Desta forma o legislador visualiza a reparação do dano como uma necessidade evidente para compensar os efeitos negativos que recaem nas pessoas prejudicadas, fazendo possível a restituição do *statu quo* anterior ao ato ilícito.

Em suma, do ponto de vista doutrinário e, normativo é reconhecida como essência e conteúdo da responsabilidade civil: à integridade e não à parcialidade na restituição da coisa.

7.2.1 Responsabilidade contratual e extracontratual

A responsabilidade jurídica pode ser, assim, classificada: contratual e extracontratual.

A responsabilidade contratual pode ser oriunda do inadimplemento de uma obrigação derivada de um contrato, sendo necessário o cumprimento de um interesse concreto que se materializa de pessoa a pessoa. O direito civil tradicional sustenta a responsabilidade contratual na teoria do cumprimento das obrigações, reconhecendo-se as faculdades dos credores de exigir dos devedores o ressarcimento dos prejuízos que o inadimplemento das obrigações lhes ocasionou.

Na responsabilidade contratual existe, por tanto, um dever previamente pactuado e uma relação jurídica previamente constituída, da qual deriva um sistema de responsabilidade que tem como finalidade garantir ao prejudicado os benefícios previstos ao se constituir a obrigação.

A diferencia da responsabilidade contratual, o sistema de responsabilidade extracontratual ou *aquiliana*, que aparece dominado geralmente nas legislações de diversos países pela idéia da culpa do agente produtor do dano, se refere à compensação das lesiones produzidas por ações e omissões não devidas. A responsabilidade extracontratual caracteriza-se pela não existência de vínculo jurídico entre os sujeitos, e tem como fundamento "a não observância e cumprimento das normas jurídicas gerais".

Na responsabilidade contratual, como vimos, o interesse que essencialmente se protege é o contratual que se verifica de pessoa a pessoa; na responsabilidade extracontratual, se protegem interesses mais gerais, garantindo-se o ressarcimento dos danos que recaem nas pessoas e nas coisas. Verifica-se, por tanto, que a distinção essencial que se pode estabelecer entre a responsabilidade contratual e extracontratual se baseia nos interesses protegidos por cada um desses sistemas.

7.2.1.1 Responsabilidade extracontratual e responsabilidade por crime

É oportuno ressaltar que a responsabilidade extracontratual se diferencia substancialmente da responsabilidade derivada dos crimes. As diferenças entre esses tipos de responsabilidades podem ser observadas fundamentalmente apelando à natureza dos diferentes sistemas jurisdicionais. Por exemplo, a jurisdição penal tem uma finalidade distintas à jurisdição civil, ainda que a culpa extracontratual tenha também como fins as sanções.

O ato ilícito penal (o delito) é sempre uma ofensa contra o interesse público e, por isso, o estado tem capacidade para perseguir e sancionar ao criminoso com o objetivo de proteger a sociedade. Noutro sentido, o sistema de responsabilidade civil tem como objetivo garantir a compensação da vítima do dano; desta forma, sua finalidade não é o castigo do agente, mas a compensação do prejudicado.

Esta distinção tem uma importância teórico-prática significativa, pois para a responsabilidade extracontratual não rege a presunção de inocência, que si existe e rege para a responsabilidade derivada dos crimes. Por outro lado, a responsabilidade extracontratual não está sujeita ao princípio da tipicidade como acontece com os crimes no Direito Penal.

Enfim, existem determinados supostos nos que coincidem a responsabilidade contratual e extracontratual, devendo-se nesses casos se observar as normas jurídicas regulamentadoras do contrato em questão e as demais disposições legais que regem para o cumprimento das obrigações, estando a exigência do cumprimento dentro da jurisdição civil e não penal.

7.3 Responsabilidade objetiva e subjetiva

Segundo estudos doutrinários existem diversas teorias que aceitam só ao dano como causa da indenização, independentemente de que o autor tenha agido de forma dolosa ou culposa.

Podemos caracterizar a responsabilidade objetiva como aquela onde não existe culpa, ou melhor, aquela que se produz com independência de toda culpa do agente, sendo ela de qualquer forma presumida. Esse tipo de responsabilidade tem como causa o desenvolvimento da tecnologia e o transporte "que multiplicou a produção ou possibilidade de produção de danos, fazendo quase impossível a vigência do princípio da responsabilidade por culpa. Não se podia seguir mantendo um sistema que exigia de cada uma das vítimas a prova da culpa do autor da ação danosa, pois em muitos casos era impossível ante a complexidade dos meios utilizados".[210]

Assim, o fundamento da responsabilidade objetiva descansa na necessidade de indenizar todo dano, considerando-se que existe um vínculo inegável e obrigatoriamente observável entre o acontecimento e o dano, independentemente da culpa. O agente causador do dano deverá indenizar, ainda que seja isento de culpa; essa é a consideração que se faz na chamada teoria do risco. Tome-se como exemplo a responsabilidade do empresário, na qual se estabelece como fundamento o seguinte: "quem obtiver um

[210] DÍEZ-PICAZO, Luis e Antonio Gullón. *Instituciones del Direito Civil.* Madrid: Tecnos, vol 1, 1995, p 821.

benefício com uma atividade que pode criar risco, deverá assumir as consequências danosas de essa atividade".

Na legislação civil brasileira vigente a responsabilidade objetiva é identificada, por exemplo, com aquela que deriva dos danos causados pelo Estado, por meio de seus agentes e dos danos causados em razão das atividades que geram riscos, onde se considera responsável ao causador dos mesmos, a exemplo dos danos derivados das relações de consumo. Igualmente, abrange aqueles casos onde os danos são derivados da força maior, para não deixar sem reparação nenhum ato lesivo, tendo o prejudicado sempre o direito à indenização.

Por sua vez, a responsabilidade subjetiva resulta do comportamento do agente em relação à vítima, no qual é necessário provar a existência de culpa para se poder exigir determinada indenização. Como pode-se observar, este tipo de responsabilidade está fundamentada na culpa.

O sistema subjetivo da responsabilidade, diz Luis Díez-Picazo "se estrutura em torno à idéia de que não basta que uma pessoa sofra dano para que o autor da ação u omissão que seja causa esteja obrigado a repara-lo; é mister que seu ato u omissão se de sendo pelo menos negligente, descuidado, sem prever as consequências danosas para evita-las, em suma, a um reproche que faz a seu proceder".[211]

7.4 Responsabilidade derivada do exercício da profissão

O tema da responsabilidade profissional também tem sido considerado polêmico. Para alguns doutrinadores tem sido considerado como um assunto derivado dos atos jurídicos voluntários, afirmando-se que os mesmos deveriam ser tratados como uma responsabilidade contratual. Entretanto, para outros, a responsabilidade derivada do exercício da profissão deve ser considerada como extracontratual.

Assim, surgiu a idéia do concurso da responsabilidade contratual e extracontratual como aquela que existe entre duas pessoas onde exista uma relação jurídica contratual, produzido um dano por uma parte à outra intervindo culpa ou negligência, pode acontecer que esse mesmo resultado danoso seja susceptível de considerar-se como uma infração contratual, que geraria responsabilidade de este tipo, ou como um suposto de responsabilidade extra contratual, em tanto tenha produzido a obrigação de reparar como consequência do incumprimento do *neminem laedere*; por exemplo, o arrendatário de um local que, faltando a seu dever contratual de custodia da coisa arrendada, provoca um incêndio que a destrói, ou o passageiro de um buque que sofre danos em sua pessoa por negligência do capitão, etc. Aqui tem que dilucidar se a lei do contrato, uma vez que as obrigações derivadas de aquele princípio formam parte de seu contido, desloca a todo tipo de responsabilidade extra contratual no existindo por tanto mas que a contratual, o bem esta última se superpõe ou coexiste com a primeira, de maneira que o prejudicada pode acionar uma ou outra, ou incluso fazer uma subsidiária da outra. As discussões doutrinárias não têm chegado, todavia aos pontos de acordo, e isso tem sua transcendência na jurisprudência, que flutua segundo os casos, orientada a lograr que a vítima seja indemnizada de uma maneira ou de outra.[212]

---

[211] DÍEZ-PICAZO, Luis e Antonio Gullón. *Instituciones del Direito Civil.* Madrid: Tecnos, vol 1, 1995, p 820-821.

[212] DÍEZ-PICAZO, Luis e Antonio Gullón. *Instituciones del Direito Civil.* Madrid: Tecnos, vol 1, 1995, p

De qualquer forma, ainda que o regime dos contratos de prestação de serviços seja regido polo Código Civil e nele estejam incluídos os serviços profissionais, consideramos existir uma dualidade de consequências derivadas das relações jurídicas que devem ser protegidas, observando-se a teoria e regras relativas à responsabilidade contratual, extra contratual, subjetiva e objetiva, sendo resolvidos os conflitos jurídicos pelas normas do Código Civil e do Código de Defesa do Consumidor vigentes.

Em resumo, se conhecem determinados tipos de responsabilidades profissionais classificadas segundo os critérios doutrinários e a jurisprudenciais, dentro das quais podemos destacar a responsabilidade dos advogados.

Sendo a responsabilidade dos advogados o objeto de nosso estudo, a seguir caracterizamos, de maneira específica a mesma, para desenvolver uma análise exegético e comparado das normas jurídicas regulamentadoras da atividade dos advogados correspondentes ao Código Civil Brasileiro. Não devemos deixar de observar que para alguns juristas também a relação jurídica em estudo é regulada pelas normas do Código de Defesa do Consumidor.

7.4.1 Responsabilidade jurídica do advogado em exercício

Para melhor entender a profissão do advogado importa avaliar sua natureza jurídica, para tanto, é preciso, primeiro, discutir se a responsabilidade (obrigação) do advogado é de meio o de fim e, segundo, se a atividade do advogado é regida pelo Código Civil ou pelo CDC.

Pois bem, a atividade do advogado é uma atividade de meio e não de fim. Isto quer dizer que o advogado, como profissional liberal se responsabiliza pelo conjunto de atos realizado em prol dos direitos do cliente, exigido por meio de um processo (ação, contestação ou recurso) iniciado e acompanhado por ele. Neste sentido, o advogado não garante ganho de causa, pois o resultado não depende unicamente dos seus atos e, sem da análise e deliberação desenvolvida no judiciário.

O segundo ponto a ser considerado nesta seção é se a atividade do advogado deve ser regida pelo Código Civil ou pelo CDC. A respeito desta questão inexiste uma concepção unívoca (única) acerca do assunto e, por esse motivo, a seguir estudaremos duas correntes importantes existentes.

No processo judicial o advogado se constitui num mandatário que se obriga na postulação de decisões favoráveis ao seu constituinte, ao convencimento do julgador, constituindo seus atos *munus* público.

Na teoria e prática do direito, a responsabilidade jurídica que deriva do exercício da advocacia pode ser caraterizada da seguinte maneira:

a) Contratual subjetiva

Visto o seu serviço como um contrato de mandato estabelecido entre o advogado e o cliente, o primeiro estará obrigado agir com cautela, tomar as devidas providências na gestão eficiente dos processos legais, e o segundo a pagar os honorários estabelecidos pelo serviço prestado. Assim, durante a prestação dos serviços o advogado não se obriga com a obtenção do êxito do processo, mais sem com as devidas

---

824-825.

providências tomadas durante a gestão ou representação. Não sendo cumprida essa obrigação, responderá o advogado pelos danos causados a seu cliente.

Caracteriza-se assim este tipo de responsabilidade como subjetiva, pois baseado na existência de culpa, o advogado se obriga ao ressarcimento das perdas e danos, ou talvez a perda de uma chance, em correspondência com o que também se dispõe, como visto, no artigo 32 do EAOAB: *O advogado é responsável pelos atos que, no exercício profissional, praticar com dolo ou culpa*".

b) Contratual objetiva

Para aqueles que identificam o serviço do como sendo um contrato enquadrado dentro das relações de consumo, nesta hipótese, as relações jurídicas que dele se derivam também são consideradas como protegidas e regulamentadas pelo Código de Defesa do Consumidor brasileiro. Igualmente, pode-se considerar que a responsabilidade derivada dos serviços dos advogados se enquadra dentro da ordem disciplinar ou ética.

Desta forma, se nos apresenta uma dualidade, ou melhor, uma diversidade de relações jurídicas nascidas destes serviços, a saber:

Primeiro, as constituídas entre o advogado (fornecedor) e o seus clientes (consumidores) e,

Segundo, as derivadas do próprio exercício da profissão (disciplinares e éticas), com as quais o advogado relaciona-se com a sociedade, com a sua organização, e com o Estado (Administração Pública), através do vínculo que estabelece com os demais profissionais (advogados, juízes, promotores, etc.).

Por tanto, como resultado da prestação dos serviços da advocacia se verifica o concurso das duas responsabilidades (contratual e extracontratual), e como bem afirma Edvaldo Brito, "o sistema jurídico brasileiro compõe-se de normas rigorosas de apuração da responsabilidade do advogado, seja pela via da relação jurídica de consumo, na qual ele poderá ser enquadrado, seja pela via do controle no exercício da profissão desempenhado pelo órgão disciplinar. Em cada qual dessas formas de apuração, há efeitos jurídicos próprios".[213] Considera-se, assim, que as relações jurídicas nascidas dos serviços dos advogados são protegidas e regulamentadas pelos seguintes instrumentos jurídicos: Constituição Federal, Código Civil brasileiro, Código de Processo Civil brasileiro, Lei n.º 8.906 de 4 de Julho de 1994 que dispõe sobre o Estatuto da Advocacia e a Ordem dos Advogados do Brasil (OAB) e do Código de Ética e Disciplina do Advogado e Código do Consumidor brasileiro vigente.

7.5 Conflitos jurídicos derivados do desempenho da advocacia

Os conflitos jurídicos derivados do desempenho da advocacia podem ter diferentes natureza, a saber:

a) contratual;

b) ético-profissional.

[213] NOVAIS Dias Sérgio. "Responsabilidade Civil do Advogado: Perda de uma chance". São Paulo: LTr, 1999, p 8.

A natureza contratual dos serviços prestados pelo advogado determina a natureza dos conflitos que surgem dos mesmos. Sendo obrigado o advogado agir com cautela e tomar as devidas providências na gestão eficiente dos processos legais, surgem reclamações jurídicas baseadas nos seguintes supostos de fato que têm como causa o inadimplemento de uma obrigação de fazer[214], a saber:

1. Esquecimento de propor uma ação antes do prazo decadencial ou prescricional.

2. Deixar de formular pedido essencial para o alcance da pretensão de seu cliente.

3. Deixar de promover prova indispensável para o acolhimento de determinado pedido, ou ainda quando não promove a restauração de autos.

4. Deixar de apresentar contrarrazões de recurso.

5. Não comparece à sessão de julgamento no tribunal para a sustentação oral.

6. Em determinadas circunstâncias, não propor ação rescisória.

7. Extravio de autos.

8. Não interposição de recursos de natureza extraordinária.

Igualmente, vistos o serviço do advogado como uma relação de direito, consideramos que elas são oriundas de conflitos jurídicos e éticos que, como explicado no capítulo anterior, merecem sanções disciplinares.

7.6 Tutela constitucional do serviço do advogado

Na Constituição da República Federativa do Brasil, por seu artigo 5º, se autoriza o exercício de qualquer profissão, desde que atendidas as qualificações exigidas pela lei. Assim se estabelece que: *XIII- é livre o exercício de qualquer trabalho, ofício ou profissão, atendidas as qualificações profissionais que a lei estabelecer [...].*

Porém, existem proibições fundamentadas no interesse público para a habilitação e o exercício da advocacia, além do que se estabelece nos artigos 47, II, e 56 do Código Penal sob "*Interdição temporária de direitos" e "Penas restritivas de direito*".

O exercício da atividade de advocacia no território brasileiro e a denominação de advogado são privativos dos inscritos na Ordem dos Advogados do Brasil- OAB. Assim, como estudado no capítulo anterior, são considerados nulos os atos privativos de advogado praticados por pessoas não inscrita na OAB, sem prejuízo das sanções civis, penais e administrativas.

A advocacia constitucionalmente "é considera como uma profissão de elevado alcance social, bastando lembrar que o advogado- único profissional liberal mencionado expressamente na CF- é indispensável à administração da justiça".[215]

---

[214] NOVAIS Dias Sérgio. *Responsabilidade Civil do Advogado: Perda de uma chance.* São Paulo: LTr, 1999, p 14.

[215] ACQUAVIVA Marcus Cládio. *Vademecum do cotidiano forense. O livro pessoal do advogado.* São

Verifica-se que, no artigo 133 da Lei Magna, o advogado é considerado como profissional indispensável à administração da justiça, sendo inviolável por seus atos e manifestações no exercício da profissão, nos limites da lei.

Por sua vez a Defensoria Pública é considerada como instituição essencial à função jurisdicional do Estado, incumbindo-lhe a orientação jurídica e a defesa, em todos os graus, dos necessitados, na forma do artigo 5º, LXXIV.

7.7 Natureza contratual do serviço do advogado

O serviço do advogado tem uma natureza eminentemente contratual, dito serviço só pode surgir a partir do acordo de vontade entre as partes contratantes: advogado (mandatário) e usuário ou cliente (mandante). Assim, desse tipo de relação jurídica contratual surgem obrigações para as partes e é regida pelas normas do mandato.

Nos Juizados Especiais Civis o mandato ao advogado poderá ser verbal, salvo quanto aos poderes especiais.

Em resumo, como se estabelece no artigo 2º § 1º do EAOAB o advogado durante seu desempenho profissional presta serviço e exerce função social.

De fato, o serviço prestado pelos advogados tem natureza de mandato. O termo mandato ("*mandatum*") deriva de *manu datio, manun dare,* que se refere ao costume das partes contratantes de dar-se a mão em sinal de um compromisso, predominando assim como fundamento, a confiança. Dar a mão, segundo o direito histórico, era símbolo de conclusão do contrato e, portanto, significava que se dava poder ou encargo a outra pessoa para cuidar dos interesses ou assuntos.

Assim foi considerado o mandato, como contrato pelo qual o mandante outorga poderes de representação na prática de atos negociais ou judiciais ao mandatário. Do ponto de vista conceitual e normativo o mandato é um contrato pelo qual uma pessoa (mandatário) se obriga frente a outra (mandante), a desempenhar determinados atos por conta e encargo dela. Assim, segundo disposições estabelecidas nos artigos 653 e seguintes do Código Civil Brasileiro:

> CAPÍTULO X
> Do Mandato
>
> Seção I
> Disposições Gerais
>
> Art. 653. Opera-se o mandato quando alguém recebe de outrem poderes para, em seu nome, praticar atos ou administrar interesses. A procuração é o instrumento do mandato.
>
> Art. 654. Todas as pessoas capazes são aptas para dar procuração mediante instrumento particular, que valerá desde que tenha a assinatura do outorgante.
>
> § 1º O instrumento particular deve conter a indicação do lugar onde foi passado, a qualificação do outorgante e do outorgado, a data e o objetivo da outorga com a designação e a extensão dos poderes conferidos.
>
> § 2º O terceiro com quem o mandatário tratar poderá exigir que a procuração traga a firma reconhecida.

Paulo: Jurídica Brasileira, 1998, p 111.

Art. 655. Ainda quando se outorgue mandato por instrumento público, pode substabelecer-se mediante instrumento particular.

Art. 656. O mandato pode ser expresso ou tácito, verbal ou escrito.

Contudo, a atividade que desenvolve o advogado e representativa de tais atos, por meio da qual se faz gestão dos interesses sócio jurídicos e econômicos de outros, através de uma procuração. Assim, se verifica que pelo artigo 654 do Código Civil se determina que a "procuração", termo que deriva do latim *curare*, cuidar, zelar, proteger em favor de terceiros, é o instrumento do mandato, predominando a confiança pela qual uma pessoa transfere uma representação a outra que aceita, para que em seu nome realize certos atos.

A procuração para o foro em geral habilita o advogado a praticar todos os atos judiciais, em qualquer juízo ou instância, salvo os que exijam poderes especiais, segundo se estabelece no artigo 5º, § 2º do EAOAB.

Regula-se, igualmente o mandato judicial no art. 692: *O mandato judicial fica subordinado às normas que lhe dizem respeito, constantes da legislação processual, e, supletivamente, às estabelecidas neste Código.*

Todavia, conforme o art. 103 do NCPC. A parte será representada em juízo por advogado regularmente inscrito na Ordem dos Advogados do Brasil.

Neste sentido, o advogado não será admitido a postular em juízo sem procuração, salvo para evitar preclusão, decadência ou prescrição, ou para praticar ato considerado urgente. (Art. 104 NCPC)

A procuração geral para o foro, outorgada por instrumento público ou particular assinado pela parte, habilita o advogado a praticar todos os atos do processo, exceto receber citação, confessar, reconhecer a procedência do pedido, transigir, desistir, renunciar ao direito sobre o qual se funda a ação, receber, dar quitação, firmar compromisso e assinar declaração de hipossuficiência econômica, que devem constar de cláusula específica. (Art. 105 NCPC)

A procuração deverá conter o nome do advogado, seu número de inscrição na Ordem dos Advogados do Brasil e endereço completo. Se o outorgado integrar sociedade de advogados, a procuração também deverá conter o nome dessa, seu número de registro na Ordem dos Advogados do Brasil e endereço completo. Salvo disposição expressa em sentido contrário constante do próprio instrumento, a procuração outorgada na fase de conhecimento é eficaz para todas as fases do processo, inclusive para o cumprimento de sentença. (Art. 105, § 2º, § 3º, § 4º do NCPC)

Como pode-se observar o advogado, sem instrumento de mandato não será admitido a procurar em juízo, pois como bem se estabelece no artigo 5º da Lei n.º 8.906, de 4 de julho de 1994 "*o advogado postula, em juízo ou fora dele, fazendo prova do mandato*", mas poderá, todavia, em nome da parte intentar ação, a fim de evitar decadência ou prescrição, bem como intervir, no processo, para praticar atos reputados urgentes. Nestes casos, o advogado se obrigará, independentemente de caução, a exibir o instrumento de mandato no prazo de 15 (quinze) dias, prorrogável até outros 15 (quinze), por despacho do juiz. Assim, os atos não ratificados no prazo, serão havidos por inexistentes, respondendo o advogado por despesas e perdas e danos.

De igual forma, como explicado em capítulo anterior prescreve-se no § 1º do próprio artigo 5º do EAOAB que: "*o advogado, afirmando urgência, pode atuar sem procuração, obrigando-se a apresenta-la no prazo de 15 (quinze) dias, prorrogável por igual período*".

Esta possibilidade de desempenhar uma atividade em benefício de outros, segundo Arnoldo Wald:

> aparece no campo jurídico sob duas formas distintas: a representação e a preposição. Pela primeira o titular do direito pratica atos jurídicos em seu nome e no seu interesse, por meio de terceiro. A representação é a utilização de serviços alheios para a prática de atos jurídicos, enquanto a preposição, decorrente da locação de serviços ou do contrato de trabalho, é o aproveitamento do esforço alheio, devidamente compensado, para a realização de atos materiais.[216]

A representação é legal (representação do incapaz), judicial (representação do advogado ou pessoa capacitada para a administração dos bens) ou convencional (contrato de mandato). Como dizíamos, o mandato é um contrato baseado na confiança (*fiducia*), pois, quem empresta o serviço inspira uma certa tranquilidade e segurança.

Em tal sentido, existe, de um lado, a "necessidade", e de outro, a "confiança". A "necessidade" implica a impossibilidade para realizar um ou vários atos; a "confiança" permite outorgar faculdades de representação a outra pessoa para desenvolver relações jurídicas. Então, o fundamento deste contrato descansa na confiança, na honestidade e honradez de uma pessoa, que nos conduz a confiar-lhe nossa representação.

O contrato de mandato, como ato jurídico, possui as seguintes características:

a) *preparatório*: prepara situações jurídicas para a realização ou gestão de um ou vários atos. Não tem finalidade própria, pois facilita a celebração de outros contratos posteriores;

b) *consensual*: é aperfeiçoado com o consentimento simples das partes;

c) *gratuito ou oneroso*: pode ser ou não retribuído.

Embora alguns doutrinadores opinem que sendo remunerado, o mandato se converte em locação de serviços, a teoria moderna não considera a gratuidade como requisito essencial deste contrato, fato pelo qual muitos Códigos Civis aceitam a possibilidade de que o mandato seja oneroso.

d) *bilateral* ou *unilateral*: segundo seja gratuito ou oneroso.

e) *escrito* (procuração) ou *verbal*;

f) *expresso* ou *tácito*;

g) não necessariamente *solene*.

Dentre as classes de mandato se conhecem os mandatos gerais e os especiais. Os primeiros compreendem a todos os negócios do mandante, exceto os personalíssimos. Os segundos referem-se a um ou vários negócios determinados.

Uma distinção debatida destas classes, nos conduz a determinar a amplitude das faculdades que se concedem com a relação jurídica e que está implícita no objeto do mandato.

---

[216] WALD, Arnoldo. *Obrigações e Contratos*. 12. ed. São Paulo: Rt, 1995, p. 394.

Existem, ainda, os mandatos simples e representativos. O primeiro existe quando o mandatário atua em seu próprio nome, e o segundo, quando atua em nome do mandante. Denomina-se, assim, o mandato com representação ou mandato ostensivo.

A doutrina distingue elementos constitutivos, próprios deste contrato, a saber:

1. *Pessoais*.

a) Mandante: Pessoa que transfere sua representação a outro.

b) Mandatário (ou procurador): É a pessoa que se encarrega da representação.

2. *Reais*.

O negócio, assunto, ou questão para o que se dá o mandato; e quando este seja remunerado, a remuneração ou honorários.

Para alguns autores, a diferença fundamental entre estas figuras jurídicas está no objeto. O mandatário pode obrigar-se a realizar pelo mandante, qualquer classe de ato jurídico. Neste sentido, se diz que o objeto do mandato é a celebração do ato jurídico. O que diferencia o mandato da locação de obras ou serviços, é que o locatário se obriga à realização de um trabalho (material ou intelectual), ou de uma obra, quer dizer, é um contrato que tem por objeto a prestação de um trabalho ou de uma obra. O locatário desempenha o serviço para quem o contratou, o mandatário atua juridicamente (celebra contratos, executa pagamentos, cobra, administra interesses, etc.) por conta do mandante. Mas, "o que profundamente afasta um contrato do outro é a idéia de representação, peculiar ao mandato. É a circunstância de que na locação de serviços o locatário atua para o locador, enquanto no mandato o mandatário age em nome, no lugar e pelo mandante".[217]

A representação "constitui, também, o elemento divisório entre o mandato e a comissão mercantil. Na comissão o comissário não representa o comitente, posto que age em nome próprio, de modo que sua atividade comercial vincula a ele, comissário, e não ao comitente. Aqui não há representação, enquanto no mandato esse é o elemento subjacente, pois o mandatário, age em nome e no lugar do mandante".[218]

No caso específico do mandato do advogado, quando este renunciar, continuará o mandato, durante os 10 (dez) dias seguintes à notificação da renúncia, a representar o mandante, salvo se for substituído antes do término desse prazo. (Veja-se artigo 5º, § 3º do EAOAB)

Quanto às obrigações oriundas do mandato, regula-se no Código Civil:

Das Obrigações do Mandatário

> Art. 667. O mandatário é obrigado a aplicar toda sua diligência habitual na execução do mandato, e a indenizar qualquer prejuízo causado por culpa sua ou daquele a quem substabelecer, sem autorização, poderes que devia exercer pessoalmente.
>
> § 1º Se, não obstante proibição do mandante, o mandatário se fizer substituir na execução do mandato, responderá ao seu constituinte pelos prejuízos ocorridos sob a gerência do substituto, embora provenientes de caso fortuito, salvo provando que o caso teria sobrevindo, ainda que não tivesse havido substabelecimento.

[217] RODRIGUES, Silvio. *Direito Civil. Dos Contratos e das Declarações Unilaterais de Vontade*. 21. ed. São Paulo: Saraiva, vol 3, 1993.
[218] Ibid, página 297.

§ 2º Havendo poderes de substabelecer, só serão imputáveis ao mandatário os danos causados pelo substabelecido, se tiver agido com culpa na escolha deste ou nas instruções dadas a ele.

§ 3º Se a proibição de substabelecer constar da procuração, os atos praticados pelo substabelecido não obrigam o mandante, salvo ratificação expressa, que retroagirá à data do ato.

§ 4º Sendo omissa a procuração quanto ao substabelecimento, o procurador será responsável se o substabelecido proceder culposamente.

Art. 668. O mandatário é obrigado a dar contas de sua gerência ao mandante, transferindo-lhe as vantagens provenientes do mandato, por qualquer título que seja.

Art. 669. O mandatário não pode compensar os prejuízos a que deu causa com os proveitos que, por outro lado, tenha granjeado ao seu constituinte.

Art. 670. Pelas somas que devia entregar ao mandante ou recebeu para despesa, mas empregou em proveito seu, pagará o mandatário juros, desde o momento em que abusou.

Art. 671. Se o mandatário, tendo fundos ou crédito do mandante, comprar, em nome próprio, algo que devera comprar para o mandante, por ter sido expressamente designado no mandato, terá este ação para obrigá-lo à entrega da coisa comprada.

Art. 672. Sendo dois ou mais os mandatários nomeados no mesmo instrumento, qualquer deles poderá exercer os poderes outorgados, se não forem expressamente declarados conjuntos, nem especificamente designados para atos diferentes, ou subordinados a atos sucessivos. Se os mandatários forem declarados conjuntos, não terá eficácia o ato praticado sem interferência de todos, salvo havendo ratificação, que retroagirá à data do ato.

Art. 673. O terceiro que, depois de conhecer os poderes do mandatário, com ele celebrar negócio jurídico exorbitante do mandato, não tem ação contra o mandatário, salvo se este lhe prometeu ratificação do mandante ou se responsabilizou pessoalmente.

Art. 674. Embora ciente da morte, interdição ou mudança de estado do mandante, deve o mandatário concluir o negócio já começado, se houver perigo na demora.

Das Obrigações do Mandante

Art. 675. O mandante é obrigado a satisfazer todas as obrigações contraídas pelo mandatário, na conformidade do mandato conferido, e adiantar a importância das despesas necessárias à execução dele, quando o mandatário lho pedir.

Art. 676. É obrigado o mandante a pagar ao mandatário a remuneração ajustada e as despesas da execução do mandato, ainda que o negócio não surta o esperado efeito, salvo tendo o mandatário culpa.

Art. 677. As somas adiantadas pelo mandatário, para a execução do mandato, vencem juros desde a data do desembolso.

Art. 678. É igualmente obrigado o mandante a ressarcir ao mandatário as perdas que este sofrer com a execução do mandato, sempre que não resultem de culpa sua ou de excesso de poderes.

Art. 679. Ainda que o mandatário contrarie as instruções do mandante, se não exceder os limites do mandato, ficará o mandante obrigado para com aqueles com quem o seu procurador contratou; mas terá contra este ação pelas perdas e danos resultantes da inobservância das instruções.

> Art. 680. Se o mandato for outorgado por duas ou mais pessoas, e para negócio comum, cada uma ficará solidariamente responsável ao mandatário por todos os compromissos e efeitos do mandato, salvo direito regressivo, pelas quantias que pagar, contra os outros mandantes.
>
> Art. 681. O mandatário tem sobre a coisa de que tenha a posse em virtude do mandato, direito de retenção, até se reembolsar do que no desempenho do encargo despendeu.

Já, quanto à extinção do mandato, regula-se o seguinte:

> **Da Extinção do Mandato**
>
> Art. 682. Cessa o mandato:
>
> I - pela revogação ou pela renúncia;
>
> II - pela morte ou interdição de uma das partes;
>
> III - pela mudança de estado que inabilite o mandante a conferir os poderes, ou o mandatário para os exercer;
>
> IV - pelo término do prazo ou pela conclusão do negócio.

Neste sentido, quando o mandato contiver a cláusula de irrevogabilidade e o mandante o revogar, pagará perdas e danos. (Art. 683 do CC)

Quando a cláusula de irrevogabilidade for condição de um negócio bilateral, ou tiver sido estipulada no exclusivo interesse do mandatário, a revogação do mandato será ineficaz. (Art. 684 do CC)

Conferido o mandato com a cláusula "em causa própria", a sua revogação não terá eficácia, nem se extinguirá pela morte de qualquer das partes, ficando o mandatário dispensado de prestar contas, e podendo transferir para si os bens móveis ou imóveis objeto do mandato, obedecidas as formalidades legais. (Art. 685 do CC)

A revogação do mandato, notificada somente ao mandatário, não se pode opor aos terceiros que, ignorando-a, de boa-fé com ele trataram; mas ficam salvas ao constituinte as ações que no caso lhe possam caber contra o procurador. (Art. 686 do CC)

Tanto que for comunicada ao mandatário a nomeação de outro, para o mesmo negócio, considerar-se-á revogado o mandato anterior. (Art. 687 do CC)

A renúncia do mandato será comunicada ao mandante, que, se for prejudicado pela sua inoportunidade, ou pela falta de tempo, a fim de prover à substituição do procurador, será indenizado pelo mandatário, salvo se este provar que não podia continuar no mandato sem prejuízo considerável, e que não lhe era dado substabelecer. (Art. 688 do CC)

São válidos, a respeito dos contratantes de boa-fé, os atos com estes ajustados em nome do mandante pelo mandatário, enquanto este ignorar a morte daquele ou a extinção do mandato, por qualquer outra causa. (Art. 689 do CC)

Se falecer o mandatário, pendente o negócio a ele cometido, os herdeiros, tendo ciência do mandato, avisarão o mandante, e providenciarão a bem dele, como as circunstâncias exigirem. (Art. 690 do CC)

Os herdeiros, no caso do artigo antecedente, devem limitar-se às medidas conservatórias, ou continuar os negócios pendentes que se não possam demorar sem perigo, regulando-se os seus serviços dentro desse limite, pelas mesmas normas a que os do mandatário estão sujeitos. (Art. 691 do CC)

7.8 Infrações e sanções disciplinares

Uma das questões mais objetivas do EAOAB é o que se refere às infrações éticas e suas respetivas sanções disciplinares aplicadas ao advogado infrator.

De fato, sanções são as consequências delineadas para os atos de irresponsabilidade: ilegais e imorais anteriormente comentados. Nesse sentido, mais do que regras, os arts. 34 e seguintes do citado Estatuto resumem:

Das Infrações e Sanções Disciplinares

Art. 34. Constitui infração disciplinar:

I - exercer a profissão, quando impedido de fazê-lo, ou facilitar, por qualquer meio, o seu exercício aos não inscritos, proibidos ou impedidos;

II - manter sociedade profissional fora das normas e preceitos estabelecidos nesta lei;

III - valer-se de agenciador de causas, mediante participação nos honorários a receber;

IV - angariar ou captar causas, com ou sem a intervenção de terceiros;

V - assinar qualquer escrito destinado a processo judicial ou para fim extrajudicial que não tenha feito, ou em que não tenha colaborado;

VI - advogar contra literal disposição de lei, presumindo-se a boa-fé quando fundamentado na inconstitucionalidade, na injustiça da lei ou em pronunciamento judicial anterior;

VII - violar, sem justa causa, sigilo profissional;

VIII - estabelecer entendimento com a parte adversa sem autorização do cliente ou ciência do advogado contrário;

IX - prejudicar, por culpa grave, interesse confiado ao seu patrocínio;

X - acarretar, conscientemente, por ato próprio, a anulação ou a nulidade do processo em que funcione;

XI - abandonar a causa sem justo motivo ou antes de decorridos dez dias da comunicação da renúncia;

XII - recusar-se a prestar, sem justo motivo, assistência jurídica, quando nomeado em virtude de impossibilidade da Defensoria Pública;

XIII - fazer publicar na imprensa, desnecessária e habitualmente, alegações forenses ou relativas a causas pendentes;

XIV - deturpar o teor de dispositivo de lei, de citação doutrinária ou de julgado, bem como de depoimentos, documentos e alegações da parte contrária, para confundir o adversário ou iludir o juiz da causa;

XV - fazer, em nome do constituinte, sem autorização escrita deste, imputação a terceiro de fato definido como crime;

XVI - deixar de cumprir, no prazo estabelecido, determinação emanada do órgão ou de autoridade da Ordem, em matéria da competência desta, depois de regularmente notificado;

XVII - prestar concurso a clientes ou a terceiros para realização de ato contrário à lei ou destinado a fraudá-la;

> XVIII - solicitar ou receber de constituinte qualquer importância para aplicação ilícita ou desonesta;
>
> XIX - receber valores, da parte contrária ou de terceiro, relacionados com o objeto do mandato, sem expressa autorização do constituinte;
>
> XX - locupletar-se, por qualquer forma, à custa do cliente ou da parte adversa, por si ou interposta pessoa;
>
> XXI - recusar-se, injustificadamente, a prestar contas ao cliente de quantias recebidas dele ou de terceiros por conta dele;
>
> XXII - reter, abusivamente, ou extraviar autos recebidos com vista ou em confiança;
>
> XXIII - deixar de pagar as contribuições, multas e preços de serviços devidos à OAB, depois de regularmente notificado a fazê-lo;
>
> XXIV - incidir em erros reiterados que evidenciem inépcia profissional;
>
> XXV - manter conduta incompatível com a advocacia;
>
> XXVI - fazer falsa prova de qualquer dos requisitos para inscrição na OAB;
>
> XXVII - tornar-se moralmente inidôneo para o exercício da advocacia;
>
> XXVIII - praticar crime infamante;
>
> XXIX - praticar, o estagiário, ato excedente de sua habilitação.
>
> Parágrafo único. Inclui-se na conduta incompatível:
>
> a) prática reiterada de jogo de azar, não autorizado por lei;
>
> b) incontinência pública e escandalosa;
>
> c) embriaguez ou toxicomania habituais.

Conforme doutrina Francisco Caseiro Neto[219], o artigo 34 traz a relação exemplificativa das infrações e os artigos 35, 36 e 37 o rol exaustivo das penalidades a serem aplicadas pelos Tribunais de Ética e Disciplina. Nos artigos 38 a 43, vêm delineadas as regras concernentes aos critérios de aplicação das penas pelos Tribunais de Ética e Disciplina, bem como as normas concernentes à prescrição da pretensão punitiva e concernentes à reabilitação. É bem verdade, pois, que tais regras subsomem o advogado à obediência dos deveres éticos profissionais, acima abordados, pois focalizam *a violação ao sigilo, a propaganda mercantilista, a advocacia temerária, a habilitação, o patrocínio infiel, simultâneo ou sucessivo, as relações de urbanidade, a falta de empenho ou abandono do processo, captação de clientela, litigância de má-fé e até a conduta inidônea*. Em verdade mesmo, violação a qualquer norma da tríplice normatização é suficiente para a aplicação da penalidade.

Assim, o inciso I trata do exercício ilegal da profissão, isto é, quando o advogado exerce sem poder mesmo impedido ou facilitando o exercício de pessoas não inscritas, proibidas ou impedidas.

O inciso II trata da constituição de sociedade profissional fora das normas estabelecidas na lei, isto é, sem cumprir os requisitos de registro na OAB ou funcionando conjuntamente com outra atividade mercantil etc.

---

[219] CASEIRO Neto, Francisco da Silva. *O exercício da advocacia frente ao CDC e ao Novo CPC*: noções essenciais para o jovem advogado. [livro eletrônico] / Francisco da Silva Caseiro Neto. – Rio de Janeiro: Jurismestre, 2018.

O inciso III trata da hipótese de quem se vale da agenciados de causas, isto é, pessoa que atua comercialmente angariando e captando ações e clientes, mediante participação nos honorários.

No mesmo sentido o inciso IV cuida da infração ética de angariar ou captar causas, diretamente ou com a intervenção de terceiros.

O inciso V abrange a hipótese da infração ética que implica a assinatura de petição, recursos ou qualquer documento levado a juízo, ou utilizado para fim extrajudicial, que não tenho sido onde o advogado não tenha colaborado.

O inciso VI cuida da infração ética de advogar contra disposição legal. Diz-se da chamada aventura jurídica que implica o saber que o cliente não tem razão na lide, mas que ainda assim aceita o encargo de representar em juízo.

O inciso VII trata da violação do sigilo profissional sem justa causa. De extrema é a importância e a inviolabilidade das confidências do cliente ao seu advogado que, inobstante o próprio Código de Ética impor o indevassável sigilo das mesmas e o próprio Código Penal prever a figura delituosa do artigo 154, dentro dos crimes capitulados contra a liberdade individual, o próprio Estatuto preconiza a infração disciplinar do artigo 34, VII.[220]

Considera-se o sigilo profissional de ordem pública, implícito, presumido e natural da relação entre advogado e cliente e, justamente, amparado na confiança.[221]

> O sigilo é um princípio esculpido na nossa lei e o advogado tem que tratar isso com todo rigor. Ele só pode violar o sigilo em duas circunstâncias: em defesa da própria honra ou quando existe risco para alguém. Ele não deve abrir mão desse sigilo mesmo quando autorizado pelo cliente, porque o cliente não conhece inteiramente os efeitos do ato. A lei dá ao advogado a prerrogativa de omitir a informação, inclusive em juízo, ainda que liberado pelo cliente. [222]

Resumidamente, todas essas práticas e as demais incluídas nos incisos subsequentes acarretas sanções também estipuladas no EAOAB.

Quanto às penalidades estabelecidas no sistema do Estatuto elas podem ser de censura, de suspensão, e de exclusão. Vejamos.

> Art. 35. As sanções disciplinares consistem em:
>
> I - censura;
>
> II - suspensão;
>
> III - exclusão;
>
> IV - multa.
>
> Parágrafo único. As sanções devem constar dos assentamentos do inscrito, após o trânsito em julgado da decisão, não podendo ser objeto de publicidade a de censura.

---

220 CASEIRO Neto, Francisco da Silva. *O exercício da advocacia frente ao CDC e ao Novo CPC*: noções essenciais para o jovem advogado. [livro eletrônico] / Francisco da Silva Caseiro Neto. – Rio de Janeiro: Jurismestre, 2018.

221 GONZAGA, Alvaro de Azevedo. *Estatuto da Advocacia e Novo Código de Ética e Disciplina da OAB*: comentários. 3. ed. rev., atual. e ampl. Rio de Janeiro: Forense. São Paulo, MÉTODO, 2017, p. 132.

222 Informação disponível em: https://www.conjur.com.br/2006-jan-29/infracao_punida_oab_reter_verba_cliente?pagina=2. Acesso, 05,02,2018.

a) Censura

A censura pode ser definida como a forma de infração disciplinar mais branda (leve), presente no Código. Quando existem circunstâncias atenuantes, a censura pode ser convertida em advertência, em ofício reservado, e sem registro nos assentamentos do inscrito.

Hipóteses de aplicação. A cesura pode ser aplicada:

1. no caso de violação de preceito do Estatuto, quando para a infração praticada não se tenha estabelecido sanção mais grave;

2. quando o inscrito exercer a profissão, impedido para tal, ou facilitar, por qualquer meio, o seu exercício aos não inscritos, proibidos ou impedidos;

3. se o advogado manter sociedade profissional fora das normas e preceitos estabelecidos pelo Estatuto dos Advogados do Brasil;

4. se o inscrito valer-se de agenciador de causas, mediante participação nos honorários a receber;

5. se o inscrito angariar causas, com ou sem a intervenção de terceiros;

6. se o inscrito assinar qualquer escrito destinado a processo judicial ou para fim extrajudicial que não tenha feito, ou que não tenha colaborado;

7. quando advoga-se contra literal disposição de lei, presumindo-se a boa-fé quando fundamentado na inconstitucionalidade, na injustiça da lei ou em pronunciamento judicial anterior;

8. no caso em que o inscrito violar, sem justa causa, sigilo profissional;

9. se o inscrito estabelecer entendimento com a parte adversa sem autorização do cliente ou ciência do advogado contrário;

10. quando o inscrito prejudicar, por culpa grave, interesse confiado ao seu patrocínio;

11. se o inscrito acarretar, conscientemente, por ato próprio, a anulação ou a nulidade do processo em que funcione;

12. se o advogado abandonar a causa, sem justo motivo ou antes de decorridos os dez dias da comunicação ao cliente da renúncia;

13. se o advogado recusar-se a prestar sem justo motivo, assistência jurídica, quando assim nomeado em virtude de impossibilidade da Defensoria Pública;

14. se o advogado ainda publicar ou fazer publicar na imprensa, desnecessária e habitualmente alegações forenses ou relativas a causas pendentes;

15. se o inscrito deturpar o teor de dispositivo de lei, de citação doutrinária, de julgados, de depoimentos, documentos e alegações da parte contrária com o intuito de confundir o adversário ou iludir o juiz da causa;

16. se o inscrito, fizer em nome do constituinte, sem autorização escrita deste, imputação a terceiro de fato definido como crime;

17. quando o Advogado deixar de cumprir, no prazo estabelecido, determinação emanada de órgão ou de autoridade da Ordem, em matéria de competência desta, depois de regularmente notificado;

18. no caso em que estagiário praticar ato excedente à sua habilitação.

Em suma, a censura é aplicável nos casos previstos no art. 36:

> I - infrações definidas nos incisos I a XVI e XXIX do art. 34;
>
> II - violação a preceito do Código de Ética e Disciplina;
>
> III - violação a preceito desta lei, quando para a infração não se tenha estabelecido sanção mais grave.
>
> Parágrafo único. A censura pode ser convertida em advertência, em ofício reservado, sem registro nos assentamentos do inscrito, quando presente circunstância atenuante.

Quanto à censura é feita anotação nos assentamentos do profissional, mas é proibida qualquer publicidade a respeito. Pode ser acompanhada de *multa*, em caso de agravantes, e ser convertida em pena mais leve, denominada *advertência*, em caso de atenuantes, aqui em ato reservado e sem qualquer assentamento ou publicidade.

Existem diferencias entre a advertência e a censura:

> A advertência não se anota nos antecedentes do advogado. Ele fica em uma condição ainda de primariedade sob o ponto de vista disciplinar. A censura fica anotada e ele deixa de ser primário. Em caso de reincidência da censura ou em situações mais graves, aplica-se a suspensão, que pode ser de 30 dias a 12 meses. A suspensão é a pena aplicada em casos de falta de prestação de contas ao cliente. Isto ocorre com uma certa frequência na Justiça do Trabalho.[223]

Conforme ensina Francisco Caseiro[224], submete-se a censura o advogado que, dolosamente, provocar nulidade processual, tal como, por exemplo, indicar a penhora bem que sabe já não mais pertencer ao executado, seu constituinte. No mesmo sentido, cabe censura quando o advogado abandona a causa sem justo motivo ou antes de decorridos 10 (dez) dias da comunicação da renúncia. A aceitação do mandato judicial cria vínculo e responsabilidade, contratual e estatutária, acarretando, o abandono, a infração ora em questão.

b) Suspensão

O artigo 37 do Estatuto trata da suspensão, como uma penalidade considerada grave do ponto de vista disciplinar e aplicável quando estamos diante de situações mais delicadas e traumáticas, envolvendo a atuação do advogado.

> Art. 37. A suspensão é aplicável nos casos de:
>
> I - infrações definidas nos incisos XVII a XXV do art. 34;
>
> II - reincidência em infração disciplinar.
>
> § 1º A suspensão acarreta ao infrator a interdição do exercício profissional, em todo o território nacional, pelo prazo de trinta dias a doze meses, de acordo com os critérios de individualização previstos neste capítulo.
>
> § 2º Nas hipóteses dos incisos XXI e XXIII do art. 34, a suspensão perdura até que satisfaça integralmente a dívida, inclusive com correção monetária.
>
> § 3º Na hipótese do inciso XXIV do art. 34, a suspensão perdura até que preste novas provas de habilitação.

---

[223] Informação disponível em: https://www.conjur.com.br/2006-jan-29/infracao_punida_oab_reter_verba_cliente?pagina=2. Acesso, 05,02,2018.

[224] CASEIRO Neto, Francisco da Silva. **O exercício da advocacia frente ao CDC e ao Novo CPC**: noções essenciais para o jovem advogado. [livro eletrônico] / Francisco da Silva Caseiro Neto. – Rio de Janeiro: Jurismestre, 2018.

Como prescrito no inciso II, do citado artigo, a suspensão será aplicável nos casos de reincidência em infração disciplinar. Logo, é evidente a necessidade de infração anteriores.

No período fixado na suspensão, não poderá o advogado praticar ato próprios da advocacia.

Conforme explica Caseiro Neto[225], o advogado Flávio Olímpio de Azevedo, membro do Tribunal de Ética II da OAB Paulista, focaliza, mostrando julgados do Sodalício do qual faz parte, que esta infração se dá, entre outros casos, quando o advogado "*recebe os honorários e não ingressa com a ação, quando os honorários são extorsivos e acima dos limites éticos e quando há a apropriação indébita de bem do cliente apreendido judicialmen*te".[226]

c) Exclusão

Diz-se da sanção mais drástica prevista no Estatuto, consistente na exclusão do advogado dos quadros da Ordem. Neste caso o representado não será mais advogado ficando inabilitado para a prática de qualquer atividade advocatícia.

As hipóteses de exclusão estão previstas no artigo 38 do Estatuto:

> Art. 38. A exclusão é aplicável nos casos de:
>
> I - aplicação, por três vezes, de suspensão;
>
> II - infrações definidas nos incisos XXVI a XXVIII do art. 34.
>
> Parágrafo único. Para a aplicação da sanção disciplinar de exclusão, é necessária a manifestação favorável de dois terços dos membros do Conselho Seccional competente.

A hipótese mais comum de exclusão é o advogado receber três condenações definitivas de suspensão. A outra possibilidade é a prática de crime infamante. São os casos de estelionato ou de associação ao crime. Nestas situações o advogado pode ser excluído sem que tenha advertências, censuras ou suspensões anteriores.[227]

Como prescrito no art. 38, a exclusão ocorre no caso de *três penas de suspensão* e para as *condutas previstas nos incisos XXVI a XXVIII*, mediante deliberação de pelo menos 2/3 do Conselho Seccional competente.

O processo de exclusão não pode ser revertido, já que a pessoa deixou de ter a condição de advogado. Até a suspensão o advogado pode passar por um processo de reabilitação e voltar à condição de primariedade. A única forma de reverter a exclusão é por via judicial. Para isso, a pessoa terá de comprovar que houve falha no processo de exclusão. Em 2005 nós tivemos 13 advogados excluídos. Em 2004, 9. Pode parecer pouco, mas é um número significativo, porque a pessoa deixa de poder advogar.[228]

---

[225] CASEIRO Neto, Francisco da Silva. **O exercício da advocacia frente ao CDC e ao Novo CPC**: noções essenciais para o jovem advogado. [livro eletrônico] / Francisco da Silva Caseiro Neto. – Rio de Janeiro: Jurismestre, 2018.

[226] AZEVEDO, Flavio Olimpio de. *Comentários às infrações disciplinares do Estatuto da Advocacia.* São Paulo: Juarez de Oliveira, 2002, p. 103-104.

[227] Informação disponível em: https://www.conjur.com.br/2006-jan-29/infracao_punida_oab_reter_verba_cliente?pagina=2. Acesso, 05,02,2018.

[228] Informação disponível em: https://www.conjur.com.br/2006-jan-29/infracao_punida_oab_reter_verba_cliente?pagina=2. Acesso, 05,02,2018.

d) Multa

A multa (pecuniária) prevista no Estatuto pode variar entre uma anuidade (como mínimo) e de dez vezes seu valor (no máximo), sendo aplicada cumulativamente com a censura, art. 36, ou a suspensão, art. 37, no caso de existir circunstâncias agravantes, inseridas no art. 40.

> Art. 39. A multa, variável entre o mínimo correspondente ao valor de uma anuidade e o máximo de seu décuplo, é aplicável cumulativamente com a censura ou suspensão, em havendo circunstâncias agravantes.

Em suma, na aplicação das sanções disciplinares, são consideradas, para fins de atenuação, as seguintes circunstâncias, entre outras:

a) falta cometida na defesa de prerrogativa profissional;

b) ausência de punição disciplinar anterior;

c) exercício assíduo e proficiente de mandato ou cargo em qualquer órgão da OAB;

d) prestação de relevantes serviços à advocacia ou à causa pública.

Os antecedentes profissionais do inscrito, as atenuantes, o grau de culpa por ele revelada, as circunstâncias e as consequências da infração são consideradas para o fim de decidir: sobre a conveniência da aplicação cumulativa da multa e de outra sanção disciplinar e sobre o tempo de suspensão e o valor da multa aplicáveis. (art. 40) do Estatuto.

É permitido ao que tenha sofrido qualquer sanção disciplinar requerer, um ano após seu cumprimento, a reabilitação, em face de provas efetivas de bom comportamento. Quando a sanção disciplinar resultar da prática de crime, o pedido de reabilitação depende também da correspondente reabilitação criminal. (Art. 41)

Fica impedido de exercer o mandato o profissional a quem forem aplicadas as sanções disciplinares de suspensão ou exclusão. (Art. 42)

Quanto à frequência das infrações:

> Existe advogado que tem vocação para a infração. O advogado que depois de 20 anos apresenta um problema merece atenção porque algum incidente ele sofreu. Olhar pelo advogado também é função do Tribunal. Às vezes, o Judiciário entra com representação contra um advogado que este está cumprindo seu papel. Nesses casos arquivamos, já que não seria o caso de submetê-lo a um processo disciplinar se já há um processo judicial. Mas isso só acontece em situações excepcionais porque senão acabamos com o devido processo legal antes mesmo dele começar.[229]

Uma das infrações mais comum nos processos é a propaganda. É a infração mais comum e contribui para deturpar a imagem do advogado. Geralmente as vítimas são pessoas humildes que também são captadas com irregularidades. São abordadas com aqueles folhetinhos nas ruas pelos chamados "paqueiros", que ficam nas cercanias da Justiça do Trabalho "paquerando", atraindo o cliente para ir a um determinado escritório de advocacia.[230]

---

[229] Informação disponível em: https://www.conjur.com.br/2006-jan-29/infracao_punida_oab_reter_verba_cliente?pagina=2. Acesso, 05,02,2018.

[230] Informação disponível em: https://www.conjur.com.br/2006-jan-29/infracao_punida_oab_reter_verba_cliente?pagina=2. Acesso, 05,02,2018.

Quanto à divulgação dos resultados das punições, o Tribunal não vai aos jornais dizer que o advogado foi punido, mas vai ao juiz, ao Tribunal de Justiça e às subsecções. Então, inexiste um site de consulta para verificar se um advogado está regular junto à OAB". Somente pode ser consultado se o advogado é ativo ou inativo. Se ele é inativo é porque ele está com alguma pena de suspensão, ou porque foi excluído. Mas dá para saber se o advogado sofreu alguma censura através da retirada de uma certidão na OAB. A censura é dirigida ao advogado e não ao público, por isso não tem porque constar no site. [231]

Finalmente, a pretensão à punibilidade das infrações disciplinares prescreve em cinco anos, contados da data da constatação oficial do fato. Aplica-se a prescrição a todo processo disciplinar paralisado por mais de três anos, pendente de despacho ou julgamento, devendo ser arquivado de ofício, ou a requerimento da parte interessada, sem prejuízo de serem apuradas as responsabilidades pela paralisação. A prescrição interrompe-se: a) pela instauração de processo disciplinar ou pela notificação válida feita diretamente ao representado; b) pela decisão condenatória recorrível de qualquer órgão julgador da OAB. (Art. 43)

7.9 O processo Ético-disciplinar na OAB

A natureza e funções da OAB definem-se pela relação que tem com os serviços públicos, pois, certamente, trata-se de uma entidade caracterizada como serviço público, e que possui personalidade jurídica própria, razão pela qual não mantém vínculo de subordinação com os órgãos da Administração Pública, direita ou indireta.[232]

> **Dos Fins e da Organização**
>
> Art. 44. A Ordem dos Advogados do Brasil (OAB), serviço público, dotada de personalidade jurídica e forma federativa, tem por finalidade:
>
> I - defender a Constituição, a ordem jurídica do Estado democrático de direito, os direitos humanos, a justiça social, e pugnar pela boa aplicação das leis, pela rápida administração da justiça e pelo aperfeiçoamento da cultura e das instituições jurídicas;
>
> II - promover, com exclusividade, a representação, a defesa, a seleção e a disciplina dos advogados em toda a República Federativa do Brasil.
>
> § 1º A OAB não mantém com órgãos da Administração Pública qualquer vínculo funcional ou hierárquico.
>
> § 2º O uso da sigla OAB é privativo da Ordem dos Advogados do Brasil.

Todavia, a OAB tem imunidade tributária em relação aos bens, rendas e serviços, conforme prescrito no art. 45, parágrafo 5º do EAOAB.

São órgãos da OAB:

1. o Conselho Federal, dotado de personalidade jurídica própria, com sede na capital da República, é o órgão supremo da OAB.

2. os Conselhos Seccionais, dotados de personalidade jurídica própria, têm jurisdição sobre os respectivos territórios dos Estados-membros, do Distrito Federal e

[231] Informação disponível em: https://www.conjur.com.br/2006-jan-29/infracao_punida_oab_reter_verba_cliente?pagina=2. Acesso, 05,02,2018.

[232] GONZAGA, Alvaro de Azevedo. *Estatuto da Advocacia e Novo Código de Ética e Disciplina da OAB*: comentários. 3. ed. rev., atual. e ampl. Rio de Janeiro: Forense. São Paulo, MÉTODO, 2017, p. 199.

dos Territórios.

3. as Subseções, que são partes autônomas do Conselho Seccional, na forma desta lei e de seu ato constitutivo.

4. as Caixas de Assistência dos Advogados, dotadas de personalidade jurídica própria, são criadas pelos Conselhos Seccionais, quando estes contarem com mais de mil e quinhentos inscritos.

De acordo com o art. 46 do EAOAB, compete à OAB fixar e cobrar, de seus inscritos, contribuições, preços de serviços e multas.

Os Presidentes dos Conselhos e das Subseções da OAB têm legitimidade para agir, judicial e extrajudicialmente, contra qualquer pessoa que infringir as disposições ou os fins desta lei. As autoridades mencionadas no caput deste artigo têm, ainda, legitimidade para intervir, inclusive como assistentes, nos inquéritos e processos em que sejam indiciados, acusados ou ofendidos os inscritos na OAB. (Art. 49)

Conclui-se que a OAB é uma instituição pública que não se equipara às chamadas autarquias em regime especial ou agência, nem mesmo aos demais conselhos de fiscalização profissional. Assim sendo, as finalidades da OAB vão, muito além dos interesses profissionais da classe dos advogados, ou mesmo da fiscalização profissional destes. Neste sentido, destacam-se algumas das finalidades que demostram a função de prestigiar interesses gerais que são acometidas pela OAB:[233]

a) Defender a Constituição Federal e a ordem jurídica do Estado Democrático de Direito;

b) Defender os direitos humanos e a justiça social;

c) Pugnar pela boa aplicação das leis e pala rápida administração da justiça e pelo aperfeiçoamento da cultura e das instituições jurídicas.

Para ir mais longe, conheça a estrutura e função dos Do Conselho Federal, Do Conselho Seccional, da Subseção e da Caixa de Assistência dos Advogados reguladas no art. 51 a 62 do EAOAB.

As regras e procedimentos do processo disciplinar contra advogados e estagiários estão prescritas no EAOAB, no Código de Ética e Disciplina e no Regulamento Geral como veremos. Todavia, como prescrito no art. 68 reconhece-se a aplicação subsidiária de outras legislações a exemplo do Código de Processo Penal e do Código Penal.

> Art. 68. Salvo disposição em contrário, aplicam-se subsidiariamente ao processo disciplinar as regras da legislação processual penal comum e, aos demais processos, as regras gerais do procedimento administrativo comum e da legislação processual civil, nessa ordem.
>
> Art. 69. Todos os prazos necessários à manifestação de advogados, estagiários e terceiros, nos processos em geral da OAB, são de quinze dias, inclusive para interposição de recursos.
>
> § 1º Nos casos de comunicação por ofício reservado, ou de notificação pessoal, o prazo se conta a partir do dia útil imediato ao da notificação do recebimento.
>
> § 2º Nos casos de publicação na imprensa oficial do ato ou da decisão, o prazo inicia-se no primeiro dia útil seguinte.

---

[233] GONZAGA, Alvaro de Azevedo. *Estatuto da Advocacia e Novo Código de Ética e Disciplina da OAB*: comentários. 3. ed. rev., atual. e ampl. Rio de Janeiro: Forense. São Paulo, MÉTODO, 2017, p. 200.

Isto não quer dizer que os processos disciplinares vão terminar em inquérito policial ou em ação penal:

> Isto é raro, só em situações excepcionais, porque normalmente o processo disciplinar envolvendo questão criminal tem origem no processo criminal. A autoridade judiciária dá informações à OAB sobre a existência desse processo.[234]

Mas, quando o processo disciplinar deixar de prever ou regular alguma situação específica, a legislação penal comum será invocada e utilizada para preenchimento da lacuna. A razão para tanto é simples: a decisão final em ambos pode implicar uma sanção, uma penalidade.[235]

Conforme lições de Francisco Caseiro Neto[236], de curial importância esta previsão penal, concernente à fidelidade do advogado a seu cliente. Fidelidade aos poderes que lhe são conferidos por este último, através do mandato. Veja-se a figura típica penal, contida no artigo 355 *caput*, *verbis*:

> Artigo 355 - Trair, na qualidade de advogado ou procurador, o dever profissional, prejudicando interesse, cujo patrocínio, em juízo, lhe é confiado:
>
> Pena - detenção, de 6 (seis) meses a 3 (três) anos, e multa.

Em verdade, continua o citado autor, o que o Código Penal não quer (como também não o quer o Estatuto e o Código de Ética) é a traição a tais poderes, conferidos em estrita confiança. Daí a razão de ter erigido essa conduta a fato típico, punível com detenção de três meses a três anos e multa. Da mesma forma, o Código Penal pune o advogado que patrocinar, ao mesmo tempo e na mesma causa, partes antagônicas e com interesses colidentes. Pune, também, o patrocínio sucessivo (ou tergiversação), ou seja, o advogado que defende esses interesses conflitantes, ao mesmo tempo, ou, em seguida um do outro, mesmo porque esse procedimento não deixa de ser uma outra modalidade de infidelidade. Trata-se, pois, do Patrocínio simultâneo e sucessivo. Assim preceitua, pois, o parágrafo único do mesmo artigo 355, do supra citado Código, *verbis*: "*Incorre na pena deste artigo o advogado ou procurador judicial que defende na mesma causa, simultânea ou sucessivamente, partes contrárias.*"

Mas, a quem compete o poder de punir disciplinarmente os inscritos na OAB?

A resposta a esta questão está consagrada no art. 70 do EAOAB, vejamos.

> Art. 70. O poder de punir disciplinarmente os inscritos na OAB compete exclusivamente ao Conselho Seccional em cuja base territorial tenha ocorrido a infração, salvo se a falta for cometida perante o Conselho Federal.
>
> § 1º Cabe ao Tribunal de Ética e Disciplina, do Conselho Seccional competente, julgar os processos disciplinares, instruídos pelas Subseções ou por relatores do próprio conselho.
>
> § 2º A decisão condenatória irrecorrível deve ser imediatamente comunicada ao Conselho Seccional onde o representado tenha inscrição principal, para constar dos respectivos assentamentos.

---

234 Informação disponível em: https://www.conjur.com.br/2006-jan-29/infracao_punida_oab_reter_verba_cliente?pagina=2. Acesso, 05,02,2018. [Assim, por exemplo, do rol de punições aplicadas pela OAB paulista a advogados que cometem faltas disciplinares, o delito mais comum é o de apropriar-se do dinheiro que pertence ao cliente. Informação disponível].

235 GONZAGA, Alvaro de Azevedo. *Estatuto da Advocacia e Novo Código de Ética e Disciplina da OAB*: comentários. 3. ed. rev., atual. e ampl. Rio de Janeiro: Forense. São Paulo, MÉTODO, 2017, p. 215.

236 CASEIRO Neto, Francisco da Silva. *O exercício da advocacia frente ao CDC e ao Novo CPC*: noções essenciais para o jovem advogado. [livro eletrônico] / Francisco da Silva Caseiro Neto. – Rio de Janeiro: Jurismestre, 2018.

> § 3º O Tribunal de Ética e Disciplina do Conselho onde o acusado tenha inscrição principal pode suspendê-lo preventivamente, em caso de repercussão prejudicial à dignidade da advocacia, depois de ouvi-lo em sessão especial para a qual deve ser notificado a comparecer, salvo se não atender à notificação. Neste caso, o processo disciplinar deve ser concluído no prazo máximo de noventa dias.

Assim, o poder de punir disciplinarmente os inscritos na OAB compete exclusivamente ao Conselho Seccional em cuja base territorial tenha ocorrido a infração, salvo se a falta for cometida perante o Conselho Federal. No mesmo sentido, cabe ao Tribunal de Ética e Disciplina, do Conselho Seccional competente, julgar os processos disciplinares, instruídos pelas Subseções ou por relatores do próprio conselho. A decisão condenatória irrecorrível deve ser imediatamente comunicada ao Conselho Seccional onde o representado tenha inscrição principal, para constar dos respectivos assentamentos. Finalmente, o Tribunal de Ética e Disciplina do Conselho onde o acusado tenha inscrição principal pode suspendê-lo preventivamente, em caso de repercussão prejudicial à dignidade da advocacia, depois de ouvi-lo em sessão especial para a qual deve ser notificado a comparecer, salvo se não atender à notificação. Neste caso, o processo disciplinar deve ser concluído no prazo máximo de noventa dias.

7.9.1 Competência do Tribunal de Ética e Disciplina

Como explicado na seção anterior, cabe ao Tribunal de Ética e Disciplina (TDE), do Conselho Seccional julgar os processos disciplinares, instruídos pelas Subseções ou por relatores do próprio conselho.

Entenda-se que que o Tribunal de Ética tem a missão de defender a imagem do advogado. Por isso deve punir aqueles que se desviam dessas regras de conduta para que a imagem do advogado seja preservada. A profissão do advogado é baseada na confiança, já que o cliente dá uma procuração para o profissional para que este possa agir em seu nome durante o processo. Essa confiança não está relacionada apenas com a capacidade do advogado, mas acima de tudo, e tão importante quanto, com a sua conduta. Para garantir a confiança entre o profissional e o advogado, a lei 8.906, que rege a profissão, estabelece um capítulo especifico sobre ética profissional, cuja infração constitui infração disciplinar.[237]

Neste sentido, a competência territorial para julgamento do processo disciplinar corresponde ao local onde ocorrida a infração e não no local onde os advogados possuem inscrição, se o ato foi cometido perante o Conselho Federal, quando terá competência originária para processar e punir.[238]

Os Tribunais de Ética dos Estados brasileiros, devido à quantidade de advogados inscritos, podem estar constituídos de várias Turmas. Assim, por exemplo, o Tribunal de Ética do Estado de São Paulo tem 16 turmas. Na capital são três turmas disciplinares e uma turma deontológica. As outras 12 turmas disciplinares ficam no interior, nas principais seccionais do estado de São Paulo. [239]

---

237 Informação disponível em: https://www.conjur.com.br/2006-jan-29/infracao_punida_oab_reter_verba_cliente?pagina=2. Acesso, 05,02,2018.

238 GONZAGA, Alvaro de Azevedo. *Estatuto da Advocacia e Novo Código de Ética e Disciplina da OAB*: comentários. 3. ed. rev., atual. e ampl. Rio de Janeiro: Forense. São Paulo, MÉTODO, 2017, p. 219.

239 Informação disponível em: https://www.conjur.com.br/2006-jan-29/infracao_punida_oab_reter_verba_cliente?pagina=2. Acesso, 05,02,2018.

Atribui-se, assim, o julgamento dos processos disciplinares ao Tribunal de Ética e Disciplina, também previsto nos artigos 70 a 72 do Código de Ética e Disciplina:

CAPÍTULO II

DOS ÓRGÃOS DISCIPLINARES

SEÇÃO I

DOS TRIBUNAIS DE ÉTICA E DISCIPLINA

> Art. 70. O Tribunal de Ética e Disciplina poderá funcionar dividido em órgãos fracionários, de acordo com seu regimento interno.
>
> Art. 71. Compete aos Tribunais de Ética e Disciplina:
>
> I - julgar, em primeiro grau, os processos ético-disciplinares;
>
> II - responder a consultas formuladas, em tese, sobre matéria ético-disciplinar;
>
> III - exercer as competências que lhe sejam conferidas pelo Regimento Interno da Seccional ou por este Código para a instauração, instrução e julgamento de processos ético-disciplinares;
>
> IV - suspender, preventivamente, o acusado, em caso de conduta suscetível de acarretar repercussão prejudicial à advocacia, nos termos do Estatuto da Advocacia e da Ordem dos Advogados do Brasil;
>
> V - organizar, promover e ministrar cursos, palestras, seminários e outros eventos da mesma natureza acerca da ética profissional do advogado ou estabelecer parcerias com as Escolas de Advocacia, com o mesmo objetivo;
>
> VI - atuar como órgão mediador ou conciliador nas questões que envolvam:
> a) dúvidas e pendências entre advogados;
>
> b) partilha de honorários contratados em conjunto ou decorrentes de substabelecimento, bem como os que resultem de sucumbência, nas mesmas hipóteses;
>
> c) controvérsias surgidas quando da dissolução de sociedade de advogados.

Contudo, com o objetivo de se evitar dúvidas e de tentar uniformizar os trabalhos correlatos aos processos disciplinares, o Órgão Especial do Conselho Pleno Federal da OAB editou a Súmula 08/20/2016/OEP, no seguinte sentido: *Processo disciplinar. Decisão condenatória irrecorrível. Execução da sanção disciplinar. Competência. Comunicação de que trata o art. 70, § 2º, da Lei 8.906/1994. A competência para a execução de sanção ético-disciplinar é do Tribunal de Ética e Disciplina do Conselho Seccional em cuja base territorial tenha ocorrido a infração e tramitado o processo disciplinar, exceto nos casos de competência originária do Conselho Federa, devendo a decisão condenatória irrecorrível ser imediatamente comunicada ao Conselho Seccional no qual o advogado tenha inscrição principal, para controle e registro nos respetivos assentamentos.*[240]

Por conta do prescrito no artigo 71 do EAOAB, a jurisdição disciplinar não exclui a comum e, quando o fato constituir crime ou contravenção, deve ser comunicado às autoridades competentes. Neste sentido, à decisão da jurisdição pena comum se vincula a decisão administrativa, sendo admissível ação disciplinar posterior à absolvição no foro criminal, levando-se em conta que algumas infrações podem não ser qualificadas como crime, mas podem caracterizar falta disciplinar.

Mas, quem pode reclamar no Tribunal: o cliente do advogado ou o concorrente?

---

[240] GONZAGA, Alvaro de Azevedo. *Estatuto da Advocacia e Novo Código de Ética e Disciplina da OAB*: comentários. 3. ed. rev., atual. e ampl. Rio de Janeiro: Forense. São Paulo, MÉTODO, 2017, p. 220.

> A maioria das reclamações é apresentada pelo cliente. Em segundo lugar vem o Judiciário, em terceiro os advogados, e na lanterna da situação, a própria OAB, quando toma conhecimento de fatos pela imprensa, de advogados associados ao crime, por exemplo. [241]

Como bem está prescrito no art. Art. 72 do EAOAB e 55 do Novo Código de Ética e Disciplina, o processo disciplinar instaura-se de ofício ou mediante representação de qualquer autoridade ou pessoa interessada.

O Código de Ética e Disciplina estabelece os critérios de admissibilidade da representação e os procedimentos disciplinares. O processo disciplinar tramita em sigilo, até o seu término, só tendo acesso às suas informações as partes, seus defensores e a autoridade judiciária competente.

Conforme art. 73 do EAOAB, recebida a representação, o Presidente deve designar relator, a quem compete a instrução do processo e o oferecimento de parecer preliminar a ser submetido ao Tribunal de Ética e Disciplina.

Ao representado deve ser assegurado amplo direito de defesa, podendo acompanhar o processo em todos os termos, pessoalmente ou por intermédio de procurador, oferecendo defesa prévia após ser notificado, razões finais após a instrução e defesa oral perante o Tribunal de Ética e Disciplina, por ocasião do julgamento. Se, após a defesa prévia, o relator se manifestar pelo indeferimento liminar da representação, este deve ser decidido pelo Presidente do Conselho Seccional, para determinar seu arquivamento. O prazo para defesa prévia pode ser prorrogado por motivo relevante, a juízo do relator. Se o representado não for encontrado, ou for revel, o Presidente do Conselho ou da Subseção deve designar-lhe defensor dativo. É também permitida a revisão do processo disciplinar, por erro de julgamento ou por condenação baseada em falsa prova.

No mesmo sentido se regula no NCED o seguinte procedimento:

> **CAPÍTULO I**
>
> **DOS PROCEDIMENTOS**
>
> Art. 55. O processo disciplinar instaura-se de ofício ou mediante representação do interessado.
>
> § 1º A instauração, de ofício, do processo disciplinar dar-se-á em função do conhecimento do fato, quando obtido por meio de fonte idônea ou em virtude de comunicação da autoridade competente.
>
> § 2º Não se considera fonte idônea a que consistir em denúncia anônima.
>
> Art. 56. A representação será formulada ao Presidente do Conselho Seccional ou ao Presidente da Subseção, por escrito ou verbalmente, devendo, neste último caso, ser reduzida a termo.
>
> Parágrafo único. Nas Seccionais cujos Regimentos Internos atribuírem competência ao Tribunal de Ética e Disciplina para instaurar o processo ético disciplinar, a representação poderá ser dirigida ao seu Presidente ou será a este encaminhada por qualquer dos dirigentes referidos no caput deste artigo que a houver recebido.
>
> Art. 57. A representação deverá conter:
>
> I - a identificação do representante, com a sua qualificação civil e endereço;

---

241 Informação disponível em: https://www.conjur.com.br/2006-jan-29/infracao_punida_oab_reter_verba_cliente?pagina=2. Acesso, 05,02,2018.

II - a narração dos fatos que a motivam, de forma que permita verificar a existência, em tese, de infração disciplinar;

III - os documentos que eventualmente a instruam e a indicação de outras provas a ser produzidas, bem como, se for o caso, o rol de testemunhas, até o máximo de cinco;

IV - a assinatura do representante ou a certificação de quem a tomou por termo, na impossibilidade de obtê-la.

Recebida a representação, o Presidente do Conselho Seccional ou o da Subseção, quando esta dispuser de Conselho, designa relator, por sorteio, um de seus integrantes, para presidir a instrução processual. (Art. 58 do NCED).

Os atos de instrução processual podem ser delegados ao Tribunal de Ética e Disciplina, conforme dispuser o regimento interno do Conselho Seccional, caso em que caberá ao seu Presidente, por sorteio, designar relator. Antes do encaminhamento dos autos ao relator, serão juntadas a ficha cadastral do representado e certidão negativa ou positiva sobre a existência de punições anteriores, com menção das faltas atribuídas.

Será providenciada, ainda, certidão sobre a existência ou não de representações em andamento, a qual, se positiva, será acompanhada da informação sobre as faltas imputadas.

O relator, atendendo aos critérios de admissibilidade, emitirá parecer propondo a instauração de processo disciplinar ou o arquivamento liminar da representação, no prazo de 30 (trinta) dias, sob pena de redistribuição do feito pelo Presidente do Conselho Seccional ou da Subseção para outro relator, observando-se o mesmo prazo.

O Presidente do Conselho competente ou, conforme o caso, o do Tribunal de Ética e Disciplina, proferirá despacho declarando instaurado o processo disciplinar ou determinando o arquivamento da representação, nos termos do parecer do relator ou segundo os fundamentos que adotar.

A representação contra membros do Conselho Federal e Presidentes de Conselhos Seccionais é processada e julgada pelo Conselho Federal, sendo competente a Segunda Câmara reunida em sessão plenária. A representação contra membros da diretoria do Conselho Federal, Membros Honorários Vitalícios e detentores da Medalha Rui Barbosa será processada e julgada pelo Conselho Federal, sendo competente o Conselho Pleno.

A representação contra dirigente de Subseção é processada e julgada pelo Conselho Seccional.

Compete ao relator do processo disciplinar determinar a notificação dos interessados para prestar esclarecimentos ou a do representado para apresentar defesa prévia, no prazo de 15 (quinze) dias, em qualquer caso. A notificação será expedida para o endereço constante do cadastro de inscritos do Conselho Seccional, observando-se, quanto ao mais, o disposto no Regulamento Geral. Se o representado não for encontrado ou ficar revel, o Presidente do Conselho competente ou, conforme o caso, o do Tribunal de Ética e Disciplina designar-lhe-á defensor dativo. Oferecida a defesa prévia, que deve ser acompanhada dos documentos que possam instruí-la e do rol de testemunhas, até o limite de 5 (cinco), será proferido despacho saneador e, ressalvada a hipótese do § 2º do art. 73 do EAOAB, designada, se for o caso, audiência para oitiva do representante, do representado e das testemunhas. O representante e o representado incumbir-se-ão do comparecimento de suas testemunhas, salvo se, ao apresentarem o respectivo rol, requererem, por motivo justificado, sejam elas notificadas a comparecer à audiência de instrução do processo. (Art. 59 do NCED).

Igualmente, o relator pode determinar a realização de diligências que julgar convenientes, cumprindo-lhe dar andamento ao processo, de modo que este se desenvolva por impulso oficial. O relator somente indeferirá a produção de determinado meio de prova quando esse for ilícito, impertinente, desnecessário ou protelatório, devendo fazê-lo fundamentadamente. Concluída a instrução, o relator profere parecer preliminar, a ser submetido ao Tribunal de Ética e Disciplina, dando enquadramento legal aos fatos imputados ao representado. Abre-se, em seguida, prazo comum de 15 (quinze) dias para apresentação de razões finais.

Para ir mais longe, veja-se o prescrito nos artigos 60 a 65 do NCED.

7.9.2 Recursos contra decisões do Tribunal de Ética e Disciplina

Então, contra as decisões do TED, quer em relação à decisão de arquivamento prévio da representação, quer em relação ao acórdão proferido pelo colegiado da Turma Disciplinar, caberá recurso ao Conselho Seccional, com competência para tanto, assim como prescrito nos arts 58, III e 76 do EAOAB. Vejamos.

> Art. 58. Compete privativamente ao Conselho Seccional:
>
> [...]
>
> III - julgar, em grau de recurso, as questões decididas por seu Presidente, por sua diretoria, pelo Tribunal de Ética e Disciplina, pelas diretorias das Subseções e da Caixa de Assistência dos Advogados;
>
> Art. 76. Cabe recurso ao Conselho Seccional de todas as decisões proferidas por seu Presidente, pelo Tribunal de Ética e Disciplina, ou pela diretoria da Subseção ou da Caixa de Assistência dos Advogados.

Neste sentido, não é possível recorrer de decisão proferida pelo Tribunal de Ética diretamente ao Conselho Federal, sob pena de supressão de instancia. No caso de recurso ao Conselho Federal, as questões de fato não poderão ser revistas. Assim, caso o recurso não esteja enquadrado nas hipóteses ora previstas, restará não recebido.[242]

O Tribunal não pode divulgar os processos disciplinares enquanto não forem julgados. A partir da condenação definitiva sobre a qual não caiba mais recurso, o Tribunal é obrigado a divulgar primeiro para a Justiça. Não temos casos de maior ou de menor expressão em que se verifique que um advogado ficou impune em razão de sua má conduta. O que existe é que a mídia divulga o escândalo no momento em que ele ocorre, mas não divulga com a mesma expressão no momento em que vem a punição. [243]

Todos os prazos necessários à manifestação de advogados, estagiários e terceiros, nos processos em geral da OAB, são de quinze dias, inclusive para interposição de recursos. (Art. 69 do EAOAB)

---

[242] GONZAGA, Alvaro de Azevedo. *Estatuto da Advocacia e Novo Código de Ética e Disciplina da OAB*: comentários. 3. ed. rev., atual. e ampl. Rio de Janeiro: Forense. São Paulo, MÉTODO, 2017, p. 231.

[243] Informação disponível em: https://www.conjur.com.br/2006-jan-29/infracao_punida_oab_reter_verba_cliente?pagina=2. Acesso, 05,02,2018.

Todos os recursos têm efeito suspensivo, exceto quando tratarem de eleições (arts. 63 e seguintes), de suspensão preventiva decidida pelo Tribunal de Ética e Disciplina, e de cancelamento da inscrição obtida com falsa prova. (Art. 77 do EAOAB)

CAPÍTULO 8
ADVOCACIA E CIDADANIA

Neste último capítulo discutiremos a relação existente entre a advocacia e a "cidadania". Decerto que a cidadania representa a mais alta expressão dos direitos dos cidadãos, pois ser cidadão é ter uma vida digna (ou minimamente decente para a sobrevivência). Contudo, a questão da cidadania encontra-se profundamente enraizada na discussão da inclusão social e jurídica e na proteção dos direitos fundamentais da pessoa humana, na medida em que não se deve falar em cidadania se não puder falar em acesso efetivo a direitos fundamentais da pessoa humana.

8.1 O advogado como promotor da Cidadania

O advogado é um promotor da Cidadania pois é o profissional que viabiliza o acesso à justiça e a concretização de direitos. Podemos dizer, assim, que o advogado é o agente que coloca em movimento os direitos, um canal para luta pelos direitos.

Para uma melhor compreensão do tema voltaremos a analisar a premissa (prescrição) de que "*O advogado é indispensável à administração da justiça, sendo inviolável por seus atos e manifestações no exercício da profissão, nos limites da lei*". Como visto anteriormente esta prescrição legal pode ser constatada no art. 133 da CF[244] e no Código de Ética e Disciplina da Ordem dos Advogados do Brasil – OAB (RESOLUÇÃO N. 02/2015)[245] e no artigo Art. 2º do Estatuto da Advocacia e a Ordem dos Advogados do Brasil (OAB)[246]: isto caracteriza a função social do advogado e seu papel de defensor da justiça.

Assim, como prescrito, também no art. 2º do citado Código de Ética e Disciplina da OAB se prescreve: *o advogado é defensor do Estado Democrático de Direito, dos direitos humanos e garantias fundamentais, da cidadania, da moralidade, da Justiça e da paz social, cumprindo-lhe exercer o seu ministério em consonância com a sua elevada função pública e com os valores que lhe são inerentes.*

Pois bem, a advocacia se caracteriza como uma atividade de cessão integral e incondicional, do conhecimento a serviço da cidadania.

---

[244] BRASIL. Constituição da República. Disponível em: http://www.planalto.gov.br/ccivil_03/constituicao/constituicao.htm Acesso em 02,01, 2018.

[245] BRASIL. Código de Ética e Disciplina da Ordem dos Advogados do Brasil – OAB (RESOLUÇÃO N. 02/2015). Disponível em: https://www.conjur.com.br/dl/codigo-etica-oab3.pdf Acesso em 02,01,2018.

[246] BRASIL. Estatuto da Advocacia e a Ordem dos Advogados do Brasil (OAB). Disponível em: http://www.planalto.gov.br/ccivil_03/leis/L8906.htm Acesso em 02,01,2018.

8.1.1 O que é Cidadania

O conceito de "cidadania" representa a mais alta expressão dos direitos dos cidadãos. Ser cidadão é ter uma vida digna (ou minimamente decente para a sobrevivência). Contudo, a questão da cidadania encontra-se profundamente enraizada na discussão de proteção dos direitos fundamentais da pessoa humana, na medida em que não se deve falar em cidadania se não puder falar em acesso efetivo a direitos fundamentais da pessoa humana. Daí, pensar a situação das exclusões sociais é pensar como a cidadania está sendo negada a muitos. É pensar como a cidadania mora apenas no discurso descompromissado coma a causa pública.[247]

Do ponto de vista da compreensão e uso do termo em questão, afirma Maria de Lourdes Manzini-Covre[248], o conceito cidadania passou a ser mais ventilado no mundo contemporâneo, inclusive no Brasil. Ele aparece na fala de quem detém o poder político, na produção intelectual e nos meios de comunicação. Assim, continua a citada autora, a cidadania é atualmente assunto de debate tanto na democracia ocidental quanto no socialismo, e aparece regularmente na pauta de diversos movimentos sociais – que reivindicam saneamento básico, saúde, educação, fim da discriminação sexual e racial.

A cidadania, também observa Manzini-Covre, não se confunde com o direito de votar. O ato de votar não garante cidadania, se não vier acompanhado de determinadas condições de nível econômico, político, social e cultural. Podemos afirmar que ser cidadão significa ter *direitos* (a todos cabem o domínio sobre seu corpo e sua vida, o acesso a um salário condizente para promover a própria vida, o direito à educação, à saúde, à habitação, ao lazer, poder expressar-se livremente, militar em partidos políticos e sindicatos, fomentar movimentos sociais, lutar por seus valores: direito de ter uma vida digna de ser homem) e *deveres* (ser o próprio fomentador da existência dos direito a todos, ter responsabilidade em conjunto pela coletividade, cumprir as normas e propostas elaboradas e decididas coletivamente, fazer parte do governo, direta ou indiretamente, ao votar, ao pressionar através dos movimentos sociais, ao participar de assembléias – no bairro, sindicato, partido ou escola. E mais: pressionar os governos municipal, estadual, federal e mundial (em nível de grandes organismos internacionais como o Fundo Monetário Internacional – FMI). Enfim, ser súdito e ser soberano.[249]

Em suma, a cidadania se expressa em termos de direitos e deveres civis, políticos e sociais. Como exemplo da não-cidadania, geralmente se coloca a falta de "dignidade", a falta de "justiça social" e a "exclusão social", mas também de consciência e responsabilidade social conceitos inter-relacionados que serão mais bem estudados nos seguintes tópicos.

8.2 A Constituição Federal como máxima expressão formal da Cidadania

O conceito "cidadania" continua a ser uma das principais preocupações constatada nas doutrinas jurídicas contemporânea. É, como se sabe uns dos fundamentos do Estado democrático de direito, assim reconhecido no artigo 1º da CF,

[247] BITTAR, Eduardo C. B. *Ética, educação e direitos humanos: estudos filosóficos entre cosmopolitismo e responsabilidade social.* Barueri, SP: Manole, 2004, p. 19.
[248] MANZINI-COVRE, Maria de Lourdes. *O que é cidadania.* São Paulo: Brasiliense, 2001, p. 7-9.
[249] MANZINI-COVRE, Maria de Lourdes. *O que é cidadania.* São Paulo: Brasiliense, 2001, p. 9.

junto a outros princípios tais como dignidade da pessoa humana, valores sociais do trabalho e da livre-iniciativa e o pluralismo político.

A Constituição considera-se o instrumento com base no qual se discutem diversos assuntos que se dizem vinculados ao reconhecimento formal (não real) dos direitos dos cidadãos[250], isto é, à realização, aplicabilidade e eficácia social de determinados princípios constitucionais, a saber: isonomia, erradicação da pobreza, da marginalização e da desigualdade social e demais princípios e direitos fundamentais.

Conforme ensina Sarlet[251], tais direitos fundamentais constituem construção definitivamente integrada ao patrimônio da humanidade; mas segue particularmente agudo o perene problema da eficácia jurídica (como precondição da própria efetividade ou eficácia social) e efetivação desses direitos, de modo especial, em face do ainda não superado fosso entre ricos e pobres. De acordo com o nosso autor, a tese de que, a base dos direitos fundamentais da Constituição de 1988 radica sempre o princípio fundamental da dignidade da pessoa humana, justifica a coerência interna do sistema dos direitos fundamentais que encontra justificativa – para além de sua vinculação com um ou mais valores (princípios) fundamentais. Neste sentido, assume papel relevante a norma contida no art. 5º, §1º da CF de 1988, de acordo com a qual todos os direitos e garantias fundamentais foram elevados à condição de normas jurídicas diretamente aplicáveis e, portanto, capazes de gerar efeitos jurídicos.

A Constituição é, de acordo com Manzini-Covre[252], um importante instrumento na mão de todos os cidadãos, que devem saber usá-la para encaminhar e conquistar propostas mais igualitárias. Mas, só existe cidadania se houver a prática da reivindicação, da apropriação de espaços, da pugna para fazer valer os direitos do cidadão. Neste sentido, a prática da cidadania pode ser a estratégia melhor. Mas o primeiro pressuposto dessa prática é que esteja assegurado o direito de reivindicar os direitos, e que o conhecimento deste se estenda cada vez mais a toda a população. Eis que as pessoas tendem a pensar a cidadania apenas em termos dos direitos a receber, negligenciando o fato de que elas próprias podem ser o agente da existência desses direitos. Desse modo, penso que a cidadania é o próprio direito à vida no sentido pleno. Trata-se de um direito que precisa ser constituído coletivamente, não só em termos do atendimento às necessidades básicas, mas de acesso a todos os níveis de existência, incluindo o mais abrangente, o papel do(s) homem(s) no Universo.

Assim, a cidadania se expressa em termos de direitos *civis*, *políticos* e *sociais*, a saber:

a) Direitos civis

Dizem respeito basicamente ao direito de se dispor do próprio corpo, locomoção, segurança etc. A luta pelos direitos civis de locomoção, de liberdade de expressão, tem sido bastante intensa no mundo, inclusive na América Latina. De

---

[250] Veja-se Preâmbulo da Constituição Federal: "Nos, representantes do povo brasileiro, reunidos em Assembléia Nacional Constituinte para instituir um Estado Democrático, destinado a assegurar o exercício dos direitos sociais e individuais, a liberdade, a segurança, o bem-estar, o desenvolvimento, a igualdade e a justiça como valores supremos de uma sociedade fraterna, pluralista e sem preconceitos, fundada na harmonia social e comprometida, na ordem interna e internacional, com a solução pacífica das controvérsias, promulgamos, sob a proteção de Deus, a seguinte Constituição da República Federativa do Brasil".

[251] SARLET, Ingo Wolfgang. *A eficácia dos direitos fundamentais*. 3. ed. ver. atual. e ampl. Porto Alegre: Livraria do Advogado, 2003, p. 23 - 25, 80 - 81.

[252] MANZINI-COVRE, Maria de Lourdes. *O que é cidadania*. São Paulo: Brasiliense, 2001, p. 10-11.

qualquer forma, eles dependem da existência dos direitos políticos; estes, por sua vez, dependem da existência de regimes efetivamente democráticos. Destarte, como exemplo da não-cidadania, coloca-se a própria exclusão social, a existência de fazendas, principalmente nas regiões Norte e Nordeste do país, onde trabalhadores rurais são tratados como escravos, mantidos em regime de cerceamento, conforme denúncias feitas nos meios de comunicação.[253]

b) Direitos sociais

Os direitos sociais dizem respeito ao atendimento das necessidades humanas básicas. São todos aqueles que devem repor a força de trabalho, sustentando o corpo humano – alimentação, habitação, saúde, educação etc. dizem respeito, portanto, ao direito ao trabalho, a um salário decente e, por exemplo, ao chamado salário social, relativo ao direito a saúde, educação, habitação etc. chamo a atenção para a importância que assumiram os direitos sociais na etapa contemporânea; é precisamente sobre esses direitos que os detentores do capital e do poder tem construído a sua concepção de cidadania. Com ela, procuram administrar a classe trabalhadora, mantendo-a passiva, receptora desses direitos, que supostamente devem ser agilizados espontaneamente pelos capitalistas e pelos governantes.[254]

Acerca da natureza dos direitos sociais afirma José Afonso da Silva[255], existir certa corrente que os concebe não com verdadeiros direitos, mas como garantias institucionais, negando-lhes a característica de direitos fundamentais. A doutrina mais consequente, continua o autor, vem refutando essa tese, e reconhece neles a natureza de direitos fundamentais, ao lado dos direitos individuais, políticos e do direito à nacionalidade. São direitos fundamentais do homem-social: uma categoria de direitos fundamentais que constituem um meio positivo para dar um conteúdo real e uma possibilidade de exercício eficaz a todos os direitos e liberdades.

Justamente pelo fato de os direitos sociais terem por objeto prestações do Estado diretamente vinculadas à destinação, distribuição (e redistribuição), bem como à criação de bens materiais, aponta-se com propriedade, para sua dimensão economicamente relevante". Percebe-se que as normas relativas aos direitos sociais do art. 6º da CF exercem a função precípua de explicitar o conteúdo daqueles. No caso dos direitos à saúde, previdência e assistência social, tal condição deflui inequivocamente do disposto no art. 6º da CF: "São direitos sociais a educação, a saúde, o trabalho, o lazer, a segurança, a previdência social, a proteção à maternidade e à infância, a assistência aos desamparados, na forma desta Constituição". Além disso, poderia referir-se mais uma vez a íntima vinculação entre os direitos a saúde, previdência e assistência social e os direitos à vida e o princípio da dignidade da pessoa humana, renunciando, neste particular, a outras considerações a respeito deste aspecto. Percebe-se que alguns desses direitos fundamentais sociais (salário mínimo e assistência social) como direitos dependentes de lei e, portanto, positivados como normas de eficácia limitada.[256]

Por conseguinte, todas as normas que reconhecem direitos sociais, ainda quando sejam programáticas, vinculam os órgãos estatais, de tal sorte que "o Poder Legislativo

[253] MANZINI-COVRE, Maria de Lourdes. *O que é cidadania*. São Paulo: Brasiliense, 2001, p. 13.
[254] MANZINI-COVRE, Maria de Lourdes. *O que é cidadania*. São Paulo: Brasiliense, 2001, p. 14.
[255] SILVA, José Afonso da. *Aplicabilidade das normas constitucionais*. 6. ed. São Pulo: Malheiros, 2004, p. 151.
[256] SARLET, Ingo Wolfgang. *A eficácia dos direitos fundamentais*. 3. ed. ver. atual. e ampl. Porto Alegre: Livraria do Advogado, 2003, p. 274, 301-303.

não pode emanar leis contra estes direitos e, por outro lado, está vinculado à adoção das medidas necessárias à sua concretização; ao Poder Judiciário está vedado, seja através de elementos processuais, seja nas próprias decisões judiciais prejudicar a consistência de tais direitos; ao poder executivo impõe-se, tal como ao legislativo, atuar de forma a proteger e impulsionar a realização concreta dos mesmos direitos".[257]

c) Direitos políticos

Diz-se do direito que tem por objeto as faculdades concedidas, e deveres impostos aos cidadãos, como, p.ex., votar, ser votado, exercer cargo público.

8.3 A concretização dos direitos na sociedade brasileira: a dignidade da pessoa humana

A questão central do presente estudo está no reconhecimento do valor do conceito "dignidade" da pessoa humana, conceito que, de acordo com alguns autores é o último arcabouço da guarida dos direitos individuais e o primeiro fundamento de todo o sistema constitucional, servindo a "isonomia" para gerar equilíbrio real, visando concretizar o direito à dignidade. Contudo, se afirma que, para começar-se a respeitar a dignidade da pessoa humana, tem-se de assegurar concretamente os direitos sociais previstos no artigo 6º da Carta Magna, e relacionados ao caput do artigo 225. De fato, não há como falar em dignidade se os direitos sociais não estiverem garantidos e implementados concretamente na vida das pessoas.[258]

É a dignidade da pessoa humana, de fato, o principal princípio constitucional que diz dos direitos formalmente garantidos nos artigos 1º, III; 226 § 7º (da CF)[259]. Todavia no texto constitucional prescrevem-se, entre outros direitos, a assistência aos desamparados, na forma estabelecida na Constituição. Por outro lado, em todo discurso sobre "justiça real" costuma-se invocar o artigo 3º, inciso I, da Constituição Federativa do Brasil.[260]

---

[257] CANOTILHO, José Joaquim Gomes. *Direito constitucional.* 6.ed. Coimbra, Livraria Almeida, 1993, p. 184, *apud*, SILVA, José Afonso da. *Aplicabilidade das normas constitucionais.* 6. ed. São Pulo: Malheiros, 2004, p. 160.

[258] NUNES, Luiz Antonio Rizzatto. *Curso de direito do consumidor: com exercícios.* 2. ed. ver., modif. e atual. São Paulo: Saraiva, 2005, p. 24.

[259] Art. 1º. *A República Federativa do Brasil, formada pela união indissolúvel dos Estados e Municípios e do Distrito Federal, constitui-se em Estado democrático de Direito e tem como fundamentos:*
I- a soberania;
II- a cidadania;
III- a dignidade da pessoa humana;
IV- os valores sociais do trabalho e da livre iniciativa;
V- o pluralismo político.
Art. 226. *A família, base da sociedade, tem especial proteção do Estado.*
§ 7º "Fundado nos princípios da dignidade da pessoa humana e da paternidade responsável, o planejamento familiar é livre decisão do casal, competindo ao Estado propiciar recursos educacionais e científicos para o exercício desse direito, vedada qualquer forma coercitiva por parte de instituições oficiais ou privadas".

[260] Art. 3º. *Constituem objetivos fundamentais da República Federativa do Brasil:*
I- construir uma sociedade livre, justa e solidária;
II- garantir o desenvolvimento nacional;
III- erradicar a pobreza e a marginalização e reduzir as desigualdades sociais e regionais;
IV- promover o bem de todos, sem preconceitos de origem, raça, sexo, cor, idade e quaisquer outras

Conforme ensina Aldaíza Sposati, trata-se, pois do "atendimento à população carente é um ato moral, ético, isto é, humanitário, destituído, porém da dimensão econômica e política pela qual a sociedade se organiza. Põe-se em questão a concepção ético-social ante a econômico-política contida no exame da assistência social. Desta forma, a noção de direito se restringe ao plano ético e humanitário. A fragilização dos direitos sociais se estende à política dos benefícios sociais no âmbito mesmo das empresas privadas, sendo que, a relação de competência entre público e privado não fica plenamente clara".[261]

A "justiça social" está conectada ao conceito de cidadania, que por sua vez, envolve os direitos e deveres de todo cidadão. Diz-se de uma igualdade sócio/jurídica, sem discriminação de raça, credo ou cor, pois a todos cabe, entre outros direitos, o acesso à assistência social, um o direito à educação, à saúde, à habitação, ao lazer, etc. Enfim, o direito de ter uma vida digna.[262]

Falar de "justiça social" é falar da consecução da realização (implementação) dos direitos que envolvem o conjunto de garantias e princípios formalmente reconhecidos (como visto: dignidade da pessoa humana, redução das desigualdades sociais e regionais, erradicação da pobreza e a marginalização etc.) esforço que desemboca na justiça social. Contudo, falar de justiça social é deixar de privilegiar a elegância e o tecnicismo de todo e qualquer discurso acadêmico, moral, político e legal. É contribuir para a objetivação da eficiência, a eficácia e aplicabilidade de princípios e normas vigorantes, que são portadores de dos valores.

Já a "exclusão social" compreende a exclusão de todos esses direitos: à educação, à saúde, à habitação, ao lazer, à assistência social e, mais especificamente, à assistência jurídica, aspecto que aqui mais nos interessa, fato pelo qual, a seguir privilegiamos.

Acerca da negação de tais direitos, estudos contemporâneos mostram um cenário de violação. Diz-se de uma nova exclusão ou *underclass*, que na versão norte-americana, revela algo mais complexo e profundo do que a velha exclusão (tradicional) que se caracteriza muito mais por problemas de imigração, baixa escolaridade, privação absoluta, diferencias raciais, entre outros motivos. Em síntese, a exclusão social manifesta-se crescentemente como um fenômeno transdisciplinar que diz respeito tanto ao não acesso a bens e serviços básicos como à existência de certos segmentos sociais, passando pela exclusão dos direitos humanos, da seguridade e segurança pública etc.[263]

Tais questões têm uma extraordinária repercussão teórica e prática, se observamos que, durante a interpretação normativa e a resolução de problemas sócio/jurídicos a "dignidade", a "justiça social" e a "não-exclusão social" são conceitos decisivos para a integração das normas constitucionais e infraconstitucionais a cada caso concreto, procurando-se com isso a melhor forma de garantir a harmonia social (paz social) finalidade também reconhecida no preâmbulo constitucional e almejada por todos.

---

formas de discriminação.

261 SPOSATI, Aldaíza de Oliveira. *Os direitos (dos desassistidos) sociais.* 5. ed. São Paulo: Cortez, 2006, p. 16-18, 20.

262 MANZINI-COVRE, Maria de Lourdes. *O que é cidadania.* São Paulo: Brasiliense, 2001, p. 8-9.

263 CAMPOS, André de, et al. *Atlas da exclusão social no Brasil: dinâmica e manifestação territorial*, 2003, v. 2, p. 33, *apud*, BITTAR, Eduardo C. B. *Ética, educação e direitos humanos: estudos filosóficos entre cosmopolitismo e responsabilidade social.* Barueri, SP: Manole, 2004, p. 18.

8.3.1 A problemática da exclusão social

Conforme explica Alain Euzéby[264] "a proteção social é inegavelmente um fator de justiça social. A idéia dessa justiça é a base das garantias sociais. Daí que toda teria da justiça social tenha por objeto determinar o conjunto de princípios que regem a definição e a distribuição equitativa dos direitos e deveres entre os membros da sociedade.

8.3.1.1 Exclusão social e acesso à justiça

Todavia, o legislador brasileiro, evidentemente preocupado com a proteção dos direitos dos cidadãos e com a problemática derivada da exclusão social, prescreveu na Constituição Federal o direito de acesso à Justiça, assegurando a *assistência jurídica gratuita* aos que dela dependam por meio do direito a um advogado e, ainda, com a dispensa do pagamento de custas e despesas judiciais, bem como de honorários advocatícios. Tal previsão integra o rol dos direitos fundamentais da Constituição, tendo sido expresso que: "O Estado prestará assistência jurídica integral e gratuita aos que comprovarem insuficiência de recursos". (Artigo 5º, inciso LXXIV da CF)

Com isso, a assistência jurídica gratuita passaria a ser uma obrigação do Estado e um direito fundamental de todo aquele que dela necessite. Isso sem contar que outros dispositivos constitucionais também revelam a existência do dever do Estado em prover a assistência jurídica gratuita, como o princípio do acesso à justiça (artigo 5.º inciso XXXV) e também o princípio da igualdade. De fato, é evidente que o acesso à justiça ficaria comprometido, caso não fosse disponibilizado também o acesso ao advogado e sua capacidade de traduzir a demanda de uma pessoa em uma provocação técnica da jurisdição. Por outro lado, a igualdade prevista no artigo 5º dependerá, em última análise, que todos possam se socorrer dos remédios judiciais, sem o que haverá disparidade injustificável de tratamento e, consequentemente, exclusão social.

Assim, por exemplo, o Estado brasileiro tem dificuldade de fazer cumprir o mandamento constitucional da assistência jurídica gratuita. De acordo com pesquisa realizada pela Associação Nacional dos Defensores Públicos (ANDP), para cada 100 mil pessoas há apenas 1,8 defensor público no país. As consequências são amplas: boa parte da população não conhece ou não consegue reivindicar seus direitos, o que motivou parte da sociedade organizada a estruturar alternativas de acesso à justiça, não dependentes diretamente do Estado. Ora, partindo do contexto brasileiro atual de exclusão jurídica, por meio do presente projeto de pesquisa propõe-se estudar o acesso à Justiça a partir da perspectiva dos direitos humanos, dos novos direitos: doutrinas, ordenamentos e modelos contemporâneos objetivando, por meio de resultados concretos (significação de conceitos, formulação de novas conclusões e modelo Estrutural de Assistência Jurídica) contribuir para o fortalecimento da "democracia" e, por conseguinte, para o bom exercício da cidadania.

Atualmente, novas diferenças estão associadas ao acesso à tecnologia, à informação e aos recursos financeiros. Nenhum desses elementos está disponível em condições de igualdade entre os países. Por isso, geram desigualdades. Mais: as regras

---

[264] EUZÉBY Alain. *Proteção Social, pilar da Justiça Social.* In SPOSATI Aldaíza (Org.). *Proteção social de cidadania: inclusão de idosos e pessoas com deficiência no Brasil, França e Portugal.* São Paulo: Cortez, 2004, p. 12.

da democracia e os ordenamentos jurídicos nacionais, ou seja, a política e o direito estatais, não estão habilitados a oferecer prestações consistentes nesses campos.[265]

8.3.1.1.1 A exclusão jurídica como forma de exclusão social

Preocupado com a questão da desigualdade e da exclusão social prescreveu-se na Constituição da República Federativa do Brasil de 1988[266] a "assistência jurídica gratuita" garantida a todos os brasileiros que não possam pagar os serviços de um advogado em caso de necessidade. Como consequência disso, cada Estado tem o dever de prestar tal assistência, sem qualquer custo ao beneficiado. Todavia, a criação de uma instituição responsável pela prestação gratuita desses serviços igualmente foi prescrita na Constituição de 1988. A Defensoria Pública, de fato, seria o órgão pensado para garantir, nestas circunstâncias, o acesso à "Justiça", permitindo-se aos cidadãos que, comprovadamente, não podem pagar, serem representados por advogados especializados na tutela e procura de seus direitos.

Mas, diferentemente do que aconteceu na maioria dos estados brasileiros, a Defensoria Pública é de recente criação e organização no Estado de São Paulo. Esta responsabilidade ficaria sob a responsabilidade da Procuradoria de Assistência Judiciária (PAJ), vinculada à Procuradoria Geral do Estado, órgão que se diz insuficiente para a satisfação da demanda, isto é, de todos os casos: conflitos e reclamações que atinge à população que declara ausência de recursos.

Alternativas foram pensadas, a fim de minimizar a problemática que aqui nos ocupa e assegurar, com responsabilidade, a assistência judiciária em todo o território nacional. Citam-se como exemplos: a Defensoria Pública, Faculdades de Direito, Advocacia Pro Bono, Ministério Público e Ações Civis Públicas e Coletivas etc.

A assistência jurídica no Estado Democrático de Direito deve estar conectada à cada vez maior complexidade social que acaba por ter que problematizar a existência de novas demandas que permeiam o direito contemporâneo. Esse é o caso, por exemplo, de demandas em que o próprio Estado é o principal "adversário" no âmbito judiciário, como o direito à saúde, à educação, à previdência social, à assistência social, à moradia, parcela do direto do consumidor, entre outros ramos do direito. Em tais demandas fica evidenciada a necessidade de independência funcional e autonomia administrativa das Defensorias Públicas. Portanto, em um contexto em que se admite que o Estado seja um possível transgressor de direitos individuais, causa estranhamento o fato de que os serviços de assistência jurídica serem prestados por órgãos, como as Procuradorias Estaduais, responsáveis pela defesa e consultoria jurídica do Estado.[267]

8.4 Inclusão jurídica e advocacia

Ainda que os problemas sociais existentes no país, a saber, pobreza, hipossuficiência ou carência incomodem e sensibilizem a uma parcela significativa da

---

[265] CAMPILONGO, Celso Fernandes. *O Direito na Sociedade complexa.* São Paulo: Max Limonad. 2000, p. 127.

[266] Art. 5º, inciso LXXIV: "o Estado prestará assistência jurídica integral e gratuita aos que comprovarem insuficiência de recursos".

[267] Ibidem.

sociedade: educadores, juízes, promotores e advogados, não se conseguiu estabelecer políticas púbicas eficiente capazes de transformar esse quadro de calamidade social.

Acontece que com muita frequência atribui-se o problema às crises econômicas externas e internas, mas não se preparam as condições para a concretização dos direitos sociais, humanos e fundamentais.

Coloca-se, assim, o bem-estar social nas mãos de grupos ou partidos políticos acarretando com isso a instabilidade e a falta de esperança na classe mais necessitada.

Nesse quadro problemático surge o advogado como um agente importante para desenvolver estratégias de defesa e reclamo dos direitos. Lembrando que eles, advogados, não garantem resultado mais os meios para atingir os resultados desejados pelos reclamantes: a população.

8.4.1 A Defensoria Pública e o Acesso à Justiça

8.4.1.1 A gratuidade judiciária

Em diversos Estados existem convênio da OAB com a Secretaria da Justiça e com as Defensorias. Esses convênios é o resultado de esforços da Administração direta, por meio da Secretaria da Justiça, com a Ordem dos Advogados do Brasil e com a Defensoria Pública do Estado, pelo qual aquela libera a verba necessária ao pagamento dos honorários e estas tratam de arregimentar os profissionais, dentro de seus quadros, encarregados da missão. Disso resulta um trabalho digno da classe, que por um lado atende à população carente, e por outro garante o recebimento de seus honorários, destacados do orçamento do Estado, o que significa estar a responsabilidade deles partilhada entre todos os contribuintes. Participam, portanto, os advogados particulares, devidamente inscritos em tal convênio, os acima identificados como dativos, na medida em que essa assistência se faça necessária, à vista da falta de Defensores suficientes na Comarca ou mesmo do excesso de demanda, a exigir o complemento de advogados conveniados – como é o caso específico da Capital de São Paulo. Neste sentido, a OAB e a Defensoria subsidiária e decisivamente, colaboram com a estrutura de assistência judiciária, dentro do Estado de São Paulo, e também fornecendo meios de aperfeiçoamento aos seus filiados, através da Escola Superior de Advocacia.[268]

8.4.1.1.1 Advocacia pública

Conforme lições de Francisco Caseiro Neto[269], erigidas a preceito constitucional, através da Emenda Constitucional n. 19, de 4.6.1998, a Advocacia Geral

---

[268] CASEIRO Neto, Francisco da Silva. *O exercício da advocacia frente ao CDC e ao Novo CPC*: noções essenciais para o jovem advogado. [livro eletrônico] / Francisco da Silva Caseiro Neto. – Rio de Janeiro: Jurismestre, 2018.

[269] CASEIRO Neto, Francisco da Silva. *O exercício da advocacia frente ao CDC e ao Novo CPC*: noções essenciais para o jovem advogado. [livro eletrônico] / Francisco da Silva Caseiro Neto. – Rio de Janeiro:

da União e a Procuradoria da Fazenda Nacional abrigam quadro de advogados habilitados pela OAB, que exercem, a primeira, a consultoria e assessoramento jurídico do Poder Executivo no âmbito federal, além de representar e postular em nome da União, judicial e extrajudicialmente; a segunda assume essa mesma representação, apenas no que tange à execução da dívida ativa de natureza tributária ou outras postulações dessa natureza jurídica tributária.

Conforme explica o citado autor, esses advogados estão atrelados a esses interesses, devidamente reguladas as atividades a eles concernentes pela legislação infraconstitucional pertinente, especialmente o CPC/15, que cuida da advocacia pública em seus artigos 182/184. Vê-se, igualmente, que a Administração pública está autorizada a contratar advogados especializados autônomos, independentemente dos quadros de procuradores, com licitação prévia, ou até mesmo sem ela, em casos especiais.[270] Ainda no plano constitucional e por força da mesma emenda constitucional, situam-se as Procuradorias dos Estados da Federação e do Distrito Federal, que exercem, na conformidade das respectivas Leis Orgânicas, a representação judicial e a consultoria jurídica das respectivas unidades federadas. Toda essa composição institucional, como se disse, aparece no plano constitucional, ao lado do Ministério Público, da Advocacia Privada, da Defensoria Pública e da Magistratura, como funções essenciais à Justiça e como integrantes do Poder Judiciário, ressaltando-se que o CPC/15 se preocupa claramente com os deveres processuais (artigos 77/78) e com a responsabilidade civil/processual regressiva dos mesmos (artigos 79/81), 184 e 187 todos estes em sintonia com o Novo Código de Ética e Disciplina da OAB e também o 143 (Magistrado) e 181 (Ministério Público).

Esses advogados, observa Caseiro, encontram-se atualmente em regime de dedicação exclusiva, postulam pelos entes políticos que representam, nos limites e ditames da respectiva Lei Orgânica, mas com o respaldo e responsabilidade compulsórios dos *direitos*, *prerrogativas*, *ética* e *disciplina* do Estatuto da Advocacia e do Código de Ética Profissional dos Advogados, aliás como preconizado pelo parágrafo 1º do artigo 3º do aludido Estatuto, reafirmado pelos artigos 9º e 10º do Regulamento Geral, *verbis*:

> **Estatuto da Advocacia da OAB**
>
> Artigo 3º - O exercício da atividade da advocacia no território brasileiro e a denominação de advogado são privativos dos inscritos na Ordem dos Advogados do Brasil – OAB.
>
> § 1º - Exercem atividade de advocacia, sujeitando-se ao regime desta Lei, além do regime próprio a que se subordinem, os integrantes da Advocacia Geral da União, da Procuradoria da Fazenda Nacional, da Defensoria Pública e das Procuradorias e Consultorias Jurídicas dos Estados, do Distrito Federal, dos Municípios e das respectivas entidades da administração indireta e fundacional [...].
>
> **Regulamento Geral do EAOAB**
>
> Artigo 9º - Exercem a advocacia pública os integrantes da Advocacia Geral da União, da Defensoria Pública e das Procuradorias e Consultorias Jurídicas dos Estados, do Distrito Federal, dos Municípios, das autarquias e das fundações públicas, estando obrigados à inscrição na OAB, para o exercício

---

Jurismestre, 2018.

[270] Alberto Rollo; João Fernando Lopes de Carvalho; Alexandre Luis Mendonça Rollo, *O advogado e a administração pública*, Barueri, SP: Manole, 2003. Nesse trabalho, os autores focalizam os critérios para a aludida e legítima contratação, sem necessidade da aludida licitação, inclusive influenciando positivamente o Ministério Público nesse sentido.

> de suas atividades.
>
> Parágrafo único - Os integrantes da advocacia pública são elegíveis e podem integrar qualquer órgão da OAB.
>
> Artigo 10 - Os integrantes da advocacia pública[271], no exercício de atividade privativa prevista no artigo 1º do Estatuto, sujeitam-se ao regime do Estatuto, deste Regulamento Geral e do Código de Ética e Disciplina, inclusive quanto às infrações e sanções disciplinares.

A tais quadros de advogados públicos, conclui o nosso autor, somam-se os que comporão as Procuradorias das entidades da Administração indireta[272] e fundacional, e também de cada Município brasileiro, sujeitos às diretrizes e limites de suas respectivas Leis Orgânicas, e também aos ditames do Estatuto e do Código de Ética Profissional. Decerto que os honorários da sucumbência constituirão um fundo comum, a ser objeto de rateio entre os integrantes do quadro de procuradores.

Como visto, é notória a importância do trabalho do advogado para a administração da justiça, pois certamente trata-se de uma atividade indispensável ao exercício da cidadania. Neste sentido, a atividade do advogado é relevante para a sociedade, pois não se limita às relações processuais ou às atividades privativas de sua competência. A advocacia se encontra na defesa das instituições democráticas brasileiras e na luta pela prevalência do bem social. [273]

8.5 Ética Jurídica para uma sociedade em crise

O homem moderno, a fim de justificar suas atitudes, com muita frequência, invoca aquela parte de sua história, valores e costumes que mais lhe interessa. Uma visão futurista nos permite deduzir que outros olharão para tais atitudes a fim de justificar seus próprios erros e medir a legitimidade de seus atos. Hoje, tanto o uso indiscriminado dos avanços científicos quanto às conhecidas atitudes inconsequentes nos assustam.

Na sociedade moderna perdeu-se o sentido do ensino direito e indireto. Minimizou-se o papel da família, da comunidade, da escola etc. É sentida a necessidade de uma nova revolução sociocultural e moral. Pois, o crescente aumento dos índices da criminalidade, a falta de credibilidade pública de instituições consagradas como o Parlamento, a Política, o Governo, o Judiciário, a Igreja e a Escola, a corrosão da autoridade dos mais velhos, dos políticos, das autoridades públicas, dos religiosos e dos professores, os novos formatos de relacionamento familiar que transcendem a família extensa a família nuclear, o abalo sísmico representado pelo desemprego, a aguda falta de oportunidade para os jovens, os idosos, os portadores de deficiência, os analfabetos e os discriminados de toda sorte, o acelerado obsoletismo das competências técnicas, que

---

[271] A exemplo dos advogados contratados em regime de CLT.

[272] "A empresa pública, a sociedade de economia mista e outras entidades que explorem atividade econômica sujeitam-se ao regime jurídico próprio das empresas privadas, inclusive quanto às obrigações trabalhistas e tributárias (STF – Pleno, ADIN n. 1522-4, rel. Ministro Carlos Velloso, j. 17.4.1997, m.v., *Informativo STF*, n. 67, 14/18/4/1997, *DJU*, de 28.4.1997, p. 15.728)" (Nelson Nery Junior; Rosa Maria de Andrade Nery, *Código de Processo Civil comentado e legislação extravagante em vigor, atualizado até 22.2.2001,* 5. ed. rev. e ampl., São Paulo: Revista dos Tribunais, 2001, p. 1.698). Daí porque excluídas as aludidas figuras da Administração indireta, interpretando o Supremo o artigo 173, parágrafo 1º, II da Constituição Federal. E daí porque aparecerão essas figuras como empregadoras, no item 1.11, adiante.

[273] GONZAGA, Alvaro de Azevedo. *Estatuto da Advocacia e Novo Código de Ética e Disciplina da OAB*: comentários. 3. ed. rev., atual. e ampl. Rio de Janeiro: Forense. São Paulo, MÉTODO, 2017, p. 11.

a Revolução Digital provoca a forte rotatividade que assola as empresas e a reformulando ou esfacelando os laços de lealdade entre elas e seus funcionários colocam em crise valores compartilhados e as normas morais até então consensuais. Fala-se, assim, de uma decadência social própria de uma sociedade permissiva, hedonista e materialista que anda na busca do sucesso econômico a qualquer título e, de uma corrupção política presente no dia-a-dia do cidadão comum.[274]

Em suma, a dimensão prática da ética em geral e da ética do advogado, em particular, não se detém no conhecimento ou na mera descrição do seu objeto: realidade social ou conduta humana. Ela, além de pretender representar e explicar seu objeto de estudo por meio de conceitos e proposições, procura também o fazer mudar por meio de uma dada prescrição moral: princípios e normas morais que aplicados à vida em sociedade.

Eis que, como ensinaria Aristóteles,

> as coisas que temos de apreender antes de fazer, apreendemo-las fazendo-as – por exemplo, os homens se tornam construtores construindo, e se tornam citaristas tocando cítara; da mesma forma tornamo-nos justos praticando atos justos, moderados agindo moderadamente, e corajosos agindo corajosamente [...] os homens são bons e maus construtores por construírem bem ou mal.[275]

De acordo com o nosso autor, devemos tornar-nos justos praticando atos justos, e moderados praticando atos moderados, de fato, se os homens praticam atos justos e moderados eles já são justos e moderados. Para Aristóteles, portanto, seria correto dizer que é mediante a prática de atos justos que o homem se torna justo, e é mediante a prática de atos moderados que o homem se torna moderado.

Conclui-se que importante seria cultivar as qualidades que tornam alguém um bom ser humano ou um bom profissional (digamos, um bom médico, eu digo um bom empresário, um bom bancário) e, então, não seria preciso um receituário de regras de ação sobre o que devemos fazer em cada situação particular.[276]

Ora, saber o que é um bancário (ou empresário) envolve conhecer as estruturas sociais que definem a função de um bancário. Mas quando eu compreendo esse papel e essas estruturas, eu compreendo também, em linhas gerais, que características um homem deve ter para ser considerado um bom bancário ou empresário. A idéia de bom bancário (empresário) envolve, necessariamente, certas responsabilidades, e o termo se refere a uma função que só pode ser explicada em relação a instituições sociais (e também jurídicas) que dão atribuições e deveres a quem a desempenha[277]. Logo, ser bom governante, professor, empresário, cidadão etc. implica ser justo, equilibrado e moralmente responsável.

Falar em moral hoje é considera-se supérfluo ou desnecessário. Mas, em verdade, toda relação moral implica escolha, algumas tão difíceis que nos levam à catatonia. Em termos práticos, toda decisão beneficia alguns em detrimento de outros. Vivemos numa sociedade em crise, pois, com efeito, o que é válido para uma coletividade não é necessariamente para outra. Daí existe um confronto de padrões culturais extremamente diversificados e mutáveis. Acontece, continua o autor, que

---

[274] ARRUDA, Maria Cecília Coutinho de, e outros. *Fundamentos de ética empresarial e econômica*. 2. ed. São Paulo: Atlas, 2003, p. 24.

[275] ARISTÓTELES. *Ética a Nicômacos*. 2. ed. Trad. de Mário da Gama Kury. Brasília: Editora Universidade de Brasília, c 1985, 1992. p. 35-36, 39.

[276] Dall' Agnol, Darlei. *Bioética*. Rio de Janeiro: Jorge Zahar Ed., 2005, p. 14.

[277] WILLIAMS, Bernard. *Moral: uma introdução à ética*. Op. cit., p. 79.

nenhuma moral se sustenta pura e exclusivamente pelas virtudes de seus discursos. Há sempre um embate entre morais diversas que expressam ideologias variadas e representam interesses diferenciados, na maioria das vezes contraditórios. A exemplo das ideologias, a moral dominante numa coletividade qualquer é fruto de uma relação de forças.[278]

A questão-chave dos problemas da moralidade repousa no conflito de interesses. Numa primeira instância, os interesses pessoais contrapõem-se a interesses coletivos, familiares, paroquiais, corporativos, empresariais, comunitários, classistas, de categoria sociais, nacionais ou supranacionais. Numa segunda instância, algum tipo de interesses coletivo pode contrapor-se a outros de igual ou maior abrangência. A não ser o egoísmo que expressa os interesses privados e pessoais, toda moral é sempre a moral de algum agente coletivo. A eficácia de qualquer moral depende dos apoios políticos ou dos agentes que a suportam, bem como do arsenal de sanções de que dispõem para fazer valer seus ditames, sejam eles dogmas, sejam eles propósitos.[279]

Funcionários públicos, empresários (fornecedores), políticos, profissionais da saúde, advogados, professores, todos são pessoas: cidadão-clientes-consumidores e, portanto, precisam de ética, advogados, políticos, empresários etc. precisam de ética, a sociedade como um todo precisa de ética.

---

[278] SROUR, Robert Henry. *Ética empresarial*. Rio de Janeiro: Campus, 2000, Prefácio, p. 30, 34, 36.
[279] Ibid., Prefácio, p. 34.

BIBLIOGRAFIA

ABREU, Maria Célia de; MARCOS T. Masetto. *O professor universitário em aula*: Prática e Princípios Teóricos. 8. ed. São Paulo: MG, 1990.

ACQUAVIVA, Marcus Cláudio. *Vademecum do código do consumidor: doutrina, legislação, jurisprudência e procedimentos práticos*. São Paulo: Jurídica Brasileira, 1998.

ALEXY, Robert. *Teoria da argumentação jurídica:* a teoria do discurso racional como teoria da fundamentação jurídica. Trad. Zilda Hutchinson Schild Silva; rev. e introdução à edição brasileira Claudia Toledo. 2 ed. São Paulo: Landy, 2005.

________. *La Naturaleza de La Filosofía del Derecho.* Associations 7 (1), 2003, p. 63-75. Disponível em: http://iureamicorum.blogspot.com.br/2008/02/la-naturaleza-de-la-filosofia-del.html. Acesso em: 02,02,2013.

ALVES, Alaôr Caffé. *Lógica: pensamento formal e argumentação: elementos para o discurso jurídico.* 4. ed. São Paulo: Quartier Latin, 2005.

ARISTÓTELES. *Ética a Nicômacos.* 2. ed. Trad. de Mário da Gama Kury. Brasília: Editora Universidade de Brasília, c 1985, 1992.

ARRUDA, Maria Cecília Coutinho de, e outros. *Fundamentos de ética empresarial e econômica.* 2. ed. São Paulo: Atlas, 2003.

ATIENZA, Manuel. *As razões do Direito. Teorias da Argumentação Jurídica.* São Paulo: Landy, 2002.

AZEVEDO, Flavio Olimpio de. *Comentários às infrações disciplinares do Estatuto da Advocacia.* São Paulo: Juarez de Oliveira, 2002.

BASTOS, Celso Ribeiro. *Curso de Directo Constitucional.* São Paulo: Saraiva, 1997.

________. *Hermenêutica e Interpretação Constitucional.* São Paulo, Celso Bastos Editor, 1997.

BATISTA de Almeida, João. *A proteção Jurídica do consumidor*. São Paulo: Saraiva, 1993.

BITTAR, Eduardo C. B. *Ética, educação, cidadania e direitos humanos: estudos filosóficos entre cosmopolitismo e responsabilidade social.* Barueri, SP: Manole, 2004.

BOBBIO, Norberto. *Teoria da norma jurídica.* Trad. Fernando Pavan Baptista e Ariani Bueno Sudatti. Bauru, SP: EDIPRO, 2001.

________. *Teoría de la Norma Jurídica.* Colombia, Bogotá: Temis, 1987.

________. *Teoria da norma jurídica.* Trad. Fernando Pavan Baptista e Ariani Bueno Sudatti. Apressentação Alaôr Caffé Alves. Bauru, SP: EDIPRO, 2001.

________. *Direito e poder.* Trad. Nilson Moulin. São Paulo: Editora UNESP, 2008.

________. *Teoría General del Derecho.* Bogotá: Temis, 1987.

________. *O positivismo jurídico: Lições de Filosofia do Direito.* São Paulo: Ícone, 1995.

________. *Teoria do ordenamento jurídico.* 10. ed. Trad. Maria Celeste C. J. Santos. Apresentação Tércio Sampaio Ferraz Júnior. Brasília: Universidade de Brasília, 1999.

________. *A era dos direitos.* Trad. De Carlos Nelson Coutinho. Rio de Janheiro: Elsevier, 2004.

________. *Teoría de la Norma Jurídica.* Colombia, Bogotá: Temis, 1987.

BONFANTE, Pietro. *Historia del Derecho Romano.* Madrid: Revista de Direito Privado, vol 1, 1944.

BRASIL. Constituição da República. Disponível em: http://www.planalto.gov.br/ccivil_03/constituicao/constituicao.htm Acesso em 02,01, 2018.

BRASIL. Código de Ética e Disciplina da Ordem dos Advogados do Brasil – OAB (RESOLUÇÃO N. 02/2015). Disponível em: https://www.conjur.com.br/dl/codigo-etica-oab3.pdf Acesso em 02,01,2018.

BRASIL. Estatuto da Advocacia e a Ordem dos Advogados do Brasil (OAB). Disponível em: http://www.planalto.gov.br/ccivil_03/leis/L8906.htm Acesso em 02,01,2018.

CABANILLAS Sanchez, Antonio. *Las obligaciones de actividad y de resultado,* Barcelona: Bosch, 1993.

CAFFÉ ALVES, Alaôr. As raízes sociais da Filosofia do Direito: uma visão crítica. In, *O que é a filosofia do direito?* Barueri, SP: Manole, 2004.

CAMPILONGO, Celso Fernandes. *O Direito na Sociedade complexa.* São Paulo: Max Limonad. 2000.

CANOTILHO, José Joaquim Gomes. *Direito constitucional.* 6. ed. Coimbra, Almedina, 1993.

________. *Direito Constitucional e Teoria da Constituição.* Coimbra: Almedina, 1998.

________. *Estudo sobre direitos fundamentais.* São Paulo: RT; Portugal: Coimbra, 2008.

CASEIRO Neto, Francisco da Silva. *O exercício da advocacia frente ao CDC e ao Novo CPC*: noções essenciais para o jovem advogado. [livro eletrônico] / Francisco da Silva Caseiro Neto. – Rio de Janeiro: Jurismestre, 2018.

CARNELUTTI, Francesco. *Metodologia do direito*. Trad. Frederico A Paschoal. Campinas: Bookseller, 2002.

COUTURE, Eduardo. *Os mandamentos do advogado*, cit., p. 40.

CUSTÓDIO da Piedade Ubaldino Miranda. *Interpretação e integração dos negócios jurídicos*. São Paulo: Rt, 1989.

DALLARI, Dalmo de Abreu. *O Poder dos* Juízes. São Paulo, Saraiva, 1996.

DALL' AGNOL, Darlei. *Bioética*. Rio de Janeiro: Jorge Zahar Ed., 2005.

DEMOGUE, René *Traité des obligations em général*. Paris: Rousseau, 1923.

DESCARTES, René. *Discurso do método*. São Paulo: Ícone, 2006.

DIAZ, Alejandro del Palacio. *Introducción a la Teoría del Derecho*. México, DF.: Universidad Autonoma, 1992.

DÍAZ Bordenave, Juan e Martins Pereira, Adair. *Estratégias de ensino aprendizagem*. 14. ed. Petrópolis: Vozes, [s.d.].

DÍEZ-PICAZO, Luis; GULLÓN, Antonio. *Instituciones de Derecho Civil*. Vol. I. Madrid: Tecnos, 1995.

DINIZ, Maria Helena. *Compêndio de Introdução à ciência do Direito*. 11. ed. atualizada. São Paulo: Saraiva, 1999.

DURKHEIN, Émile. *As Regras do Método Sociológico*. Trad. Pietro Nassetti. São Paulo: Martin Claret, 2001.

DWORKIN, Ronald. *O Império do Direito*. Trad. Jefferson Luiz Camargo. São Paulo: Martins Fonte, 1999.

________. *Levando os direitos a sério*. Trad. Nelson Boeira. 2. ed. São Paulo: Martins Fontes, 2007.

EUZÉBY Alain. *Proteção Social, pilar da Justiça Social*. In SPOSATI Aldaíza (Org.). *Proteção social de cidadania: inclusão de idosos e pessoas com deficiência no Brasil, França e Portugal*. São Paulo: Cortez, 2004.

FERREIRA, Aurélio Buarque de Holanda. *Novo dicionário Aurélio da língua portuguesa*. 3. ed. Curitiva: Positivo, 2004.

FERRAZ Júnior, Tércio Sampaio. *A ciência do direito*. 2. ed. São Paulo: ATLAS. 1980.

FERREIRA, Aurélio Buarque de Holanda. *Novo dicionário.* 3. ed. Curitiba: Positivo, 2004.

FERREL, O. C. *Ética empresarial: dilemas, tomadas de decisões e casos.* Trad. Célia Arruda. Rio de Janeiro: Reichmann & Affonso Ed, 2001.

FINKELSTEIN, Maria Eugenia. *Direito empresarial.* São Paulo: Atlas, 2005.

FRANÇA, Limongi, R. *Hermenêutica Jurídica.* 7. ed. São Paulo: Saraiva, 1999.

________. *Brocardos Jurídicos. As regras de Justiniano.* 2. ed. São Paulo: Rt, 1969.

GAGLIANO, Pablo Stolze; PAMPLONA FILHO, Rodolfo. *Novo curso de direito civil: Parte Geral.* São Paulo: Saraiva, 2005.

GIUSEPPE Imídeo Nérici. *Metodologia do ensino. Uma introdução.* 4. ed. São Paulo: Atlas, 1992.

GONZAGA, Alvaro de Azevedo. *Estatuto da Advocacia e Novo Código de Ética e Disciplina da OAB*: comentários. 3. ed. rev., atual. e ampl. Rio de Janeiro: Forense. São Paulo, MÉTODO, 2017.

GOODE, William J.; HATT, Paul K. *Métodos de Investigación Social.*La Habana: Editorial de Ciencias Sociales. Instituto Cubano del Libro, 1971.

GRAU, Eros Roberto. *A Ordem Econômica na Constituição de 1988.* 4. ed. Rev. e atualizada. São Paulo: Malheiros, 1998.

HABERMAS, Jürgen. *Facticidad y validez.* Madri: Trotta, 1998.

________. *La lógica de las ciencias sociales.* Trad. Manuel Jiménez Redondo. Madri: Tecnos, 1996.

________. *Comentários à ética do discurso.* Lisboa: Instituto Piaget, 1991.

HALDANE, John. *Ética aplicada,* in BUNNIN, Nicholas e E.P. Tsui-James (orgs). “Compêndio de Filosofia”. São Paulo: Loyola, 2002, p. 718, 723.

HART Herbert L. A. *O Conceito de Direito.* 2. ed. Lisboa: Fundação Calouste Gulbenkian, 1994.

________. *Direito, liberdade, moralidade.* Trad. De Gérson Pereira dos Santos. Porto Alegre: Fabris, 1987.

HARE, R.M. *A linguagem da moral.* Trad. Eduardo Pereira e Ferreira. São Paulo: Martins Fontes, 1996.

HENRIQUES, Antonio; MEDEIROS, João Bosco. *Monografia no curso de Direito.* 2. ed. São Paulo: Atlas, 1999.

HUSSERL Edmund. *Investigações Lógicas*. (Elementos de uma elucidação fenomenológica do conhecimento). Os pensadores. São Paulo: Nova Cultura. 1996.

________. *Ideas relativas a una fenomenología pura y una filosofía fenomenológica*, México, 1962.

IHERING, Rudolf Von. *A luta pelo direito*, tradução de João de Vasconcelos, Rio de Janeiro: Forense, 1972.

JORDÃO Emerenciano, Maria do Socorro. *Reflexões sobre o Homem e sua Educação*. Revista Epistéme. Olimpika Editora Pedagógica, São Paulo, 1996.

KELSEN, Hans. *A Justiça e o Direito Natural*. Coimbra: Armênio Amado, 1979.

________. *Teoria Geral das Normas*. (trad. José Florentino Duarte). Porto Alegre:Sérgio Antônio Fabris Editor, 1986.

________. *Teoria Geral do Direito e do Estado*. Trad. Luis Carlos Borges. São Paulo: Martins Fontes, 2000.

________. *Teoria Pura do Direito*. Tradução João Baptista Machado. 4 ed. São Paulo: Martins Fontes, 1995.

LARENZ, Karl. *Metodologia da Ciência do Direito*. 2. ed. Trad. José Lamego. Lisboa: Fundação Calouste, 1983.

LARES Romero, Victor Hugo. *El Direito de Proteção a los Consumidores en México*. Umiversidad Autónoma Metropolitana. Azcapotzalco, México, D. F.,1991.

LUDWIG, Wittgenstein. *Investigações Filosóficas*. Trad. José Carlos Bruni. São Paulo: Nova Cultura, 1999.

MAMEDE, Gladston. *Manual de direito empresarial*. São Paulo: Atlas, 2005.

MANZINI-COVRE, Maria de Lourdes. *O que é cidadania*. São Paulo: Brasiliense, 2001.

MARTÍNEZ Navarro, Emilio. *Ética para El desarrollo de los pueblos*. Madri: Trotta, 2000.

MÁRQUEZ Sánchez, Fidel. *El llamado Sector Informal de la República Dominicana*. Revista Economía y Desarrollo nº 3 de 1991.

MAXIMILIANO, Carlos. *Hermenêutica e Aplicação do Direito*. 19. ed. Rio de Janeiro: Forense, 2003.

MIRANDA, Pontes de. *Sistema de Ciência Positiva do Direito*. 2. ed. Rio de Janeiro: Borsoi, t. IV, 1972.

MORAES, Alexandre de. *Direito constitucional.* 4. ed. revista e ampliada. São Paulo: Atlas, 1998.

MOORE, A. W. *Filosofia da Lógica.* In, BUNNIN, Nicholas e E.P. Tsui-James (orgs). *Compêndio de Filosofia.* São Paulo: Loyola, 2002.

NALINI, José Renato. *Ética geral e profissional.* 4. ed.. ver. e atual. São Paulo: Rt, 2004.

________. *Ética e justiça.* São Paulo: Editora Oliveira Mendes, 1998.

NASH, Laura L. *Ética nas empresas.* Trad. Kátia Aparecida Roque. São Paulo: Makron Book, 2001.

NOORE. A.W. *Filosofia da lógica.* In, BUNNIN, Nicholas e E.P. Tsui-James (orgs). "Compêndio de Filosofia". São Paulo: Loyola, 2002.

NOVAIS Dias Sérgio. "Responsabilidade Civil do Advogado: Perda de uma chance". São Paulo: LTr, 1999.

NUNES, Luiz Antonio Rizzatto. *Curso de direito do consumidor: com exercícios.* 2. ed. ver., modif. e atual. São Paulo: Saraiva, 2005.

PERELMAN, Chaïm. *Lógica jurídica*: nova retórica. Tradução Virgínia K. Pupi; rev. Maria Ermantina de Almeida Prado Galvão; revisão técnica Gildo Sá Leitão Rios. 2. ed. São Paulo: Martins Fontes, 2004.

POPPER, Karl. R. *A lógica da pesquisa científica.* Trad. Leonidas Hegenberg e Octanny Silveira da Mota. São Paulo: Cultrix, 1972.

_______. *Conhecimento objetivo: uma abordagem evolucionária.* Trad. Milton Amado. Belo Horizonte: Itatiaia, 1999.

REALE, Miguel. *Experiência e cultura.* 2. ed. Campinas: Bookseller, 2000.

________. *Fundamentos do Direito.* 3. ed., São Paulo: Revista dos Tribunais, 1998.

________. *Teoria tridimensional do direito.* 5. ed. São Paulo: Saraiva, 2000.

________. *Filosofia do Direito.* 5. ed. Revista e aumentada. São Paulo: Saraiva, 1969.

________. *Filosofia do Direito.* 20. ed. Revista e aumentada. São Paulo: Saraiva, 2002.

ROBLES, Gregorio. *O Direito como Texto: quatro estudos de teoria comunicacional do direito.* Trad. Roberto Barbosa Alves. Barueri: Manole, 2005.

RODRIGUES, Silvio. *Direito Civil. Dos Contratos e das Declarações Unilaterais de Vontade.* 21. ed. São Paulo: Saraiva, vol 3, 1993.

RODRÍGUEZ-ARANA, Jaime. *La Dimensión Ética*. Madri: Dykinson, 2001.

ROHDEN, Humberto. *Einstein*: O Enigma do Universo. São Paulo: Martin Claret, 2005.

ROLLO, Alberto; João Fernando Lopes de Carvalho; Alexandre Luis Mendonça Rollo, *O advogado e a administração pública*, Barueri, SP: Manole, 2003.

ROSS, Alf. *Direto e Justiça.* Trad. Edson Bini – Rev. Alisson Leandro Mascaro. Bauru, SP: EDIPRO, 2000.

SARLET, Ingo Wolfgang. *A eficácia dos direitos fundamentais.* 3. ed. ver. atual. e ampl. Porto Alegre: Livraria do Advogado, 2003.

SEARLE, John R. *Filosofia contemporânea nos Estados Unidos*, in BUNNIN, Nicholas e E.P. Tsui-James (orgs). "Compêndio de Filosofia". São Paulo: Loyola, 2002.

SERRANO, Pablo Jiménez. *Filosofia do Direito*. Campinas, SP: Alínea, 2014.

________. *Compreensão Epistemológica das Proposições Jurídicas*. Dissertação de Mestrado apresentada ao Centro de Pós-Graduação da Universidade São Judas Tadeu, para obtenção do título de Mestre em Filosofia. São Paulo, 2005.

________. *Interpretação jurídica.* São Paulo: Desafio Cultural, 2 002.

________. *Metodologia do Ensino e da Pesquisa Jurídica.* São Paulo: Manole, 2 003.

SILVA, José Afonso da. *Aplicabilidade das normas constitucionais.* 6. ed. São Pulo: Malheiros, 2004.

SIQUEIRA ABRÃO, Bernadette. *História da Filosofia.* São Paulo: Nova Cultura, 1999.

SILVA, José Afonso da. *Aplicabilidade das normas constitucionais.* 6. ed. São Pulo: Malheiros, 2004.

SILVEIRA, Alípio. *Hermenêutica no Direito Brasileiro.* São Paulo: Rt, vol. 1, 1968.

SKORUPSKI, John. *Ética*, in BUNNIN, Nicholas e E.P. Tsui-James (orgs). "Compêndio de Filosofia". São Paulo: Loyola, 2002.

SPOSATI, Aldaíza de Oliveira. *Os direitos (dos desassistidos) sociais.* 5. ed. São Paulo: Cortez, 2006.

SROUR, Robert Henry. *Ética empresarial.* Rio de Janeiro: Campus, 2000.

VALPUESTA Fernandez, María R. et al. *Direito de Obrigações e Contratos*. Valência: Tirant lo Blanch, 1995.

VILLORIA Mendieta, Manuel. *Ética pública y corrupción: Curso de ética administrativa.* Madrid: Tecnos, 2000.

WALD Arnoldo. *Curso de Direito Civil Brasileiro: Obrigações e contratos*. 12. ed. Revista ampliada e atualizada. São Paulo: Rt, 1995.

WILLIAMS, Bernard. *Moral: uma introdução à ética*. Trad. Remo Mannarino Filho; revisão da tradução Maarcelo Brandão Cipolla. São Paulo: Martins Fontes, 2005.

ANEXO: Exercícios práticos para provas e concursos.

O CONCEITO DA ÉTICA

QUESTÕES OBJETIVAS

Questão 1 A Filosofia Moral é aquela filosofia voltada para os valores. Diz-se de uma atitude cega para o valor, exercida de modo metodológico.

O trecho caracteriza,

☐ (A) o fundamento histórico do conhecimento científico.

☐ (B) o fundamento fatual da Filosofia moral.

☐ (C) a diferencia entre a ética e moral.

☐ (D) o fundamento valorativo da Filosofia moral.

☐ (E) o fundamento normativo da Filosofia moral.

Questão 2

A Filosofia Moral tem o papel de orientar a racionalidade. Assim, procura definir o "bem moral" como o ideal do melhor *agir* ou do melhor *ser*,

O trecho caracteriza a natureza e o sentido da Filosofia Moral. Assinale, a seguir a resposta correta,

☐ (A) a importância teleológica da Filosofia Moral.

☐ (B) a necessidade de códigos de ética.

☐ (C) a cientificidade do conhecimento filosófico.

☐ (D) a faculdade do homem de julgar, de raciocinar, de compreender e de ponderar.

☐ (E) a moralidade na filosofia e nas ciências.

Questão 3 A Filosofia Moral é uma área do saber humano analítica: *conceitual* e *normativa*. Diz-se de uma Filosofia que tende a ter um caráter ou dimensão *conceitual* (Ética) e *normativa* (Moral).

No citado texto se confirma a ideia de que,

☐ (A) a Filosofia Moral é sempre e unicamente prescritiva.

☐ (B) a Filosofia Moral não se ocupa com a conduta humana.

☐ (C) a Filosofia Moral cuida do ser irracional.

☐ (D) o raciocínio é próprio do ser humano.

☐ (E) a Filosofia Moral tem uma expressão teórica e prática.

Questão 4 Assinale a resposta incorreta.

A Ética,

☐ (A) deriva do grego *ethos*, que significa "caráter", ou, no plural, maneiras.

☐ (B) abrange o mundo, seus conceitos, excluindo qualquer caráter prescritivo.

☐ (C) cuida das questões sobre aquilo que se tem razão para sentir, e como as razões para sentir se vinculam às razões para agir.

☐ (D) nos ajuda a justificar as nossas atitudes.

☐ (E) tem como objeto a conduta humana.

Questão 5

"A Ética é considerada a dimensão conceitual da Filosofia Moral. Diz-se de um *estudo* da moral ou dos juízos morais, isto é, uma reflexão filosófica sobre a moralidade".

O trecho trata da definição de Filosofia e contem duas afirmações. Assinale, a seguir a resposta correta,

☐ (A) as duas são verdadeiras e coerentes.

☐ (B) a primeira é verdadeira e a segunda é falsa.

☐ (C) as duas são verdadeiras, porém contraditórias.

☐ (D) a primeira é falsa e a segunda é verdadeira.

☐ (E) as duas são falsas.

Questão 6 Assinale a afirmativa correta

Trata-se de um juízo de realidade, por exemplo, a "a caneta é branca". Diz-se de um julgamento ou sentença que pode ser dita de "verdadeira" ou "falsa".

☐ (A) Juízo analítico.

☐ (B) Juízo de valor.

☐ (C) Juízo *a priori*.

☐ (D) Juízo de fato.

☐ (E) Juízo sintético.

Questão 7 Assinale a afirmativa correta

Trata-se de um juízo de apreciação, por exemplo, esta é uma boa caneta. Diz-se de um julgamento ou sentença que envolve uma valoração que pode ser dita de adequada, conveniente ou inconveniente.

☐ (A) Juízo mediato.

☐ (B) Juízo de valor.

☐ (C) Juízo discursivo.

☐ (D) Juízo de fato.

☐ (E) Juízo sintético.

Questão 8 Relativamente à moralidade, analise as afirmativas a seguir:

I. A moralidade nos informa acerca da melhor maneira de conduzir uma ação, isto é, o bom comportamento humano. II. Amoral é tudo o que é contrário à moral. III. É amoral aquela conduta que, privada de qualificação moral, se situa fora de toda e qualquer cogitação. IV. Já, *imoral* é tudo o que é contrário à moral (desonesto), qualificando-se assim toda conduta, ensinamento ou doutrina que contraria regras morais prescritas para um dado tempo e lugar.

Está CORRETA somente a afirmativa

☐ (A) I, II e IV;
☐ (B) I, III e IV;
☐ (C) II, III e IV;
☐ (D) I, II e III;
☐ (E) II e IV.

Questão 9 Os juízos morais explicam como os conflitos de conduta podem ser contornados com base num acordo de motivação racional. Em sentido lato, eles servem para justificar a conduta à luz de normas válidas ou a validade das normas à luz de princípios dignos de reconhecimento.[280]

Com base nesse fragmento de texto, infere-se que,

☐ (A) os conflitos de conduta são oriundos dos juízos morais.
☐ (B) a conduta pode ser contornada pelas morais.
☐ (C) os juízos morais apoiam-se em preceitos morais vigorantes.
☐ (D) as normas morais abrangem regras e princípios positivados.
☐ (E) existe um vínculo entre juízos morais e convencionalismos.

[280] HABERMAS, Jürgen. *Comentários à Ética do Discurso*. Instituto Piaget. 1991, p.15

Questão 10 A linguagem, de forma geral, tem um papel importante na formação da consciência e do conhecimento. O homem, como ser social, sente, escuta, analisa, julga, afirma, explica e comunica suas ideias e pensamentos por meio da linguagem. A linguagem é, pois, o instrumento que auxilia o pensamento e a razão. É por meio da linguagem que somos capazes de raciocinar, deduzir, induzir, simbolizar, comparar, concluir, prescrever etc.

A ética se usa de conceitos abstratos, aspecto que limita a interpretação e extensão dos princípios e regras durante a pesquisa e solução de problemas práticos. Assim, por exemplo, "bondade não é o tipo de propriedade cuja presença ou ausência possa ser estabelecida empiricamente, muito embora (de uma forma um tanto obscura em sua teoria) a observação das características empíricas de uma coisa seja sem dúvida importante para a apreensão da bondade".[281]

A partir dessas afirmações, avalie as asserções a seguir e a relação proposta entre elas.

I A bondade não tem existência física. Ela não pode ser vista, apalpada, porém pensada.

PORQUE

II. Os valores existem empiricamente. Somente é justo o que, assim é considerado pelos sentidos.

A respeito dessas asserções, assinale a opção correta.

☐ (A) As asserções I e II são proposições verdadeiras, e a II é uma justificativa correta da I.

☐ (B) As asserções I e II são proposições verdadeiras, mas a II não é um justificativa correta da I.

☐ (C) A asserção I é uma proposição verdadeira, e a II é uma proposição falsa.

☐ (D) A asserção I é uma proposição falsa, e a II é uma proposição verdadeira.

☐ (E) As asserções I e II são proposições falsas.

---

[281] WILLIAMS, Bernard. *Moral: uma introdução à ética*. Trad. Remo Mannarino Filho; revisão da tradução Maarcelo Brandão Cipolla. São Paulo: Martins Fontes, 2005, p. 62.

GABARITO DAS QUESTÕES OBJETIVAS

CADERNO 1	
ITEM	**GABARITO**
1	D
2	A
3	E
4	B
5	A
6	D
7	B
8	B
9	E
10	C

FUNDAMENTOS DA ÉTICA

QUESTÕES OBJETIVAS

Questão 1 Assinale a afirmativa correta:

"Há, porém, uma diferença fundamental entre o pensamento mítico e o pensamento racional dos primeiros filósofos. A mitologia exprimia na forma divina e celestial todo o conjunto de relações, quer dos homens entre si, quer entre o homem e a natureza".

O trecho extraído da obra de SIQUEIRA ABRÃO, Bernadette. *História da Filosofia*. São Paulo: Nova Cultura, 1999, caracteriza:

☐ (A) o fundamento do conhecimento sensorial.

☐ (B) a importância do racionalismo filosófico.

☐ (C) a diferença entre a razão e o mito.

☐ (D) a identidade entre idealismo e misticismo.

☐ (E) o criticismo filosófico.

Questão 2 Assinale a afirmativa correta:

O vocábulo "razão" vem do latim *rationem*, que significa *cálculo*, *conta*, *medida*, *regra*, derivado de *ratio*, particípio passado de *reor*, ou seja, *determino*, *estabeleço* e, portanto, *julgo*, *estimo*. Diz-se de um significado, por meio do qual se destaca,

☐ (A) a importância da teologia.

☐ (B) a necessidade de uma ordem normativa.

☐ (C) a cientificidade do conhecimento humano.

☐ (D) a faculdade do homem de julgar, de raciocinar, de compreender e de ponderar.

☐ (E) a moralidade na filosofia e nas ciências.

Questão 3

A frase: "Todo homem é um animal racional". Se apoia na ideia de que,

☐ (A) o raciocínio não é próprio do ser humano.

☐ (B) todo homem é capaz de pesquisar.

☐ (C) também os animais são racionais.

☐ (D) o raciocínio é próprio do ser humano.

☐ (E) o raciocínio nasce da realidade da moral.

Questão 4 A intuição nos permite,

☐ (A) compreender do mundo, seus conceitos, excluindo qualquer caráter prescritivo.

☐ (B) criar um mundo normativo, excluindo qualquer caráter valorativo.

☐ (C) idealizar dedutivamente as teorias, excluindo os conflitos sociais.

☐ (D) deduzir indutivamente os problemas do mundo.

☐ (E) compreender instantaneamente as razões de um dado fenômeno, fato ou situação.

Questão 5 De acordo com uma concepção ocidental[282]:

☐ (A) os valores não constituem uma realidade ideal que o homem contempla como se fosse um modelo definido.

☐ (B) os valores se reduzem a fatos, atos e obras, a formas de comportamento e se opõem à realização da civilização e da cultura.

☐ (C) os valores representam o mundo do *dever ser*, das normas ideais segundo as quais se realiza a existência humana.

☐ (D) os valores não possuem uma existência em si, *ontológica*, mas se manifestam nas coisas valiosas.

☐ (E) os valores são algo que o homem realiza em sua própria experiência e que vão assumindo expressões diversas através do tempo.

Questão 6 O Direito tutela determinados valores, que reputa positivos, e impede determinados atos, considerados negativos. Logo, até certo ponto, poder-se-ia dizer que o Direito existe porque há possibilidade de serem violados os valores que a sociedade reconhece como essenciais à convivência.

A conclusão anterior tirada da obra de Miguel REALE (*Filosofia do Direito*. 20. ed. São Paulo: Saraiva, 2002, p. 189-190), contem duas afirmações. Conforme à orientação racionalista, assinale, a seguir a resposta correta,

☐ (A) as duas são verdadeiras e a segunda não justifica a primeira.

☐ (B) a primeira é verdadeira e a segunda é falsa.

☐ (C) as duas são verdadeiras e a segunda justifica a primeira.

☐ (D) a primeira é falsa e a segunda é verdadeira.

☐ (E) as duas são falsas.

282 REALE, Miguel. *Filosofia do Direito*. 20. ed. São Paulo: Saraiva, 2002, p. 191-192, 195-196, 208.

Questão 7 Dissemos também que todo homem age conforme a uma crença ou orientação pautada por um determinado *valor*. Em verdade cada homem é guiado em sua exigência pelo primado de determinado valor, pela supremacia de um foco de estimativa que dá sentido à sua concepção de vida. Para uns, o belo confere significado a tudo quanto existe, de maneira que um poeta ou um escultor, por exemplo, possui uma concepção estética da existência, enquanto que outro se subordina a uma concepção ética, e outros ainda são levados a viver segundo uma concepção utilitária e econômica à qual rigidamente se subordina.[283]

Trata-se de uma conclusão construída com base na ideia da importância da:

☐ (A) axiologia.

☐ (B) teleologia.

☐ (C) ontologia.

☐ (D) sistematicidade.

☐ (E) validade.

Questão 8 Complete a frase:

"Toda teoria do valor tem como consequência, não causal, mas lógica, uma _____________ ou teoria dos fins. Daí dizermos que fim não é senão um valor enquanto racionalmente reconhecido como motivo de conduta".[284]

☐ (A) pedagogia.

☐ (B) antropologia.

☐ (C) teleologia.

☐ (D) epistemologia.

☐ (E) metodologia.

---

283 REALE, Miguel. *Filosofia do Direito*. 5. ed. Revista e aumentada. São Paulo: Saraiva 1969, p. 33.
284 REALE, Miguel. *Filosofia do Direito*. 20. ed. São Paulo: Saraiva, 2002, p. 191.

Questão 9 Em verdade, os conceitos éticos mudam com o tempo, porém o que não muda é a condição do ser humano. Eis que todo homem é um ser social e, portanto, sente a necessidade de viver em "sociedade".[285]

Trata-se de uma conclusão construída com base na ideia da importância da:

☐ (A) ordem normativa.

☐ (B) regra moral.

☐ (C) filosofia jurídica.

☐ (D) convivência social.

☐ (E) organização social.

Questão 10 Relativamente à ética jurídica e conforme a seus fundamentos, analise as afirmativas a seguir:

Todo ser humano é um ser social. Logo, toda ação é "justa" se compatível com os interesses dos outros:
I. o "equilíbrio moral" se fundamenta no *agir* pelo *dever de agir*.

II. o "equilíbrio moral" se fundamenta nos interesses privados.

III. o "equilíbrio moral" se fundamenta na *consciência* que temos da necessidade da *convivência.*

IV. o "equilíbrio moral" se fundamenta no lucro e na felicidade individual.

Estão CORRETAS somente as afirmativas

☐ (A) II e IV.

☐ (B) I e III.

☐ (C) II e III.

☐ (D) I e IV.

☐ (E) III e IV.

[285] WILLIAMS, Bernard. *Moral: uma introdução à ética*. Trad. Remo Mannarino Filho; revisão da tradução Maarcelo Brandão Cipolla. São Paulo: Martins Fontes, 2005, p. 33. (Sociedade: unidade cultural, em parte identificada por seus valores. Uma dada prática ou crença está muito mais ligada à estrutura de uma sociedade do que pode parecer à primeira vista).

GABARITO DAS QUESTÕES OBJETIVAS

CADERNO 2	
ITEM	**GABARITO**
1	C
2	D
3	D
4	E
5	B
6	C
7	A
8	C
9	D
10	B

DIMENSÕES DA ÉTICA

QUESTÕES OBJETIVAS

Questão 1 Assinale a afirmativa correta

A ética, ao deixar de ser um mero capítulo da filosofia, converteu-se numa ciência autônoma que, por motivos da diversidade de escolas e concepções, admite tantas classificações e denominações quantas as ideologias ou correntes de pensamento existentes, a saber, *ética empírica*, *ética anarquista*, *ética utilitarista*, *ética ceticista*, *ética subjetivista*, *ética dos bens*, *ética platônica*, *ética aristotélica*, *ética epicurista*, *ética dos valores*, *ética formal*, *ética valorativa* etc.[286]

Na passagem transcrita, o autor procura:

☐ (A) a relatividade dos valores éticos.

☐ (B) o absolutismo das concepções éticas.

☐ (C) indicar o nexo entre os conceitos éticos.

☐ (D) as variações conceituais da ética.

☐ (E) a diversidade das teorias éticas.

Questão 2 A Bioética pode ser assim considerada:

☐ (A) uma disciplina de validade universal, pela verificação objetiva, inclusive experimental, da certeza de seus dados e resultados.

☐ (B) um sistema de conhecimentos derivados de processos reflexivos e integrados em uma unidade coerente segundo conceitos e princípios metafísicos.

☐ (C) estudo sistemático da conduta humana na área das ciências da vida e do cuidado da saúde, quando esta conduta se examina à luz dos valores e dos princípios morais.

☐ (D) um conjunto de concepções econômicas, sociológicas, políticas e jurídicas.

☐ (E) uma interpretação da realidade objetiva, empírica e fatual

[286] NALINI, José Renato. *Ética geral e profissional*. 4. ed.. ver. e atual. São Paulo: Rt, 2004, p. 1 - 71.

Questão 3 Como uma das razões da Bioética podemos assinalar,

☐ (A) o anseio de bem viver com base na liberdade e a vontade humana.

☐ (B) a necessidade de descrever o mundo em suas propriedades naturais, aquelas que são experimentáveis, mas compreendê-lo em sua natureza última.

☐ (C) a procura pelas causas primeiras ou das razões últimas.

☐ (D) as diferenças marcantes entre ciência naturais e sociais.

☐ (E) os dilemas nascidos do conflito desenvolvimento socioeconômico *versus* desenvolvimento tecnológico.

Questão 4 "Pelo princípio da moralidade administrativa, não bastará ao administrador o estrito cumprimento da estrita legalidade, devendo ele, no exercício de sua função pública, respeitar os princípios éticos de razoabilidade e justiça, pois a moralidade constitui, a partir da Constituição de 1988, pressuposto de validade de todo ato da administração Pública." (MORAES, Direito Constitucional, p.325)."

Este trecho coloca em discussão:

☐ (A) o caráter e os fundamentos nas normas sociais.

☐ (B) o valor da filosofia moral.

☐ (C) a superioridade da legalidade.

☐ (D) A supremacia da moralidade.

☐ (E) os condicionamentos factuais das ciências sociais.

Questão 5 Conforme VILLORIA Mendieta, Manuel. *Ética pública y corrupción: Curso de ética administrativa*. Madrid: Tecnos, 2000, p. 20.

"A Ética Administrativa (Ética na Administração ou Ética para os empregados públicos) é uma ética aplicada, em concreto, uma ética profissional que surge paralelamente a um conjunto de éticas, a saber, Ética Empresarial, Bioética, Ética da Informação etc. que tratam de indicar os requisitos para alcançar os fins das determinadas profissões".

Na passagem transcrita, os autores procuram

☐ (A) defender o idealismo normativo.

☐ (B) aderir à concepção empirista.

☐ (C) demonstrar que existe uma relação entre o conhecimento e os fatos.

☐ (D) deixar claro que existe uma dimensão prática da Ética.

☐ (E) justificar o papel das pesquisas empíricas.

Questão 6 A Ética Pública é uma ética coletiva. Trata-se de uma ética na qual os indivíduos vão gerando ordens de condutas para um melhor desenvolvimento da convivência e uma maior expansão da autonomia e da liberdade do ser humano.

Instruções: O texto anterior contem duas afirmações. Assinale a correta,

☐ (A) as duas são verdadeiras e a segunda complementa a primeira.

☐ (B) as duas são falsas e contraditórias.

☐ (C) a primeira é verdadeira e a segunda é falsa.

☐ (D) as duas são verdadeiras, porém incoerentes.

☐ (E) a primeira é falsa e a segunda é verdadeira.

Questão 7 A empresa se limita unicamente a produzir, vender mercadorias e serviços e obter lucros. O objetivo da empresa moderna é a satisfação das necessidades sociais (necessidades surgidas no mercado de consumo: necessidades próprias da população consumidora).

O trecho trata da definição de Filosofia e contem duas afirmações. Assinale, a seguir a resposta correta,

☐ (A) as duas são verdadeiras e a segunda não justifica a primeira.

☐ (B) a primeira é verdadeira e a segunda é falsa.

☐ (C) as duas são verdadeiras e a segunda justifica a primeira.

☐ (D) a primeira é falsa e a segunda é verdadeira.

☐ (E) as duas são falsas.

Questão 8 "A ética empresarial compreende os princípios ou padrões que orientam o bom comportamento no mundo dos negócios: a responsabilidade no mundo dos negócios".

Na passagem transcrita, o autor procura

☐ (A) defender o idealismo normativo.

☐ (B) aderir à concepção empirista.

☐ (C) definir a Ética empresarial.

☐ (D) deixar claro que existe uma dimensão prática da Ética.

☐ (E) justificar o papel das pesquisas empíricas.

Questão 9 Conforme doutrina, como razões da Ética Empresarial devemos citar,

☐ (A) ganância e má qualidade.

☐ (B) a humilhação de pessoas, no trabalho ou através de estereótipos na propaganda.

☐ (C) acordos de preços, Cartel (eliminar a concorrência).

☐ (D) a autonomia da vontade e livre iniciativa.

☐ (E) a supressão dos direitos básicos: liberdade de expressão, de escolha e de relacionamentos pessoais.

Questão 10 Assinale a afirmativa **incorreta**:

Conforme doutrina, como orientações para a Ética nos negócios devemos citar,

☐ (A) reconheça publicamente os trabalhos bem feito.

☐ (B) transmitir valores de igualdade de oportunidade e de tratamento não-discriminatório.

☐ (C) demonstrar a importância crucial do cliente.

☐ (D) transmitir confiabilidade e alcançar credibilidade.

☐ (E) a supressão dos direitos dos trabalhadores: salário e fundo de garantia.

GABARITO DAS QUESTÕES OBJETIVAS

CADERNO 3	
ITEM	GABARITO
1	E
2	C
3	E
4	D
5	D
6	A
7	D
8	C
9	D
10	E

ÉTICA PROFISSIONAL: ÉTICA NAS PROFISSÕES JURÍDICAS

QUESTÕES OBJETIVAS

Questão 1 Assinale a afirmativa incorreta:

Trata-se de uma extensão da ética que tem como aspecto central a aplicação mais ou menos sistemática de uma teoria moral a problemas morais específicos. É uma denominação que abrange questões morais específicas de cada ramo do saber humano.

A afirmação anterior define a:

☐ (A) ética epicurista.
☐ (B) ética histórica.
☐ (C) ética aplicada.
☐ (D) ética do prazer.
☐ (E) ética do cuidado.

Questão 2 Assinale a afirmativa correta:

Trata-se do estudo das normas: princípios e regras que servem de fundamento a um sistema de moral que define os deveres e orienta a conduta profissional.

A afirmação anterior define a:

☐ (A) axiologia.
☐ (B) ontologia.
☐ (C) moralidade.
☐ (D) validade.
☐ (E) deontologia.

Questão 3 A Deontologia Forense designa o conjunto das normas éticas e comportamentais a serem observadas pelo profissional jurídico. Contudo, ela orienta o profissional a agir segundo *ciência* e *consciência.*

O trecho trata do significado da persuasão e contém duas afirmações. Assinale, a seguir a resposta correta,

☐ (A) as duas são verdadeiras e a segunda não justifica a primeira.

☐ (B) a primeira é verdadeira e a segunda é falsa.

☐ (C) as duas são verdadeiras e a segunda justifica a primeira.

☐ (D) a primeira é falsa e a segunda é verdadeira.

☐ (E) as duas são falsas.

Questão 4 Diz-se da conduta sem mancha, pura, incorrupta, que observa um Código de Ética próprio do ramo, este sempre foi um dos requisitos exigidos, por exemplo para ser Ministro do Supremo Tribunal Federal).

A afirmação anterior define o:

☐ (A) princípio da dignidade e do decoro profissional.

☐ (B) princípio da conduta ilibada.

☐ (C) princípio da incompatibilidade.

☐ (D) princípio da correção profissional.

☐ (E) princípio do coleguismo.

Questão 5 Princípio que tem como base o não usar em proveito próprios os assuntos dos quais conhece, excluindo-se, logo, toda e qualquer ambição ou aspiração pessoal. É um princípio inspirador dos chamados a integrar as carreiras jurídicas: Magistratura, Ministério Público, Procuradorias, Defensorias Públicas, Polícia, Advogados e mesmo o Magistério Jurídico.

A afirmação anterior define o:

☐ (A) princípio do desinteresse.

☐ (B) princípio da fidelidade e da confiança.

☐ (C) princípio da independência profissional.

☐ (D) princípio da reserva.

☐ (E) princípio da discricionariedade.

Questão 6 Significa que a carreira jurídica, não é acumulável com outras, a exceção do magistério. De fato, o exercício conjunto da profissão forense com outra ou outras profissões provocaria interferência na esfera profissional, pois propiciaria a captação de clientela, o que geraria incompatibilidade com a finalidade das profissões jurídicas.

A afirmação anterior caracteriza o:

☐ (A) princípio da fidelidade e da confiança.

☐ (B) princípio da independência profissional.

☐ (C) princípio da reserva.

☐ (D) princípio da incompatibilidade.

☐ (E) princípio da persuasão racional.

Questão 7 Conceito que está na base de toda relação profissional e implica cuidado, zelo, aplicação: não ser negligente na representação e nos negócios.

A afirmação anterior caracteriza o:

☐ (A) princípio da fidelidade e da confiança.
☐ (B) princípio da diligencia.
☐ (C) princípio da reserva.
☐ (D) princípio da incompatibilidade.
☐ (E) princípio da persuasão racional.

Questão 8 Que procede sem restrições. A profissão jurídica é exercida com a devida liberdade profissional na interpretação e solução dos casos.

A afirmação anterior caracteriza o:

☐ (A) princípio da fidelidade e da confiança.
☐ (B) princípio da diligencia.
☐ (C) princípio da reserva.
☐ (D) princípio da incompatibilidade.
☐ (E) princípio da discricionariedade.

Questão 9 Um dos equívocos mais comuns do leigo é a confusão entre os campos do direito e a moral, ainda que seus conteúdos se encontrem na propensão humana para realizar valores, distinguem-se direito e moral pelo aspecto formal de garantia externa do mínimo ético. A moral tem um campo de ação mais amplo que o direito, embora, do ponto de vista ideal, o norte ideológico é que eles se aproximem o máximo possível.[287]

O trecho trata da relação e diferença entre direito e moral. Assinale, a seguir a resposta correta,

☐ (A) as duas são verdadeiras e a segunda não justifica a primeira.

☐ (B) a primeira é verdadeira e a segunda é falsa.

☐ (C) as duas são verdadeiras e a segunda justifica a primeira.

☐ (D) a primeira é falsa e a segunda é verdadeira.

☐ (E) as duas são falsas.

Questão 10 No domínio da moral coletiva não há legislador e, igualmente, não há juiz. Cada indivíduo decide por si o que julga moral ou apropriado.

O trecho trata da relação e diferença entre direito e moral. Assinale, a seguir a resposta correta,

☐ (A) as duas são verdadeiras e a segunda não justifica a primeira.

☐ (B) a primeira é verdadeira e a segunda é falsa.

☐ (C) as duas são falsas e contraditórias.

☐ (D) a primeira é falsa e a segunda é verdadeira.

☐ (E) as duas são falsas.

---

[287] GAGLIANO, Pablo Stolze; PAMPLONA FILHO, Rodolfo. *Novo curso de direito civil: Parte Geral.* São Paulo: Saraiva, 2005, p. 6 - 8.

GABARITO DAS QUESTÕES OBJETIVAS

CADERNO 4	
ITEM	**GABARITO**
1	C
2	E
3	C
4	B
5	A
6	D
7	B
8	E
9	A
10	C

ÉTICA NA ADVOCACIA

QUESTÕES OBJETIVAS

Questão 1 Assinale a afirmativa correta

> Art. 5º O advogado postula, em juízo ou fora dele, fazendo prova do mandato.
>
> § 1º O advogado, afirmando urgência, pode atuar sem procuração, obrigando-se a apresentá-la no prazo de quinze dias, prorrogável por igual período.
>
> § 2º A procuração para o foro em geral habilita o advogado a praticar todos os atos judiciais, em qualquer juízo ou instância, salvo os que exijam poderes especiais.
>
> § 3º O advogado que renunciar ao mandato continuará, durante os dez dias seguintes à notificação da renúncia, a representar o mandante, salvo se for substituído antes do término desse prazo.

A prescrição anterior define:

☐ (A) a natureza do serviço do advogado.

☐ (B) a importância do trabalho do advogado.

☐ (C) o fundamento valorativo da advocacia.

☐ (D) as morais da advocacia.

☐ (E) o papel do advogado na sociedade.

Questão 2 Assinale a afirmativa correta

O contrato de prestação de serviço de advocacia é fonte de obrigação de meio e não de resultado. Nesse sentido, o advogado se responsabiliza e compromete com o resultado do processo judicial em qualquer instância.

O trecho trata da responsabilidade jurídica do advogado e contém duas afirmações. Assinale, a seguir a resposta correta,

☐ (A) as duas são verdadeiras e a segunda não justifica a primeira.

☐ (B) a primeira é verdadeira e a segunda é falsa.

☐ (C) as duas são verdadeiras e a segunda justifica a primeira.

☐ (D) a primeira é falsa e a segunda é verdadeira.

☐ (E) as duas são falsas.

Questão 3 Assinale a afirmativa correta

Conforme prescrito na Constituição Federal a função do advogado é indispensável à administração da justiça: "*O advogado é indispensável à administração da justiça, sendo inviolável por seus atos e manifestações no exercício da profissão, nos limites da lei*". (Art. 133 da CF[288])

A afirmação anterior confirma que,

☐ (A) o advogado é o profissional liberal, independente e colaborativo. Isto é chamado de *múnus público*.

☐ (B) a advocacia é uma atividade lucrativa e inclusiva. Isto é chamado de *múnus público*.

☐ (C) o advogado desempenha o importante papel: o de contribuir com a cidadania e a justiça social. Isto é chamado de *múnus público*.

☐ (D) o advogado é o profissional melhor preparado para a concretização da cidadania.

☐ (E) a atividade do advogado é onerosa e contratual.

---

[288] BRASIL. Constituição da República. Disponível em: http://www.planalto.gov.br/ccivil_03/constituicao/constituicao.htm Acesso em 02,01, 2018.

Questão 4 Complete a regra:

O ___________, regularmente inscrito, pode praticar os atos próprios das atividades privativas dos advogados, em conjunto com advogado e sob responsabilidade deste. (Art. 3º, § 2º do EAOAB)

☐ (A) profissional.

☐ (B) advogado.

☐ (C) estagiário.

☐ (D) juiz.

☐ (E) promotor.

Questão 5 Assinale a afirmativa correta

Considera-se incompatível o advogado que passa a exercer cargo que impeça o exercício da advocacia, como por exemplo, a magistratura, sendo definitivo, assim prescrito no art. 28 do EAOAB.

A afirmação anterior confirma:

☐ (A) a importância da atividade do advogado.

☐ (B) a incompatibilidade para o exercício da advocacia.

☐ (C) a responsabilidade do advogado.

☐ (D) os imperativos da ética do advogado.

☐ (E) os honorários do advogado.

Questão 6 A profissão do advogado, como todas as profissões, tem uma função social que não é incompatível com o interesse individual do profissional liberal. Decerto que a compatibilidade entre o interesse individual e social depende da consciência profissional que há de ser socialmente edificada em prol da convivência social.

Assinale, a seguir a resposta correta,

☐ (A) as duas são verdadeiras e a segunda não justifica a primeira.

☐ (B) a primeira é verdadeira e a segunda é falsa.

☐ (C) as duas são verdadeiras e a segunda justifica a primeira.

☐ (D) a primeira é falsa e a segunda é verdadeira.

☐ (E) as duas são falsas.

Questão 7 Assinale a afirmativa correta

A atividade da advocacia é incompatível, não se confunde, com a empresarial. O serviço do advogado tem como objeto a comercialização.

O trecho trata da natureza da advocacia e contém duas afirmações. Assinale, a seguir a resposta correta,

☐ (A) as duas são verdadeiras e a segunda não justifica a primeira.

☐ (B) a primeira é verdadeira e a segunda é falsa.

☐ (C) as duas são verdadeiras e a segunda justifica a primeira.

☐ (D) a primeira é falsa e a segunda é verdadeira.

☐ (E) as duas são falsas.

Questão 8 Trata-se de uma forma de infração disciplinar mais branda (leve), presente no Código. Quando existem circunstâncias atenuantes, pode ser convertida em advertência, em ofício reservado, e sem registro nos assentamentos do inscrito.

A afirmação anterior define o:

☐ (A) suspensão.

☐ (B) a censura.

☐ (C) exclusão.

☐ (D) multa.

☐ (E) advertência.

Questão 9 Diz-se de uma penalidade considerada grave do ponto de vista disciplinar e aplicável quando estamos diante de situações mais delicadas e traumáticas, envolvendo a atuação do advogado.

A afirmação anterior define o:

☐ (A) suspensão.

☐ (B) a censura.

☐ (C) exclusão.

☐ (D) multa.

☐ (E) advertência.

Questão 10 Diz-se da sanção mais drástica prevista no Estatuto, consistente na exclusão do advogado dos quadros da Ordem. Neste caso o representado não será mais advogado ficando inabilitado para a prática de qualquer atividade advocatícia.

A afirmação anterior define o:

☐ (A) suspensão.

☐ (B) a censura.

☐ (C) exclusão.

☐ (D) multa.

☐ (E) advertência.

GABARITO DAS QUESTÕES OBJETIVAS

CADERNO 5	
ITEM	**GABARITO**
1	A
2	B
3	C
4	C
5	B
6	C
7	B
8	B
9	A
10	C

RESPONSABILIDADE JURÍDICA DO ADVOGADO

QUESTÕES OBJETIVAS

Questão 1 Podemos diz-se, assim, que o mundo jurídico enfrenta dois grandes problemas, nem sempre adequadamente resolvidos:

Primeiro, acatar o que por lei deve ser feito, ainda que o prescrito contrarie os interesses particulares do advogado (e do seu cliente).

Segundo, fazer predominar os interesses individuai: lucros (ganhos), sobre a verdade e a justiça.

Colocar em primeiro plano, os interesses individuais do advogado e seu cliente é uma questão que deve ser melhor avaliada. E nessa questão deve-se insistir se quisermos realmente fazer justiça.

A afirmação anterior define:

☐ (A) as prerrogativas do advogado.

☐ (B) a responsabilidade do advogado.

☐ (C) o dilema próprio da ética jurídica.

☐ (D) a deontologia jurídica.

☐ (E) as verdades do direito.

Questão 2 Assinale a afirmativa correta

> Art. 32. O advogado é responsável pelos atos que, no exercício profissional, praticar com dolo ou culpa.
>
> Parágrafo único. Em caso de lide temerária, o advogado será solidariamente responsável com seu cliente, desde que coligado com este para lesar a parte contrária, o que será apurado em ação própria.

A regra anterior prescreve:

☐ (A) a responsabilidade do cliente.

☐ (B) a responsabilidade do advogado conjuntamente com seu cliente.

☐ (C) a responsabilidade e das partes.

☐ (D) a responsabilidade de todos os participantes no processo.

☐ (E) a responsabilidade do advogado juto a terceiros.

Questão 3 Complete a regra:

Podemos caracterizar a ______________ ______________ como aquela onde não existe culpa, ou melhor, aquela que se produz com independência de toda culpa do agente, sendo ela de qualquer forma presumida.

☐ (A) responsabilidade objetiva.

☐ (B) responsabilidade *aquiliana*.

☐ (C) responsabilidade subjetiva.

☐ (D) responsabilidade contratual.

☐ (E) responsabilidade extracontratual.

Questão 4 Identifique o tipo de obrigação na frase a seguir:

Sendo obrigado o advogado agir com cautela e tomar as devidas providências na gestão eficiente dos processos legais, surgem reclamações jurídicas baseadas nos seguintes supostos de fato que têm como causa o inadimplemento de uma obrigação:

Conforme teorias modernas as verdades jurídicas são:

☐ (A) de dar.

☐ (B) de bilateralidade.

☐ (C) subjetiva.

☐ (D) fazer.

☐ (E) objetivas.

Questão 5 Assinale a afirmativa correta

A advocacia constitucionalmente é considera como uma profissão de elevado alcance social. Basta lembrar que o advogado é o único profissional liberal mencionado expressamente na CF cujo serviço não é indispensável à administração da justiça.

O trecho trata do reconhecimento constitucional da advocacia e contém duas afirmações. Assinale, a seguir a resposta correta,

☐ (A) as duas são verdadeiras e a segunda não justifica a primeira.

☐ (B) a primeira é verdadeira e a segunda é falsa.

☐ (C) as duas são verdadeiras e a segunda justifica a primeira.

☐ (D) a primeira é falsa e a segunda é verdadeira.

☐ (E) as duas são falsas.

Questão 6 Assinale a afirmativa correta

Como pode-se observar o advogado, sem instrumento de mandato não será admitido a procurar em juízo, pois como bem se estabelece no artigo 5º da Lei n.º 8.906, de 4 de julho de 1994 "*o advogado postula, em juízo ou fora dele, fazendo prova do mandato*". Logo, nunca poderá, em nome da parte intentar ação, a fim de evitar decadência ou prescrição, bem como intervir, no processo, mesmos para praticar atos reputados urgentes.

O trecho trata do reconhecimento constitucional da advocacia e contém duas afirmações. Assinale, a seguir a resposta correta,

☐ (A) as duas são verdadeiras e a segunda não justifica a primeira.

☐ (B) as duas são verdadeiras e a segunda justifica a primeira.

☐ (C) a primeira é verdadeira e a segunda é falsa.

☐ (D) a primeira é falsa e a segunda é verdadeira.

☐ (E) as duas são falsas.

Questão 7 Assinale a afirmativa correta

A representação é legal (representação do incapaz), judicial (representação do advogado ou pessoa capacitada para a administração dos bens) ou convencional (contrato de mandato). Como dizíamos, o mandato é um contrato baseado na *fiducia*, pois, quem empresta o serviço inspira uma certa segurança.

A afirmação anterior realça a natureza do mandato, qual seja, a de ser um contrato:

☐ (A) oneroso.

☐ (B) unilateral.

☐ (C) de permanência.

☐ (D) verdadeiro.

☐ (E) de confiança.

Questão 8 Relativamente às infrações disciplinares, analise as afirmativas a seguir:

Constitui infração disciplinar:

I. exercer a profissão em domicílio, sem autorização para e fazê-lo.

II. angariar ou captar causas, com ou sem a intervenção de terceiros.

III. valer-se de agenciador de causas, mediante participação nos honorários a receber.

IV. manter sociedade profissional com dois ou mais advogados.

Estão CORRETAS somente as afirmativas

☐ (A) II e IV.

☐ (B) I e III.

☐ (C) II e III.

☐ (D) I e IV.

☐ (E) III e IV.

Questão 9 Assinale a afirmativa correta

Relativamente às infrações disciplinares, analise as afirmativas a seguir:

Constitui infração disciplinar:

I. assinar qualquer escrito destinado a processo judicial ou para fim extrajudicial que não tenha feito, ou em que não tenha colaborado.

II. advogar contra literal disposição de lei, presumindo-se a boa-fé quando fundamentado na inconstitucionalidade, na injustiça da lei ou em pronunciamento judicial anterior

III. representar a dois ou mais clientes na mesma causa.

IV. estabelecer sociedade com estagiários.

Estão CORRETAS somente as afirmativas

☐ (A) II e IV.

☐ (B) I e II.

☐ (C) II e III.

☐ (D) I e IV.

☐ (E) III e IV.

Questão 10 Assinale a afirmativa correta

Cabe ao Tribunal de Ética e Disciplina, do Conselho Seccional competente, julgar os processos disciplinares, instruídos pelas Subseções ou por relatores do próprio conselho. O Tribunal de Ética e Disciplina do Conselho onde o acusado tenha inscrição principal pode suspendê-lo preventivamente, em caso de repercussão prejudicial à dignidade da advocacia, depois de ouvi-lo em sessão especial para a qual deve ser notificado a comparecer, salvo se não atender à notificação.

O trecho trata do reconhecimento constitucional da advocacia e contém duas afirmações. Assinale, a seguir a resposta correta,

☐ (A) as duas são verdadeiras e a segunda não justifica a primeira.

☐ (B) as duas são verdadeiras e a segunda justifica a primeira.

☐ (C) a primeira é verdadeira e a segunda é falsa.

☐ (D) a primeira é falsa e a segunda é verdadeira.

☐ (E) as duas são falsas.

GABARITO DAS QUESTÕES OBJETIVAS

CADERNO 5	
ITEM	**GABARITO**
1	C
2	B
3	A
4	D
5	B
6	C
7	E
8	C
9	B
10	B

ESTUDO DE CASOS

1 *Julgado*:[289]

Ementa: Exercício profissional e atividade estranha à advocacia – as atividades privativas da advocacia estão previstas no art. 1º do Estatuto da OAB – Proferir palestras é atividade estranha à advocacia – O advogado como qualquer outro cidadão, pode exercer a função de preletor, contudo, a propaganda das palestras a serem proferidas jamais poderá ser feita em conjunto com sua atividade profissional, sob pena de infração ao § 3º do Art. 1º do Estatuto da OAB.

Não poderá ser divulgado o exercício da advocacia em conjunto com a atividade de 'preletor'. Se a condição de 'preletor' admite propaganda, o exercício da advocacia não a admite. O advogado na divulgação de sua profissão (publicidade, e não propaganda) deverá restringir-se aos ditames dos artigos 28 a 34 do Código de Ética e Disciplina, da Resolução n. 2/92 do Tribunal de Ética e Disciplina da OAB/SP. (17/11/2015, da ementa e parecer da Relatora Dra. Maria do Carmo Whitaker – Revisor Dr. Benedito Edison Trama – Presidente Dr. Fabio Kalil Velela Leite).[290]

Questão: Interprete a anterior decisão fazendo críticas ou confirmação com base na doutrina, no Estatuto da Advocacia e da Ordem dos Advogados do Brasil – EAOAB (Lei n. 8.906 de 4.7.1994) e o Regulamento Geral do Estatuto da Ordem dos Advogados do Brasil – RGEOAB e do Código de Ética e Disciplina da OAB – CEDOAB.

Explique:

RASCUNHO	
1	
2	
3	
4	
5	
6	
7	
8	
9	
10	
11	
12	
13	
14	
15	

[289] Fonte: Disponível em: https://www.jusbrasil.com.br/jurisprudencia/Acesso em: 03,01,2018

[290] GONZAGA, Alvaro de Azevedo. *Estatuto da Advocacia e Novo Código de Ética e Disciplina da OAB*: comentários. 3. ed. rev., atual. e ampl. Rio de Janeiro: Forense. São Paulo, MÉTODO, 2017, p. 8.

2 *Julgado:*[291]

AÇÃO PREPARATÓRIA DE EXIBIÇÃO DE DOCUMENTO. AÇÃO TEMERÁRIA. FALTA DE INTERESSE DE AGIR. EXTINÇÃO DO PROCESSO. Fica caracterizada a falta de interesse de agir, quer sobre o ângulo da necessidade como também da utilidade toda a vez que o contexto probatório é indicativo da ocorrência de lide criada artificialmente, o que provoca, em consequência, o ajuizamento de ação temerária que não atende verdadeiramente o interesse da parte-requerente da ação preparatória de exibição de documento, como ocorre no caso sub judice, o que leva a extinção do processo, na forma do art. 267, VI, do CPC. Apelação improvida. (Apelação Cível Nº 70059348532, Décima Nona Câmara Cível, Tribunal de Justiça do RS, Relator: Voltaire de Lima Moraes, Julgado em 22/05/2014)
(TJ-RS - AC: 70059348532 RS, Relator: Voltaire de Lima Moraes, Data de Julgamento: 22/05/2014, Décima Nona Câmara Cível, Data de Publicação: Diário da Justiça do dia 29/05/2014)

Questão: Interprete a anterior decisão fazendo críticas ou confirmação com base na doutrina, no Estatuto da Advocacia e da Ordem dos Advogados do Brasil – EAOAB (Lei n. 8.906 de 4.7.1994) e o Regulamento Geral do Estatuto da Ordem dos Advogados do Brasil – RGEOAB e do Código de Ética e Disciplina da OAB – CEDOAB.

Explique:

RASCUNHO	
1	
2	
3	
4	
5	
6	
7	
8	
9	
10	
11	
12	
13	
14	
15	

[291] Fonte: Disponível em: https://www.jusbrasil.com.br/jurisprudencia/Acesso em: 03,01,2018

3 *Julgado*:[292]

ADMINISTRATIVO. AÇÃO POPULAR. LICITAÇÃO. AUTOCONSTRUÇÃO ASSISTIDA. DESNECESSIDADE. AÇÃO TEMERÁRIA. LITIGÂNCIA DE MÁ-FÉ. AUSÊNCIA DE PROVA. REFORMA PARCIAL DA SENTENÇA NO PONTO. 1. Tratando-se o empreendimento de autoconstrução assistida, em que os mutuários escolhem o engenheiro e administram os recursos provenientes de mútuo, não há necessidade de licitação. 2. Não há prova de que o autor dispunha de conhecimentos para questionar o conteúdo das peças publicitárias que davam conta de que a obra seria executada pela prefeitura com recursos públicos, o que afasta os ônus decorrentes da má-fé e da temeridade da litigância. 3. Apelação a que se dá parcial provimento para exonerar o autor popular das sanções e dos honorários fundados na má-fé e na temeridade da litigância.
(TRF-1 - AC: 00005627320074013306 0000562-73.2007.4.01.3306, Relator: JUÍZA FEDERAL MARIA CECÍLIA DE MARCO ROCHA, Data de Julgamento: 14/10/2015, QUINTA TURMA, Data de Publicação: 27/10/2015 e-DJF1 P. 336)

Questão: Interprete a anterior decisão fazendo críticas ou confirmação com base na doutrina, no Estatuto da Advocacia e da Ordem dos Advogados do Brasil – EAOAB (Lei n. 8.906 de 4.7.1994) e o Regulamento Geral do Estatuto da Ordem dos Advogados do Brasil – RGEOAB e do Código de Ética e Disciplina da OAB – CEDOAB.

Explique:

RASCUNHO	
1	
2	
3	
4	
5	
6	
7	
8	
9	
10	
11	
12	
13	
14	
15	

[292] Fonte: Disponível em: https://www.jusbrasil.com.br/jurisprudencia/Acesso em: 03,01,2018

4 *Julgado*:[293]

APELAÇÃO CÍVEL. AÇÃO DE INDENIZAÇÃO. PRELIMINAR: IMPEDIMENTO PARA ADVOGAR EM CAUSA PRÓPRIA E DO PEDIDO DE DEFERIMENTO DE JUSTIÇA GRATUITA. REJEITADAS. COBRANÇA ILEGAL DE DÉBITO. INSCRIÇÃO INDEVIDA EM CADASTRO DE PROTEÇÃO AO CRÉDITO. DANO MORAL. DEVER DE INDENIZAR. VALOR INDENIZATÓRIO. PRINCÍPIO DA RAZOABILIDADE. REDUÇÃO. RECURSO PARCIALMENTE PROVIDO. DECISÃO POR MAIORIA. - A inscrição indevida do nome do autor nos cadastros de proteção ao crédito, sem que houvesse qualquer dívida pendente, é atitude que contunde com o direito de personalidade, em ordem a evidenciar o dever de indenizar. - A verba indenizatória decorrente de dano moral tem como objetivo apenas minimizar a dor e a aflição suportada pela parte prejudicada, devendo ser fixada dentro dos padrões de razoabilidade, para que não acarrete enriquecimento ilícito.
(TJ-PE - AC: 160197 PE 0600000283, Relator: Eloy D'Almeida Lins, Data de Julgamento: 19/02/2009, 4ª Câmara Cível, Data de Publicação: 70)

Questão: Interprete a anterior decisão fazendo críticas ou confirmação com base na doutrina, no Estatuto da Advocacia e da Ordem dos Advogados do Brasil – EAOAB (Lei n. 8.906 de 4.7.1994) e o Regulamento Geral do Estatuto da Ordem dos Advogados do Brasil – RGEOAB e do Código de Ética e Disciplina da OAB – CEDOAB.

Explique:

RASCUNHO	
1	
2	
3	
4	
5	
6	
7	
8	
9	
10	
11	
12	
13	
14	
15	

[293] Fonte: Disponível em: https://www.jusbrasil.com.br/jurisprudencia/Acesso em: 03,01,2018

5 *Julgado*:[294]

Superior Tribunal de Justiça STJ - AGRAVO REGIMENTAL NO AGRAVO EM RECURSO ESPECIAL : AgRg no AREsp 554219 MG 2014/0184227-6

Ementa

PROCESSUAL CIVIL. AGRAVO REGIMENTAL NO AGRAVO EM RECURSO ESPECIAL. DIREITO DO CONSUMIDOR. RESPONSABILIDADE CIVIL. ADVOGADO SEM PROCURAÇÃO NOS AUTOS. RECURSO INEXISTENTE. REGULARIZAÇÃO DO FEITO. NÃO CABIMENTO. ART. 13 DO CPC. NÃO CONHECIMENTO.

1. Nesta Corte Superior, é pacificado o entendimento de ser inexistente, na instância especial, recurso interposto por advogado sem procuração nos autos, a teor da Súmula nº 115 do STJ. Inaplicável, nesta instância, a providência prevista no art.13 do CPC, considerando-se não sanável tal vício por juntada posterior de mandato ou substabelecimento. 3. Agravo regimental não conhecido.

Questão: Interprete a anterior decisão fazendo críticas ou confirmação com base na doutrina, no Estatuto da Advocacia e da Ordem dos Advogados do Brasil – EAOAB (Lei n. 8.906 de 4.7.1994) e o Regulamento Geral do Estatuto da Ordem dos Advogados do Brasil – RGEOAB e do Código de Ética e Disciplina da OAB – CEDOAB.
Explique:

RASCUNHO	
1	
2	
3	
4	
5	
6	
7	
8	
9	
10	
11	
12	
13	
14	
15	

[294] Fonte: Disponível em: https://www.jusbrasil.com.br/jurisprudencia/Acesso em: 03,01,2018

6 *Julgado*:[295]

Tribunal de Justiça de Minas Gerais TJ-MG - Apelação Cível: AC 10348140008668001 MG
Ementa:
APELAÇÃO CÍVEL - AÇÃO DE COBRANÇA - HONORÁRIOS ADVOCATÍCIOS - DEFENSOR DATIVO - REQUISITOS - OITIVA DA DEFENSORIA - LISTA DA OAB - HONORÁRIOS DE SUCUMBÊNCIA - CRITÉRIOS - ART. 20, § 3ª, A, B, C, C/C ART. 20, § 4º, DO CPC - PRINCÍPIOS DA RAZOABILIDADE E DA PROPORCIONALIDADE.
- A defensora dativa nomeada para atuar na defesa de autor ou réu pobre faz jus ao recebimento de honorários advocatícios a serem suportados pelo Estado, a teor do artigo 272 da Constituição Estadual e artigo 10 da Lei Estadual 13.166/99.
- Cabe ao magistrado, em observância aos critérios de apuração da complexidade do trabalho desenvolvido, da avaliação do grau de zelo do profissional e do valor econômico da demanda, fixar a remuneração compatível com o trabalho desenvolvido pela advogada dativa.
- Nas Comarcas nas quais não funciona a Defensoria Pública, é desnecessária a oitiva deste órgão para a nomeação de advogado dativo.
- É dispensável a exigência de que o nome da defensora dativa conste de lista da OAB para que esse perceba os honorários a que faz jus, uma vez que tal lista se destina apenas a levar ao magistrado o rol dos advogados que aceitam atuar na qualidade de defensor dativo.
- Os critérios de fixação dos honorários de sucumbência quer se trate da hipótese fixada pelo § 3º, quer seja a do § 4º, do art. 20, do CPC, devem levar em consideração o grau de zelo do profissional, o local de prestação do serviço, a natureza e importância da causa, o trabalho realizado pela advogada e o tempo despendido.
Decisão. (NEGARAM PROVIMENTO AO RECURSO)

Questão: Interprete a anterior decisão fazendo críticas ou confirmação com base na doutrina, no Estatuto da Advocacia e da Ordem dos Advogados do Brasil – EAOAB (Lei n. 8.906 de 4.7.1994) e o Regulamento Geral do Estatuto da Ordem dos Advogados do Brasil – RGEOAB e do Código de Ética e Disciplina da OAB – CEDOAB.

Explique:

RASCUNHO	
1	
2	
3	
4	
5	
6	
7	
8	
9	
10	
11	
12	

[295] Fonte: Disponível em: https://www.jusbrasil.com.br/jurisprudencia/Acesso em: 03,01,2018

7 *Julgado*:[296]

ESTAGIÁRIA - VÍNCULO DE EMPREGO - Não há vínculo empregatício entre a estagiária e a empresa concedente da oportunidade do estágio, quando não comprovada fraude aos objetivos do programa.

(TRT-1 - RO: 00008505020125010044 RJ, Relator: Luiz Alfredo Mafra Lino, Data de Julgamento: 12/02/2014, Quarta Turma, Data de Publicação: 19/02/2014)

Questão: Interprete a anterior decisão fazendo críticas ou confirmação com base na doutrina, no Estatuto da Advocacia e da Ordem dos Advogados do Brasil – EAOAB (Lei n. 8.906 de 4.7.1994) e o Regulamento Geral do Estatuto da Ordem dos Advogados do Brasil – RGEOAB e do Código de Ética e Disciplina da OAB – CEDOAB.

Explique:

RASCUNHO	
1	
2	
3	
4	
5	
6	
7	
8	
9	
10	
11	
12	
13	
14	
15	

[296] Fonte: Disponível em: https://www.jusbrasil.com.br/jurisprudencia/Acesso em: 03,01,2018

8 *Julgado*:[297]

Tribunal de Justiça do Rio Grande do Sul TJ-RS - Agravo : AGV 70067870956 RS

Ementa

AGRAVO. AGRAVO DE INSTRUMENTO. DIREITO PRIVADO NÃO ESPECIFICADO. AÇÃO DE ADIMPLEMENTO CONTRATUAL. PEDIDO DE RESERVA DE HONORÁRIOS. SUSPENSÃO DO ADVOGADO PELA OAB. HONORÁRIOS SUCUMBENCIAIS E CONTRATUAIS. QUESTÃO JÁ APRECIADA ANTERIORMENTE.

Além de serem notórios os fatos envolvendo o nome do Bacharel Maurício Dal Agnol, por ocasião do julgamento do agravo de instrumento anteriormente interposto pelo advogado, já houve a apreciação da questão atinente à reserva de honorários. Denegação da reserva dos honorários contratuais, que se aplica, pelas mesmas razões, aos honorários sucumbenciais, tratando-se o recurso de mera tentativa do patrono de trazer à tona questão já apreciada pelo Tribunal e que não acolheu o seu intento. Manutenção da decisão que negou seguimento ao agravo de instrumento. AGRAVO DESPROVIDO. (Agravo Nº 70067870956, Décima Segunda Câmara Cível, Tribunal de Justiça do RS, Relator: Ana Lúcia Carvalho Pinto Vieira Rebout, Julgado em 09/03/2016).

Questão: Interprete a anterior decisão fazendo críticas ou confirmação com base na doutrina, no Estatuto da Advocacia e da Ordem dos Advogados do Brasil – EAOAB (Lei n. 8.906 de 4.7.1994) e o Regulamento Geral do Estatuto da Ordem dos Advogados do Brasil – RGEOAB e do Código de Ética e Disciplina da OAB – CEDOAB.

Explique:

RASCUNHO	
1	
2	
3	
4	
5	
6	
7	
8	
9	
10	
11	
12	
13	
14	
15	

[297] Fonte: Disponível em: https://www.jusbrasil.com.br/jurisprudencia/Acesso em: 03,01,2018

Printed in Dunstable, United Kingdom

91340603R00116